人力资源管理
知识点精解
与习题案例集

主编

闫飞龙

中国人民大学出版社
·北京·

图书在版编目（CIP）数据

人力资源管理知识点精解与习题案例集 / 闫飞龙主
编 . -- 北京：中国人民大学出版社，2024.2
ISBN 978-7-300-31869-1

Ⅰ . ①人⋯ Ⅱ . ①闫⋯ Ⅲ . ①人力资源管理—资格考
试—自学参考资料 Ⅳ . ① F243

中国国家版本馆 CIP 数据核字（2023）第 121994 号

人力资源管理知识点精解与习题案例集
主编 闫飞龙
Renli Ziyuan Guanli Zhishidian Jingjie yu Xiti Anli Ji

出版发行	中国人民大学出版社				
社 址	北京中关村大街 31 号		**邮政编码**	100080	
电 话	010-62511242（总编室）		010-62511770（质管部）		
	010-82501766（邮购部）		010-62514148（门市部）		
	010-62515195（发行公司）		010-62515275（盗版举报）		
网 址	http:// www. crup. com. cn				
经 销	新华书店				
印 刷	唐山玺诚印务有限公司				
开 本	787 mm×1092 mm 1/16		**版 次**	2024 年 2 月第 1 版	
印 张	16.5		**印 次**	2024 年 2 月第 1 次印刷	
字 数	376 000		**定 价**	49.00 元	

作者简介 >>>

闫飞龙，河北农业大学讲师，南开大学 MBA，英国布莱顿大学访问学者，获评河北农业大学优秀教师。教学中注重培养学生的整合思维能力、沟通能力、分析和解决问题能力。出版了《管理学》《人力资源管理》等教材，发表了《学习迁移理论在人力资源管理教学中的应用》《本科生理论课课堂管理策略研究》等论文。

内容简介 >>>

本书分为八章，每章由两部分组成：第一部分为知识点回顾，侧重整理人力资源管理的基本概念与方法，包括知识点、知识点考核方式、例题、解析等；第二部分为习题，侧重阐述如何运用人力资源管理原理初步分析和解决实践层面的人力资源管理问题，包括单项选择题、多项选择题、综合题（或案例分析题）等。

本书是一本知识点精解与习题案例集，既可以与马克思主义理论研究和建设工程重点教材《人力资源管理》、其他版本的人力资源管理教材配套使用，也可以在教学中单独使用。本书非常适合用作高校人力资源管理及相关专业的本科生教辅材料，也适合从事人力资源管理工作的在职人员学习参考，还可作为经济专业技术资格考试（人力资源管理专业）的配套参考书。

前　言

现有的人力资源管理教材有的偏重理论，有的偏重实务，即便对同一概念的阐述也是各有侧重，因此，初学者经常感到困惑。其实，对人力资源管理基本概念、基本方法的阐述，各个教材并无本质上的区别。

不同于一般教材，本书从以下两个层面入手对知识点进行讲解：其一，整理人力资源管理的基本概念与方法。其二，通过习题及解析，阐述如何运用人力资源管理原理，初步分析和解决实践层面的人力资源管理问题。

本书分为八章：人力资源管理导论、人力资源战略与规划、职位分析、员工招聘、培训与开发、绩效管理、薪酬管理、员工关系管理。

每章分为两部分：知识点回顾与习题。

知识点回顾部分侧重整理人力资源管理的基本概念与方法，主要包含四个模块：知识点、知识点考核方式、例题、解析。

习题部分侧重阐述如何运用人力资源管理原理初步分析和解决实践层面的人力资源管理问题。主要包括三种题型：单项选择题、多项选择题、综合题（或案例分析题）。

感谢中国人民大学出版社的编辑为本书出版所做的努力和给予的支持！感谢河北农业大学教师同人的关爱与帮助！感恩父母教我做个善良的人！感谢爱妻李艳红的支持与包容！感谢儿子闫誉夫、闫誉恒，有幸能与他们共同成长！

因编者水平有限，错误和瑕疵在所难免，恳请读者提出宝贵意见。

编　者

目　　录

第一章　人力资源管理导论

第一部分　知识点回顾

一、管理与管理技能

（一）管理

罗宾斯和库尔塔认为，管理是通过协调和监督他人的活动，有效率、有效果地完成工作。

管理的关键词："让他人""有效"。

（1）"让他人"意指管理的要义不在于管理者事必躬亲，而在于如何带领他人（即下属）有效地完成工作；管理看重的是管理者所带领的团队或者部门整体绩效的优劣，而非管理者本人在具体任务上的处理能力。

（2）管理追求的有效是有效率和有效果的统一。有效率（efficiency）指低资源消耗、高产出，有效果（effect）则意味着高目标达成（见图1-1）。

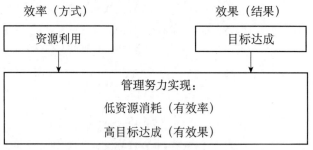

图1-1　管理过程中的有效率和有效果

知识点考核方式

> **辨析案例中的管理者是不是优秀的管理者。**
>
> **答题思路：** 从管理的关键词"让他人"和"有效"来分析，如果管理者能带领下属（让他人）有效完成工作，则为优秀的管理者。如果管理者事必躬亲，虽然专业技术能力很强，但其带领的团队纪律涣散，整体绩效不佳，则不是优秀的管理者。

例题

> 　　**【选择题】** 张华是某公司会计部经理，他认为管理者就应该起到模范作用，于是事事以身作则。他认为一个好的会计部经理首先应该是个非常专业的资深会计，所

以一直兼任公司会计部的成本会计。张华非常敬业，每天早来晚走，经常加班。张华的下属也都很敬重张华，他们说因为张经理非常能干，所以他们比较清闲。如果你偶尔去会计部转一圈，甚至会看到张华的下属在电脑上玩"斗地主"。你如何评价张华？（　　　）

A. 张华是个优秀的经理，敬业、勤奋、以身作则、对下属宽厚

B. 张华是个优秀的会计，勤奋、敬业，也是个称职的会计部经理

C. 张华是个优秀的经理，但他需要整顿部门的纪律

D. 张华勤奋、敬业、严于律己，但不是个称职的会计部经理

解析：张华没有抓住管理的关键词"让他人""有效"，故本题选 D。

例题

【案例分析题】该聘用哪位厨师长？

某家酒店需要招聘一位厨师长。该酒店的湖蟹很有名，每天都能卖出很多份。湖蟹在进蒸笼前要用麻绳绑起来，这是道非常烦琐的工序，而且一不小心就会让湖蟹夹住手，几乎所有的厨房员工都不愿意负责这道工序。所以，每次绑湖蟹都由厨师长亲自带头，其他员工才会陆续加入进来。

有两位应聘者前来应聘，按惯例，两人各自上岗试工 3 天，6 天后决定聘用谁。第一位试工的厨师长很勤快，也很有管理头脑，除了自己带头外，还与其他员工来一场"绑湖蟹比赛"。比赛的时候，大家尽量加快速度，但都不如他包得快，包括酒店老板在内的所有人都被他娴熟的技术所折服——他在 5 分钟内能绑 20 只湖蟹，其他员工最多绑 12 只！让老板更加满意的是，他懂得用比赛来提高大家做事的效率——之前其他员工 5 分钟最多绑 10 只。

第二位应聘者也非常有管理经验。他与第一位试工的厨师长一样，也懂得竞争的道理，每天一开始绑湖蟹，他就让大家来比赛，但是他不用手表计时间，只是比画、数个数。

让所有人都没有想到的是，这位厨师长绑湖蟹的速度并不快，虽然他的喊声最大，但是每次比赛，别的员工一认真起来就很容易超过他，这成了大家的笑料。

尽管如此，这位厨师长并没有觉得羞愧，他反而用更大的声音喊着一定要追上其他员工，他拼命加快速度，其他员工自然也就拼命不让他追上。直到第 6 天试工结束，他绑湖蟹的速度依旧落在其他员工的后面。

很快到了决定聘用谁的时候。第一位应聘者认为老板聘用的一定是他，酒店其他员工也都这样认为。但是当老板作出决定的时候，所有人都怀疑自己是不是听错了——老板录用了第二位应聘者！作为一名厨师长，干活儿的效率竟然比手下的员工还低，怎么服众啊？

酒店老板说出了其中的奥秘：第一位厨师长手脚麻利，但是正因为他的速度没有人可以超过，所以尽管开展了比赛，大家却还是缺乏自信和动力。也就是说，尽

管大家都参加了比赛，但实际上大家都觉得这是场不可能赢的比赛，反正都是输，哪里能有真正的动力和积极性呢？

第二位厨师长做事虽然慢，但他的步步紧追让大家既兴奋又紧张地拼命加快速度，不让他追上，就在这"追"与"赶"之间，每个人都在无形中提高了劳动效率。接着，老板让所有员工再绑一次湖蟹做实验，结果几乎让所有员工都感到意外——他们每5分钟竟然可以绑18只湖蟹了。

员工们没有想到的是，刚才在老板的办公室里，第二位厨师长已经绑过一次湖蟹，他的效率是每5分钟绑25只。

"我是故意让别人赢的！只有赢才会给人自信和动力！"他说，"我一个人少绑10只湖蟹，但是其余10个人由此有了积极性，每个人多绑了6只。也就是说，我一个人少了10只，其余的人却多绑了60只，相当于每5分钟多绑了50只！"

作为一个管理者，他的价值不只在于个人创造的效益如何，还在于在他管理之下的团队的整体效益如何。输给下属，这是一个管理者的智慧和胸襟。

资料来源：陈亦权.［财智寓言］输给下属的智慧.经济参考报，2008-09-12.

思考题：第二位厨师长为何能够胜出？

解析：第二位厨师长抓住管理的关键词"让他人""有效"完成工作，而第一位厨师长没有，因此，第二位厨师长是更高效的管理者。

（二）管理技能

根据卡茨的研究，管理技能可以分为概念技能、人际技能和技术技能。

概念技能（conceptual skill）是指产生新想法并加以处理，以及将关系抽象化的思维能力。通俗地讲，概念技能就是指管理者能够抓住重点的技能。概念技能对于高层管理者最重要。

人际技能（interpersonal skill）是指成功地与他人打交道并与他人沟通的能力。人际技能对于每个层次的管理者都很重要，管理者凭借人际技能可将人员整合到各种协作性的活动之中。

技术技能（technical skill）是指管理者熟悉和掌握特定专业领域中的惯例、技术和工具的能力。技术技能对于基层管理者最重要。

知识点考核方式

辨析对于案例中的管理者来说，何种管理技能最重要。

答题思路：

（1）先判断该管理者是哪个层次的管理者——高层、中层、基层。高层诸如总经理、副总经理、总监，中层诸如部门经理，基层诸如班组长。判断中层和基层管理者主要是看其下属是否还有下属，如果下属没有下属了，则该管理者是基层管理者；如果其下属还有下属，则该管理者是中层管理者。

（2）对于高层管理者来说，概念技能最重要；对于基层管理者来说，技术技能最重要；人际技能对高层、中层、基层管理者来说都很重要。

例题

【选择题】张璇是某医院心脑血管科室的护士长，负责带领白班或者夜班护士团队为患者服务。张璇除了为护士提供相关护理技能培训、分配工作任务之外，也会在紧急情况下亲自护理病人。因此，张璇属于（　　）管理者，（　　）对其来说最重要。

A. 基层，技术技能　　　　　　　　B. 中层，人际技能

C. 中层，技术技能　　　　　　　　D. 基层，人际技能

解析：张璇是基层管理者，因其带领的直接下属就是护士，而护士再没有下属了；对护士长来说，给病人打针、输液等技术技能最重要，本题选 A。

例题

【选择题】关于管理技能的说法中，正确的是（　　）。

A. 管理职位越高，对概念技能的要求越低

B. 人际技能是指在人际关系中操纵他人的能力

C. 技术技能也是管理技能的一种

D. 概念技能主要涉及的是"人"

解析：本题考查对管理技能即概念技能、人际技能和技术技能的理解。管理层级越高，在其工作中技术技能所占的比重越小，而概念技能所占的比重越大。人际技能是指有效地与他人共事和促使团队合作的能力。概念技能涉及的是观点、思想，而人际技能涉及的是人，技术技能涉及的则是事。本题选 C。

二、人力资源管理

（一）人事管理理念与人力资源管理理念的区别

人事管理理念与人力资源管理理念在内涵层面的区别主要体现为两点：其一，二者看人的视角不同；其二，人事部门的负责人是否参与公司战略的制定。奉行人事管理理念的公司，把人当成机器或者视为成本，人事经理不参与公司战略的制定，人事活动属于操作和执行层面的活动；奉行人力资源管理理念的公司，把人当成宝贵的财富，人力资源经理或者人力资源主管参与公司战略的制定，人力资源管理活动与战略密切相关。

![知识点考核方式]

> 辨析案例中的公司奉行的是人事管理理念还是人力资源管理理念。
>
> **答题思路：**
>
> （1）判断该公司是否把员工当成宝贵的财富。如果案例中的公司鼓励员工"以公司为家"，倡导员工义务为公司加班而不发放加班费，或实施每周六天工作制等规定，则可断定该公司奉行人事管理理念，而非人力资源管理理念。反之，如果公司尊重员工的休息休假权利，尽量不让员工加班，如需加班，也会按劳动法支付加班费，这样的公司奉行的是人力资源管理理念。
>
> （2）判断人事部门的负责人是否参与公司战略的制定。如果人事部门的负责人被排除在公司战略制定工作之外，只是在公司战略制定之后，被要求完成多少场次的培训工作、多少人员的招聘工作，即完成操作性的工作任务，则可断定该公司奉行的是人事管理理念。反之，如果公司人事部门的负责人密切参与公司战略的制定工作，则可断定该公司奉行的是人力资源管理理念。

![例题]

【**思考题**】是否有这种可能——某公司人事部门门口挂着"人力资源部"的牌子，而该公司奉行的却是人事管理理念？

解析：有可能。因为判断一个公司是否奉行人力资源管理理念的主要依据有两个：该公司看人的视角；该公司人事部门的负责人是否参与公司战略的制定。如果该公司把人当成机器或者视为成本，人事部门的负责人也不参与公司战略的制定，那么，即便该公司人事部门挂着"人力资源部"的牌子，也能断定其奉行的是人事管理理念。

（二）直线经理与人力资源部经理的管人职责分工

直线经理是指组织中除人力资源部经理以外的其他部门的负责人。直线经理对本部门人员的招聘、培训、绩效考核等人力资源管理工作负主要责任，人力资源部经理对此负有辅助责任。

![知识点考核方式]

> 辨析案例中的问题，是直线经理还是人力资源部经理没弄清自己的管人职责。
>
> **答题思路：**直线经理和人力资源部经理都对直线经理的下属负有管理职责，但直线经理负主责，人力资源部经理负辅助责任。

🔧 **例题**

【案例分析题】为什么工作不像预期的那么顺利？

M公司刚刚聘用了人力资源部经理郭伟，其刚离任的公司是一家世界500强企业。由于原公司与M公司规模相近，产品线相似，且职位都是人力资源部经理，郭伟对新工作很有信心。来公司刚满两个月，郭伟就把原公司的绩效管理制度稍做修改后向各部门发布了，并要求各部门经理认真实施。但各部门经理并不买账，他们认为郭伟和自己是平级的，凭什么他制定个制度大家就得实施；更何况，郭伟在出台该制度前也没征求过大家的意见。郭伟至此才发现，在M公司开展工作不像预期的那么顺利。

思考题：案例中出现这种状况最主要的原因是什么？

解析：郭伟作为人力资源部经理，没有搞清楚自己在人力资源管理中负责服务、咨询等辅助责任，而误认为自己负主责。

🔧 **例题**

【案例分析题】谁定复试时间？

A公司成本会计刚刚离职，财务部经理向人力资源部提交了一份成本会计职位的招聘申请，希望新员工尽快到位。人力资源部发布了招聘广告，并按照财务部经理的用人要求进行了初筛，有15人进入复试环节，但就在人力资源部经理向财务部经理征询复试的时间时，财务部经理却显得很不耐烦，回复说"你们人力资源部是专门负责人事的，招个人还总是麻烦我们，没空！"人力资源部经理感到很无奈，自己毕竟不懂会计，财务部不派人参加复试，最终是很难选出合适的候选人的。

思考题：案例中出现这种状况最主要的原因是什么？

解析：财务部经理不明白自己作为直线经理，负责人力资源管理的主责，而误认为人力资源部经理负主责。以招聘为例：（1）在招聘前，对于拟招聘的成本会计职位的主要职责和任职资格的最终确认，财务部经理最有发言权，而人力资源部经理只是帮其选择适合的招聘渠道和媒介发布招聘信息；（2）在招聘中，在最关键的复试环节，也是由财务部经理决定最终聘用哪位候选人，人力资源部经理则负责简历筛选、初试和复试的组织等辅助性和支持性工作。

三、组织文化

（一）组织文化的含义

组织文化是指影响组织成员行动，将不同组织区分开的共享的价值观、原则、传统和行为方式。在多数组织中，这些共享的价值观和惯例经过长时间的演变，在某种程度上决定了"这里的事情应该如何完成"。组织文化往往会被打上组织创始人的烙印，创始人的风格直接影响着组织文化。

（二）组织文化的层次结构

组织文化可分为三个层次，即精神层、工具层和行为层。

精神层是组织文化的深层次内涵，是组织文化的核心和主体，触及人们最根深蒂固、不容置疑的东西，主要包括管理哲学、敬业精神、组织的价值观和信仰等，它们是组织文化的精髓，影响组织成员的行为和决策。

工具层又包括制度层和物质层，是精神层组织文化实现的载体。制度层是某个具体组织的独具特色的规章制度、道德规范和员工行为准则的总和，也包括决定内部分工协作关系的组织结构，是一种强制性文化。物质层是组织文化的表层，是可见的人造物品，既包括组织物质的和精神的活动过程、组织行为、组织产出等外在表现形式，也包括组织实体性的设备设施等。总的来说，工具层包括制度、规则、组织成员的着装和行为模式、有形的标志（logo）、组织内刊、组织仪式、运动会、便签、信纸、一次性纸杯、产品和各种设备设施。

行为层是指一个公司的员工的具体行为表现，最能体现一个公司组织文化的内涵。例如，体现某公司精神层组织文化的书面文件中虽然没有"节俭"的字眼，工具层组织文化中也没有规定"鼓励节俭、减少浪费"的相关制度，但员工普遍有"非对外的正式文件一律用二次用纸""自助工作餐没有剩菜剩饭现象""员工离开工作场所时主动关闭电源"等行为，那我们就可以断定"崇尚节约"就是该公司组织文化的一个元素。行为层组织文化是衡量一个公司组织文化的关键，因为精神层和工具层组织文化无论多么优秀，如果没有通过行为层展现出来，充其量只能算是纸上谈兵、空中楼阁。

组织文化的精神层、工具层和行为层是不可分割、浑然一体的（见图1-2）。精神层是物质层和制度层的思想内涵，是组织文化的核心和主体；工具层是精神层的物质载体；精神层最终要通过工具层落实在员工的行为层上。例如，某公司的精神层组织文化是鼓励员工创新，这就要求公司制定的相关制度和规则为这一精神层内容服务。如果员工运用创新的工作方法或工艺流程时给公司的生产或者经营带来了损失，就不应该严厉惩罚。否则，即便有鼓励创新的精神层组织文化，员工也不愿意在工作中创新。

图1-2　组织文化的层次结构

（三）强文化和弱文化

所有组织都有文化，但并非所有文化对员工行为都有同等程度的影响。与弱文化相比，强文化——核心价值观被广泛和深度共享的文化——对员工有更大的影响力。表1-1比较了强文化与弱文化。

表1-1　强文化与弱文化的比较

强文化	弱文化
价值观被广泛接受	价值观被少数人（通常是高层管理者）接受
关于什么对组织是重要的，文化传递的信息是一致的	关于什么对组织是重要的，文化传递的信息是矛盾的
大多数员工了解公司历史或公司的重要人物	员工对公司历史或公司的重要人物知之甚少
员工强烈认同文化	员工对文化的认同程度低
共享价值观和行为之间存在强连接	共享价值观和行为之间不存在联系

越多员工接受组织的核心价值观，他们对核心价值观的承诺就越高，文化就越强。大多数组织都有中等偏强的文化，即对于什么对组织是重要的，什么样的行为是好的员工行为，组织发展需要什么来驱动等都有较强烈的认同。文化越强，对管理者计划、组织、领导和控制的影响越大。为什么拥有强文化如此重要？一方面，强文化的组织比弱文化的组织拥有更忠诚的员工。研究显示，强文化与良好的组织绩效相关。总之，如果价值观清晰且被广泛接受，员工知道他们应该做什么以及组织对他们有什么期待，组织的文化就属于强文化。然而，强文化也可能阻止员工尝试新的方法，尤其当情况迅速变化时。

知识点考核方式

辨析组织文化要素，并能分析精神层、工具层和行为层是如何整合到一起的。
答题思路：
（1）精神层是组织文化的核心和主体，但精神层能否真正落实到行为层更有实际意义。辨析组织文化主要看行为层，即关注"员工怎样做事"，而非"组织怎么说"（精神层）。只有落实到员工行为的精神层组织文化才是真正的组织文化，否则不过是空中楼阁。
（2）组织文化的精神层、工具层和行为层应该是不可分割、浑然一体的。精神层组织文化通过工具层落实到组织的行为层。

例题

【案例分析题】永不上锁的门
　　惠普（HP）是世界最大的信息科技公司之一，成立于1939年，总部位于美国加利福尼亚洲。惠普下设三大业务集团：信息产品集团、打印及成像系统集团和企业计算及专业服务集团。

惠普的创始人之一比尔·休利特要求公司的工具箱和储藏室始终保持开放，不要上锁。一开始，并不是每个人都领会到了其中的深意。

一个星期六的上午，员工都去度假了，休利特到一个工厂巡视。他发现那里的实验库房上了锁，便到维修班找来一把螺丝刀，把库房门上的锁撬开。

周一上午，上班的员工见到他留的字条："永远不要将此门锁上，谢谢！"

为什么库房竟然不上锁？

这正是惠普与众不同的地方。惠普实行实验室库房开架政策，实验室库房不锁门，全天候开放，员工不仅可以随意出入取用物品，而且可以把零部件带回家。

这么做的理由是：不论员工拿这些物品或零部件去做什么，不管是不是做与他们的工作有关的事，只要他们在这些物品上动了脑子，或多或少都会产生一些新想法，这对企业的技术革新一定会产生正面作用。

资料来源：张斌.总经理必读的209个经典管理故事.北京：中国纺织出版社，2015.

思考题：找出惠普的一种组织文化要素，分别陈述其精神层、工具层、行为层组织文化的内容，并解释它们是如何整合到一起的。

解析：

（1）案例中体现出来的惠普的一种组织文化要素是技术革新。

（2）精神层组织文化：鼓励技术革新。工具层组织文化：工具箱和储藏室始终保持开放，不要上锁；员工可以把物品或零部件带出公司。行为层组织文化：员工有技术革新行为出现。

（3）三个层次的组织文化浑然一体。精神层的组织文化鼓励员工进行技术革新，通过工具箱和储藏室随时对员工开放、永不上锁等措施和政策，最终使得员工技术革新行为发生的频率更高。

四、组织结构

（一）部门化

部门化是指在劳动分工的基础上，把各项活动归类，使性质相同或相似的工作合并到一起，这样就形成了一个个专门化的部门。在实践中，部门化的形式多种多样，典型的有以下几种。

1.职能部门化

职能部门化是按照组织的各项主要业务和主要管理职能来划分和设置组织的横向部门，其主要业务和管理职能包括计划、人事、生产、销售和财务等。图1-3所示的总经理下辖的各个部门就是按照职能部门化划分的。

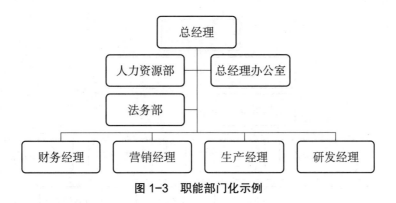

图 1-3　职能部门化示例

2. 产品部门化

产品部门化是指按产品不同来划分和设置组织的横向部门。图 1-4 中的 A 产品经理、B 产品经理、C 产品经理所在的部门就是按照产品部门化划分的部门。

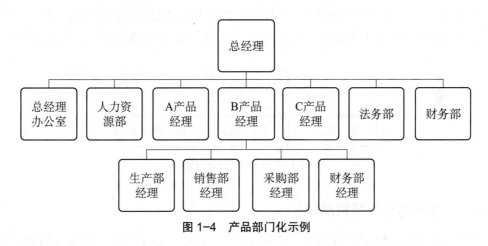

图 1-4　产品部门化示例

3. 流程部门化

流程部门化是指按照工作或业务流程来设置组织的横向部门。人员、材料、设备比较集中或业务流程连续是实现流程部门化的基础。如在机械制造企业中，生产流程需要经过铸造、热处理、加工和装配等主要过程。图 1-5 展示了一家暖气片生产厂家的部门划分，厂长下辖的四个车间就是按照流程部门化划分的。

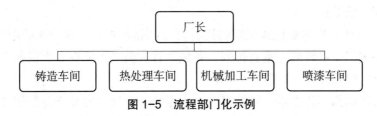

图 1-5　流程部门化示例

4. 区域部门化

区域部门化又称地域部门化，是根据地理因素来设置组织的横向部门，把不同地区的经营业务和职责划分给不同部门的经理。图 1-6 中，中国市场部、北美市场部、欧洲市场部、非洲市场部就是依据区域部门化划分的。

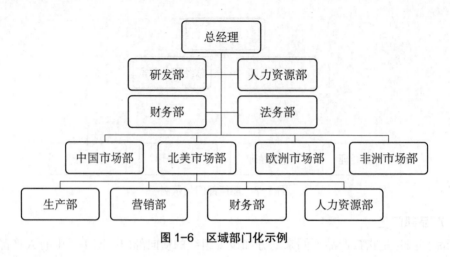

图 1-6　区域部门化示例

5.顾客部门化

顾客部门化是指根据目标顾客的不同利益需求来设置组织的横向部门。如图 1-7 所示，市场部经理下辖的零售商部、批发商部、法人团体部就是依据顾客部门化划分的。

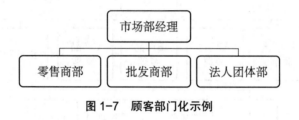

图 1-7　顾客部门化示例

（二）常见的组织结构形式

组织结构图的构成要素有两个：矩形及线段。其中，矩形里面只能填写职位名称或者部门名称，比如生产部经理或者生产部；最顶端的矩形中一般填写总裁、总经理、厂长等内容。

常见的组织结构形式有直线制组织结构、直线职能制组织结构、事业部制组织结构、矩阵制组织结构和网络制组织结构。现实中并不存在完美的组织结构，每一种组织结构都有其优点和缺点，管理者应根据实际情况选择最适合本企业的组织结构形式。

1.直线制组织结构

直线制是一种典型的集权式组织结构。直线制是最古老、最简单的组织结构形式。其主要特点是组织中各种职务垂直排列，各级主管人员对下属拥有直接的领导职权，组织中不设专门的职能机构，如图 1-8 所示。

直线制组织结构的优点是：结构简单；命令统一；比较容易维持纪律和秩序。其缺点是：所有的管理职能集中由一人承担，因此管理比较简单粗放；部门间的横向联系较少且协调功能较差。

一般地，直线制组织结构适用于那些没有必要按职能实行专业化管理的小型组织或者现场作业管理。

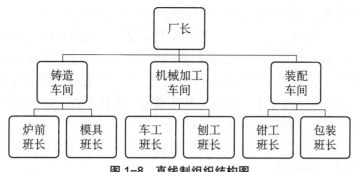

图1-8　直线制组织结构图

2. 直线职能制组织结构

直线职能制也是一种典型的集权式组织结构。直线职能制组织结构以直线制组织结构为基础，在各级直线主管之下设置相应的职能部门或者职能组，如图1-9所示。这种组织结构的最大特点是直线部门和人员在自己的职责范围内有决定权，安排和指挥下属的工作，并对工作负全部责任，而职能部门和人员仅是直线主管的参谋，只对上级提出建议或对下级机构提供业务指导，没有安排和指挥下属工作的权力。

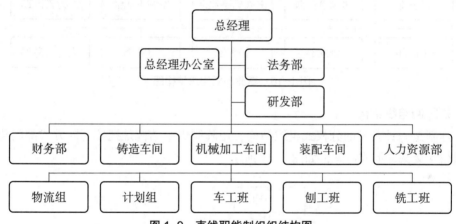

图1-9　直线职能制组织结构图

直线职能制组织结构综合了直线制组织结构和职能制组织结构的优点：既保证了集中统一指挥，又有利于培养专家，发挥专家的作用；整个组织有较强的稳定性。其缺点是：下级部门主动性和积极性的发挥受到限制；各部门自成体系，横向沟通较少；当职能部门和直线部门之间的目标不一致时，上级主管的协调工作量增大；缺乏弹性，适应性较差，不能对新情况及时作出反应；管理费用增加。

各国组织普遍采用直线职能制组织结构。目前我国大多数企业、机关、学校、医院等都采用直线职能制组织结构。

3. 事业部制组织结构

事业部制是一种典型的分权式组织结构。事业部制组织结构在20世纪20年代由美国通用汽车公司副总经理斯隆创立，又称斯隆模型，它是国内外大型企业普遍采用的一种组织形式。组织的最高层管理者下面设立多个事业部，各事业部作为利润中心有各自独立的产品市场、责任和利益，实行独立核算。同时，事关大政方针、长远目标以及一些全局性问题的重大决策集中在总部，以保证企业发展方向的统一性。

事业部制组织结构的主要优点是：组织最高层摆脱了具体的日常管理事务，可以集中精力做好战略决策和长远规划；各事业部之间也有竞争，可增强企业的活力；多个事业部形成大型联合企业，每个事业部高度专业化，有利于把联合化和专业化结合起来，提高生产效率。它的缺点是：机构重复造成了管理人员的浪费；各事业部主管人员考虑问题时往往存在本位主义倾向，相互支援较少。

事业部制组织结构适用于产品类别较复杂或地区分布较广泛的企业，图 1-10 为一家家电生产企业的事业部制组织结构图。

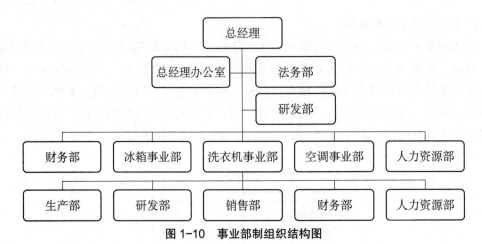

图 1-10　事业部制组织结构图

4. 矩阵制组织结构

矩阵制是一种典型的分权式组织结构。矩阵制组织结构是把按不同方式部门化的两类部门相互交叉，形成矩阵，如图 1-11 所示。

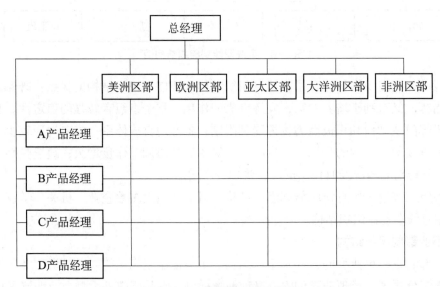

图 1-11　矩阵制组织结构图

矩阵制组织结构的优点是：有利于加强各职能部门之间的协作配合；有利于提高企

业的适应性；有利于减轻高层管理人员的负担；有利于职能部门与产品部门相互制约，保证企业整体目标的实现。其缺点是：违背了统一指挥的原则，易造成多头领导，当不同的上级管理者下达的命令发生冲突时，会让下属无所适从；当员工发生工作事故时，也难以追究到底是哪位管理者领导不当所致。

矩阵制组织结构适用于需要集中多方面专业人员进行集体攻关的项目或企业，如航天航空企业、工程建设企业等。

5. 网络制组织结构

网络制组织是基于信息技术的进步以及激烈的市场竞争而发展起来的一种临时性组织。它通过与市场组合的方式代替了传统的纵向层级组织，实现了组织核心优势与市场外部资源优势的动态结合，由于各个工作单元都是一个权力中心，因此可以及时根据市场的变化进行调整，且每个工作单元都与其他单元保持广泛的联系，不仅促进了知识与经验的交流，也使得各单元的适应性调整有充分的知识和信息基础。在这种组织形态下运作的企业有完整的功能，如生产、营销、设计、财务等，但在企业内部没有执行这些功能的部门。企业仅保留最关键的功能，然后将其他功能虚拟化，以各种方式借用外力进行整合，进而打造企业本身的竞争优势。网络型公司采用的是借用"外部资源整合"的策略，而非以往所说的"内部资源选择"的策略，如图 1-12 所示。

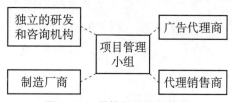

图 1-12　网络制组织结构图

网络制组织结构的优点是：具有更大的灵活性和柔性，以项目为中心的合作可以更好地结合市场需求来整合各种资源，而且容易操作，网络中的各条价值链可以根据市场需求的变动情况来增加、调整或撤并；组织结构简单、精练，组织中的大多数活动都实行了外包，且这些活动更多地靠电子商务来协调处理，组织结构可以进一步扁平化，效率也更高。其缺点是可控性较差。这种组织通过与独立的供应商广泛而密切地合作来实现目标，一旦所依存的外部资源出现问题，组织会陷入非常被动的境地。另外，外部合作组织都是临时的，如果网络中的某一合作单位因故退出且不可替代，组织将面临一定的风险。

👥 知识点考核方式

> **辨析案例中公司的组织结构。**
>
> **答题思路：**掌握五种常见的组织结构形式的名称及主要特点，据此对公司的组织结构作出判断。

🔑 **例题**

【选择题】王芳在淘宝上开了一家经营女性服装及配饰的网店，目标顾客是18～30岁的女性：她们喜欢原创的、彰显个性的服装和配饰；对价格比较敏感；对产品的质地和做工有较强的包容性。王芳卖的产品有女式衬衫、鞋子、裙子、袜子、手套、帽子。王芳没有自己的生产工厂，她设计好一款产品后，会自己穿上样衣或戴上配饰并拍照后在网上预售。当买家比较多时，她会寻找厂家定制一批。经过三四年的发展，王芳的生意很好，现在她雇用了3名员工，他们负责从生产厂收货、在线上与顾客交流、处理订单、发货、退货、开发票等工作。

王芳畅想，5年后，她的公司将把所有职能委托给有过多次合作的相关企业，比如，将生产职能委托给5年来多次合作的厂家；原创设计，由现在的自己设计变为委托专业的设计公司来设计；销售职能则委托给专门的代理公司，代理公司同时进行线上和线下销售工作，自己只是负责协调这些接受委托的企业。如果王芳的畅想能够实现，5年后，王芳的公司采用的是（　　）组织结构。

A. 直线制　　　　　　B. 直线职能制　　　　　C. 事业部制

D. 矩阵制　　　　　　E. 网络制

解析：王芳畅想的组织结构符合网络制组织结构的特点：没有实体的职能部门，通过外部其他企业或机构的协作来完成相应的设计研发、销售等职能工作。本题选E。

🔑 **例题**

【选择题】耐克是全球著名的体育运动品牌，公司将主要的财力、物力、人力投入到产品的设计和销售上，甚至连样鞋也不生产，其生产活动完全在中国和越南等国家进行。公司的许多经理经常在全球各地寻找合适的生产合作伙伴。20世纪70年代，耐克与菲律宾、马来西亚、英国、爱尔兰的制鞋厂合作，20世纪80年代，耐克转向韩国等地谋求合作，20世纪90年代，耐克对中国、印度尼西亚、泰国等又信心十足。耐克采用的是（　　）组织结构形式。

A. 直线制　　　　　　B. 直线职能制　　　　　C. 事业部制

D. 矩阵制　　　　　　E. 网络制

解析：耐克公司采用的是网络制组织结构。耐克成功的关键是恰当地组建虚拟公司，并在虚拟公司中处于领导地位，从而获得低成本、高利润。本题选E。

👥 **知识点考核方式**

依据案例信息画出所涉公司的组织结构图或者重新设计公司的组织结构图，以便更符合公司的实际情况。

答题思路：

（1）组织结构图应合规。比如必须用矩形和线段展现组织结构图；不能省略矩形而只把相关职位名称或部门名称以线段连接；矩形中必须填写职位名称（如财务经理）或者部门名称（如财务部），不能用其他称谓（如财务）；且矩形间要以线段连接。

（2）注意事业部制和直线职能制两种组织结构图的区别及联系：第一，事业部制是由直线职能制发展而来的，当实行直线职能制的组织达到比较大的规模，比如员工达到万人以上时，直线职能制这种典型的集权式组织结构就不再适用，而事业部制这种典型的分权式组织结构就势在必行了。第二，事业部制中的每一个事业部都是直线职能制组织结构。在画事业部制组织结构图时，只需画出一个事业部下辖的各个部门。第三，事业部制组织结构图中会出现两套相同的职能部门，比如总经理和事业部经理下面都有人力资源部、财务部、研发部等部门。总经理直接下辖的职能部门服务于集团公司或总公司，而事业部下面的职能部门只为该事业部服务。第四，各事业部是有充分自主权的利润中心，其下面会有生产部、研发部、销售部等部门。此外，各事业部还应有办公室、财务部等职能部门。

（3）矩阵制。当案例信息显示某公司按照两种不同部门化方式划分的部门有"交叉"时，考虑采用矩阵制组织结构形式。画矩阵制组织结构图时常犯的错误有：其一，忘记画代表组织中的最高职位（如总经理或总裁）的矩形；其二，把按照某种部门化方式划分的纵向第一列的各部门之间用线段串起来了；其三，矩形内所填写的称谓不合规，如用"冰箱""欧洲"等分别代替"冰箱事业部""欧洲事业部"。

🔑 例题

【案例分析题】某电子产品公司组织结构改进

图 1-13 为某电子产品公司的组织结构图。该图表明，总经理对公司的财务和人事工作全权负责，并直接管理家电产品车间、电信产品车间及机械产品车间 3 个部门，设副总经理 2 名，其中一名负责企业的行政部和办公室的工作；另一名负责研发部、销售部以及企业规划部的工作。企业规划部根据市场信息来规划产品的研制与生产；研发部按照企业规划部的规划，负责新产品的研发工作；新产品研制成功并经公司领导讨论决定后，交由产品车间负责生产；销售部销售产品，并负责收集市场反馈信息。

随着企业的不断发展壮大，高层管理者日益感到现行组织结构存在不足，管理机构臃肿，人浮于事的现象比较严重；产品无法满足客户的需要，销售额出现下滑；各部门之间，尤其是生产部门与其他部门之间的冲突时有发生。在管理咨询专家的建议下，企业领导决定按照事业部制的方式对组织结构进行调整和变革，以达到提高管理效率、增强企业竞争力的目的。

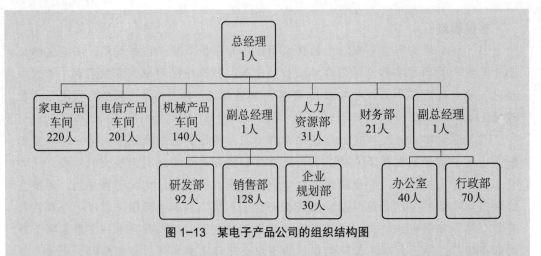

图 1-13　某电子产品公司的组织结构图

思考题：如果改成事业部制组织结构可行，请设计出新的组织结构图。

解析：如果改为事业部制组织结构可行，新的组织结构图如图 1-14 所示。

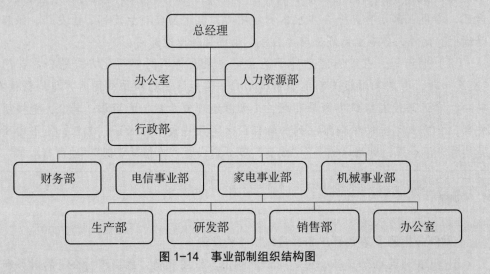

图 1-14　事业部制组织结构图

　说明：只需在三个事业部中的一个引出其下属部门即可；由于事业部制的各事业部经理已经被充分分权，有充分的经营自主权，此时不需要保留两个副总的职位；原企业规划部的职能可以由各事业部的研发部承担。

第二部分　习　　题

一、单项选择题

1. 对于操作人员和专业人员，最重要的技能是（　　）。
　A. 技术技能　　　　　　　　　B. 概念技能
　C. 领导技能　　　　　　　　　D. 人际技能

2. 关于人才和人才管理的说法，错误的是（　　　）。

　　A. 人才管理要求企业对人才的获取和保留具有前瞻性和灵活性

　　B. 人才管理有助于企业实现战略目标

　　C. 人才管理涵盖人才的吸引、使用、保留、开发等诸多方面

　　D. 只有企业中最优秀、最卓越的少数员工才是人才

3. 管理者是（　　　）。

　　A. 不需要报酬的员工

　　B. 协调和监管其他人的工作，使组织目标能够实现的人

　　C. 经理

　　D. 销售人员

4. 区分管理岗位和非管理岗位的一个标志是（　　　）。

　　A. 该岗位员工薪酬的多少　　　　　　B. 是否协调他人的工作

　　C. 是否启动新项目　　　　　　　　　D. 是否拥有技术技能

5. 王娟注重减少浪费，她更像是一名（　　　）管理者。

　　A. 有效率的　　　　B. 有效果的　　　　C. 目标导向的　　　D. 拥有技术能力的

6. 效果通常被描述为（　　　）。

　　A. 工作活动有助于组织实现目标　　　B. 赋予尽可能多的责任

　　C. 由自己来管理过程　　　　　　　　D. 用资金状况来评估一个项目的结果

7. （　　　）与完成任务的方式有关，而（　　　）与结果或者组织目标的实现有关。

　　A. 效果；经济　　　B. 效果；效率　　　C. 效率；效果　　　D. 经济；效率

8. 技术技能对于一名（　　　）来说是最为重要的。

　　A. 中层管理者　　　B. 总经理　　　　　C. 基层管理者　　　D. 高层管理者

9. 对于高层管理者来说，（　　　）是最重要的。

　　A. 技术技能　　　　B. 人际技能　　　　C. 财务技能　　　　D. 概念技能

10. 某位技术专家原来从事专业工作，业务专精，绩效显著，近来被提拔为所在科室的负责人。随着工作性质的转变，他今后应当把自己的工作重点调整到（　　　）。

　　A. 放弃技术工作，全力以赴抓好管理和领导工作

　　B. 仍以技术工作为主，以自身为榜样带动下级

　　C. 以抓管理工作为主，同时参与部分技术工作，以增进与下级的沟通和理解

　　D. 在抓好技术工作的同时，做好管理工作

11. 某高技术企业的总裁并未接受过相关的高技术教育，也缺乏相关领域的经营背景，只有接受过 MBA 教育并在其他非高技术企业成功经营的履历，但他上任后，在短短不到 3 年的时间里，就迅速扭转了该公司多年亏损的局面，完成了当初董事会提出的盈利目标。这一事例说明（　　　）。

　　A. 企业高层管理者不需要专业知识和技能，有管理经验就行了

　　B. 成功的管理经验具有通用性，可以不分行业地加以成功移植

　　C. 企业核心领导的管理水平会对企业的发展产生不可估量的作用

　　D. 这只是一种偶然现象，可能是该总裁正好遇到并抓住了市场机会

12. 企业管理者可以分为基层管理者、中层管理者和高层管理者三种。高层管理者主要负责制定（　　　）。

  A. 日常程序性决策   B. 长远全局性决策

  C. 局部程序性决策   D. 短期操作性决策

13. 关于公司总经理与中层管理人员之间的区别，存在着以下几种不同的说法。你认为其中哪一种说法最为贴切？（　　　）

  A. 总经理比中层管理人员更需要拥有环境洞察力

  B. 总经理比中层管理人员更需要拥有发言权

  C. 总经理比中层管理人员更需要掌握反映公司经营问题的信息

  D. 总经理的行为比中层管理人员较少受约束

14. 对于管理者来说，一般需要具备多种技能，如概念技能、人际技能、技术技能等。对于高层管理者来说，概念技能、人际技能、技术技能的重要程度为：（　　　）。

  A. 首先是概念技能，其次是技术技能，最后是人际技能

  B. 首先是技术技能，其次是概念技能，最后是人际技能

  C. 首先是概念技能，其次是人际技能，最后是技术技能

  D. 首先是人际技能，其次是技术技能，最后是概念技能

15. 在作出是否收购其他企业的决策中，管理者必须从多个角度出发全面分析拟购企业的目前状况及发展潜力等情况，这时，管理者需要的技能主要是（　　　）。

  A. 诊断技能   B. 人际技能   C. 概念技能   D. 技术技能

16. 五洲旅行公司刘总经理在总体市场不景气的情况下，以独特的眼光发现了惊险性旅游项目与40～45岁男性消费者之间的相关性，在此基础上设计了具有针对性的旅游路线与项目，并进行了前期宣传。因为涉及与交通管理、保险、环保等部门的协调，新项目得到正式批准的时间比预期晚了整整一年，由此丧失了大量的市场机会。你认为下列哪种说法最能概括刘总的管理技能状况？（　　　）

  A. 技术技能、人际技能、概念技能都弱

  B. 技术技能、人际技能、概念技能都强

  C. 技术技能和人际技能强，但概念技能弱

  D. 技术技能和概念技能强，但人际技能弱

17. 对于管理者来说，一般需要具备多种技能，如概念技能、人际技能、技术技能等。当一名管理者在组织中的职位趋升时，这三种技能相对重要性的变化情况是（　　　）。

  A. 同时等幅增加

  B. 概念技能重要性增加最明显，其次是人际技能，最后是技术技能

  C. 概念技能的相对重要性增加，技术技能的相对重要性降低，人际技能相对不变

  D. 人际技能重要性增加最明显，其次是概念技能，最后是技术技能

18. 小王是某公司的革新能手，曾多次攻克生产难关，同事们也都很喜欢与他交往。然而当公司去年将小王提升为质量部部门经理后，尽管小王的工作更加卖力，但质量部的工作每况愈下。你认为作为一名管理人员，小王缺乏的是（　　　）。

  A. 组织技能   B. 技术技能   C. 人际技能   D. 概念技能

19.（　　）对于所有层次管理者的重要性大体相同。

    A. 技术技能　　　　B. 人际技能　　　　C. 概念技能　　　　D. 学习技能

20.关于管理的应用范围，人们的认识不同，你认为下列哪种说法最恰当？（　　）

    A. 只适用于营利性工业企业　　　　　B. 普遍适用于各类组织

    C. 只适用于非营利性组织　　　　　　D. 只适用于营利性组织

21.某公司新招聘了一名出纳小王。在职前培训期间，人力资源部培训主管向小王详细介绍了公司的发展史、企业文化、考勤管理制度，耐心地带领他参观了公司各科室。随后培训主管就把小王交给了财务部经理，财务部经理为使小王尽快胜任出纳工作，专门为其指定了一名资深出纳做师傅。对于出纳小王，（　　）对其负"管人"的主责。

    A. 财务部经理　　　　　　　　　　B. 人力资源部经理

    C. 培训主管　　　　　　　　　　　D. 小王的师傅"资深出纳"

22.战略性人力资源管理的理念不包括（　　）。

    A. 要对人力资源管理活动的成本和收益进行分析和评价

    B. 人力资源管理是成本中心而不是利润中心

    C. 要对人力资源管理职能人员进行培训和开发

    D. 人力资源管理战略要和组织战略保持一致

23.关于古典组织设计理论的说法，正确的是（　　）。

    A. 它同时关注组织结构设计和运行制度设计两方面的研究

    B. 它只关注组织结构设计方面的研究

    C. 它是动态的

    D. 它只关注运行制度设计方面的研究

24.在组织结构体系中，组织的横向结构通常指的是（　　）。

    A. 职权结构　　　　B. 层次结构　　　　C. 部门结构　　　　D. 职能结构

25.关于人力资本投资及其相关理论的说法，错误的是（　　）。

    A. 人力资本投资的成本产生于当前

    B. 能够提高个人在劳动力市场上的收益能力的投资，均属于人力资本投资

    C. 人力资本投资的收益产生于未来

    D. 人力资本投资理论认为劳动者都是同质的

单项选择题参考答案

1. A。技术技能是一个人对于某种类型的程序或者技术掌握的能力，对于操作人员和专业人员来说，技术技能是最重要的。

2. D。人才不仅仅是指组织中最优秀的、已经表现出卓越绩效的少数员工，还包括那些构成员工队伍大多数的、有能力且绩效稳定的员工，选项 D 错误。

3. B。管理的要义在于"让他人""有效"完成工作，故选 B。

4. B。管理的要义在于"让他人""有效"完成工作，故选 B。

5. A。管理的关键词之一"有效"是有效率和有效果的统一。"有效率"指的是低资源消耗，故选 A。

6. A。管理的关键词之一"有效"是有效率和有效果的统一。"有效果"指的是高目

标达成，故选 A。

7. C。管理的关键词之一"有效"是有效率和有效果的统一。"有效率"指的是低资源消耗，"有效果"指的是高目标达成，故选 C。

8. C。对于高层管理者来说，概念技能最重要；对于基层管理者来说，技术技能最重要；人际技能对高层、中层与基层管理者都很重要。故选 C。

9. D。对于高层管理者来说，概念技能最重要；对于基层管理者来说，技术技能最重要；人际技能对高层、中层与基层管理者都很重要。故选 D。

10. C。由操作者转变为管理者，需要掌握管理的关键词"让他人"与"有效"。其工作重心需要转移到管理工作上来，在需要的时候适度参与技术工作即可。故选 C。

11. C。选项 A 和 B 的描述都过于绝对，选项 D 的归因过于武断。故选 C。

12. B。高层管理者负责制定长远全局性决策。故选 B。

13. A。高层管理者需要制定长远全局性决策，所以总经理比中层管理人员更需要拥有对内外部环境的洞察力。故选 A。

14. C。对于高层管理者来说，各项管理技能的重要程度为：首先是概念技能，其次是人际技能，最后是技术技能。故选 C。

15. C。在作出是否收购外部企业的决策时，管理者需要从纷繁复杂的信息中找出最关键的信息，这需要良好的概念技能。管理技能包括概念技能、人际技能、技术技能，不包括诊断技能，此为迷惑选项。故选 C。

16. D。"刘总经理在总体市场不景气的情况下，以独特的眼光发现了惊险性旅游项目与 40～45 岁男性消费者之间的相关性"体现了其概念技能强；"设计了具有针对性的旅游路线与项目，并进行了前期宣传"体现了其技术技能强；"涉及与交通管理、保险、环保等部门的协调，新项目得到正式批准的时间比预期晚了整整一年，由此丧失了大量的市场机会"体现其人际技能弱。故选 D。

17. C。对于高层管理者来说，概念技能最重要；对于基层管理者来说，技术技能最重要；而人际交往技能对高层、中层与基层管理者都很重要。当一名管理者在组织中的职位趋升时，这三种技能相对重要性的变化情况是：概念技能的相对重要性增加，技术技能的相对重要性降低，人际技能相对不变。故选 C。

18. D。"同事们也都很喜欢与他交往"体现了小王人际技能良好。"小王是某公司的革新能手，曾多次攻克生产难关"体现出小王技术技能良好。三大管理技能分别为概念技能、人际技能、技术技能，没有组织技能之说。随着管理职位的提升，管理者的概念技能的重要程度提升，小王缺乏概念技能，导致质量部整体绩效欠佳。故选 D。

19. B。人际技能对于所有层次管理者的重要性大体相同。故选 B。

20. B。在人类历史上，自从有了有组织的活动，就有了管理活动。管理活动的出现促使一些人对这种活动加以研究和探索。经过长期的积累和总结，人们对管理活动有了初步的认识和了解，从而开始形成一些朴素、零散的管理思想。随着社会的发展、科学技术的进步，人们对管理思想加以提炼和概括，找出其中带有规律性的东西，并将其作为假设在管理活动中进行检验，继而对检验结果加以分析研究，从中找出属于管理活动普遍原理的内容。这些原理经过抽象和综合就形成了管理理论。管理思想自古就有，但管理理论是近一百年发展起来的。管理理论源于企业的管理实践，但其原理和方法适用于各种类型的组织。故选 B。

21. A。本题考核直线经理对其下属负管理的主责，人力资源部经理负辅助责任。本题有个迷惑选项"资深出纳"，资深出纳与小王没有上下级的关系，只是受财务部经理的委托向小王传授一些业务上的经验和技能，故不能选 D。

22. B。本题考查战略性人力资源管理的概念。现代人力资源管理被看作利润中心，而不是成本中心。

23. B。本题考查组织设计。古典的组织设计理论是静态的，只关注组织结构设计方面的研究。现代的组织设计理论是动态的，同时关注组织结构设计和运行制度设计两个方面的研究。

24. C。本题考查组织结构的定义。部门结构是各管理部门的构成，又称组织的横向结构。

25. D。本题考查人力资本投资理论。在现实中，劳动者并不都是同质的。

二、多项选择题

1. 下列有关集权和分权的描述，正确的是（　　　）。
   A. 集权是指决策权在组织系统较高管理层级上的集中。绝对的集权式组织结构是不存在的，我们通常说某公司的组织结构是集权式的，只是意味着该公司的集权程度远大于分权程度
   B. 典型的集权式组织结构有直线制、直线职能制
   C. 分权是指决策权在组织系统较低管理层级上的分散。其特点是：中下层有较多的决策权；上级的控制较少；在统一规划下可以自主经营；实行独立核算。不存在绝对的分权式组织结构，当我们说某公司的组织结构是分权式的，只意味着该公司的分权程度远大于集权程度
   D. 典型的分权式组织结构有事业部制、矩阵制
   E. 典型的分权式组织结构只有事业部制

2. 关于分权和授权的描述，正确的有（　　　）。
   A. 分权是法定的，授权是主观人为的
   B. 分出的权力不能收回，授出的权力可以随时收回
   C. 分权是针对职位的，授权是针对个人的
   D. 分权时责任和权力同时分给某下辖职位，授权时权力下授，但责任不下授
   E. 分权是针对个人的，授权是针对职位的

3. 下列有关组织文化的描述，正确的是（　　　）。
   A. 组织文化是指影响组织成员行动、将不同组织区分开的共享的价值观、原则、传统和行为方式。在多数组织中，这些共享的价值观和惯例经过长时间的演变，在某种程度上决定了"这里的事情应该如何完成"
   B. 组织文化往往会被打上组织创始人的烙印，创始人的风格直接影响着组织文化。但是，当组织发展至成熟期，就有必要设置专门的组织文化部门或人员，负责

梳理和重塑公司的组织文化

C. 精神层是组织文化的深层次内涵，是组织文化的核心和主体，触及人们最根深蒂固、不容置疑的东西，主要包括管理哲学、敬业精神、组织的价值观和信仰等，它们是组织文化的精髓，最能体现一个公司组织文化的实质内涵

D. 所有组织都有文化，但并非所有文化对员工行为都有同等程度的影响。与弱文化相比，强文化——核心价值观被广泛和深度共享的文化——对员工有更大的影响力。研究显示，强文化的组织比弱文化的组织拥有更忠诚的员工，且强文化与良好的组织绩效相关。然而，强文化也可能阻止员工尝试新的方法，尤其当情况迅速变化时

E. 组织文化对所有员工有同等程度的影响

4. 组织文化可分为三个层次，即精神层、工具层和行为层。下列有关组织文化层次结构的描述，正确的是（　　　）。

A. 精神层是组织文化的深层次内涵，是组织文化的核心和主体，触及人们最根深蒂固、不容置疑的东西，主要包括管理哲学、敬业精神、组织的价值观和信仰等，它们是组织文化的精髓，影响组织成员的行为和决策

B. 工具层又包括制度层和物质层，是精神层组织文化实现的载体。制度层是某个具体组织的独具特色的规章制度、道德规范和员工行为准则的总和，也包括决定内部分工协作关系的组织结构，是一种强制性文化。物质层是组织文化的表层，是可见的人造物品，既包括组织物质的和精神的活动过程、组织行为、组织产出等外在表现形式，也包括组织实体性的设备设施等。总的来说，工具层包括制度、规则、组织成员的着装和行为模式、有形的标志、组织内刊、组织仪式、运动会、便签、信纸、一次性纸杯、产品和各种设备设施

C. 行为层是指一个公司的员工的具体行为表现，最能体现一个公司组织文化的内涵。行为层的组织文化是衡量一个公司组织文化的关键，因为精神层和工具层的组织文化无论多么优秀，如果没有通过行为层展现出来，充其量只能算是"纸上谈兵""空中楼阁"

D. 组织文化的精神层、工具层和行为层是不可分割、浑然一体的

E. 组织文化的精神层、工具层和行为层是相互独立的

5. 关于人事管理理念与人力资源管理理念的区别与联系，表述正确的是（　　　）。

A. 无论是奉行人事管理理念还是奉行人力资源管理理念的公司，其人力资源管理实践都包含相同的模块，如招聘、培训、绩效考核、薪酬设计、员工关系管理等

B. 两种理念的根本区别之一是看人的视角不同：奉行人事管理理念的公司把人当成机器或者视为成本，而奉行人力资源管理理念的公司把人当成宝贵的财富

C. 两种理念的根本区别之一是看人事部门负责人是否参与公司战略的制定：奉行人事管理理念的公司，人事部门负责人不参与公司战略的制定，只是在公司战略拟定好之后执行相应的招聘、培训等操作职能；奉行人力资源管理理念的公司，人事部门负责人会密切参与公司战略的制定

D. 奉行人事管理理念的公司更容易出现公司鼓励或者暗示员工无酬劳进行加班；奉行人力资源管理理念的公司会更加尊重员工的休息需要以及陪伴家人的需要，尽量不安排员工加班，即便事发紧急需要加班，也会按照国家劳动法相关规定支付员工加班费

E. 两种理念都重视人才，看人的视角相同

6. 下列关于组织结构特征因素之中的管理层次的说法，正确的是（　　　）。

A. 管理层次也称组织层次

B. 管理层次的多少表明了组织结构的纵向复杂程度

C. 管理层次是指从组织最高一级管理组织到最低一级管理组织的各个组织等级

D. 管理层次决定了组织的管理幅度，起主导作用

E. 管理层次不起主导作用

7. 关于矩阵制组织结构的优点的说法，正确的有（　　　）。

A. 有利于职能部门与产品部门相互制约，保证企业整体目标的实现

B. 有利于提高组织的稳定性

C. 有利于加强各职能部门之间的协作配合

D. 有利于提高企业的适应性

E. 有利于减轻高层管理人员的负担

8. 事业部制组织结构的优点包括（　　　）。

A. 有利于把联合化和专业化的优点结合起来，提高生产效率

B. 有利于高层管理者集中精力做好战略决策和长远规划

C. 有利于增强企业活力

D. 有利于减少管理成本和费用

E. 有利于减轻高层管理人员的负担

9. 关于管理层次与管理幅度之间关系的说法，正确的是（　　　）。

A. 两者存在反比例关系

B. 同样规模的企业，减少管理幅度，管理层次会增加

C. 两者都是组织结构的重要特征因素

D. 两者相互制约，其中管理层次起主导作用

E. 两者存在正比例关系

10. 管理是管理者让他人有效完成工作的过程。这里的有效包括（　　　）。

A. 有效率，即低资源消耗、高产出　　　　B. 有效果，即高目标达成

C. 正确地做事（有效率）　　　　　　　　D. 做正确的事（有效果）

E. 为了获得高产出，可以不计成本

11. 直线职能制和事业部制组织结构图的区别和联系主要体现在（　　　）。

A. 事业部制是由直线职能制发展而来的，当实行直线职能制的组织达到比较大的规模，比如员工达到万人以上时，直线职能制这种典型的集权式组织结构就不再适用，而事业部制这种典型的分权式组织结构就势在必行了

B. 事业部制中的每一个事业部都是直线职能制组织结构。画事业部组织结构图

时只需画出一个事业部下辖的各个部门

C. 事业部制组织结构图中会出现两套相同的职能部门，比如总经理和事业部经理下面都有人力资源部、财务部、研发部等部门。总经理直接下辖的职能部门服务于集团公司或总公司，而事业部下面的职能部门只为该事业部服务

D. 各事业部由于是有充分自主权的利润中心，其下面会有生产部、研发部、销售部等部门。此外，各事业部还应有办公室、财务部等职能部门

E. 直线职能制是由事业部制发展而来的

12. 下列属于人力资本投资的有（　　　　）。

A. 用人单位的岗位培训

B. 给子女支付的学费

C. 员工为了获得更高的薪酬到其他企业求职

D. 用人单位给解除劳动合同的员工支付经济补偿金

E. 资助贫困家庭的儿童继续学业

多项选择题参考答案

1. ABCD。没有绝对的集权，说某公司采用集权式组织结构是指其集权程度远大于分权程度；没有绝对的分权，说某公司采用分权式组织结构是指其分权程度远大于集权程度。典型的集权式组织结构有直线制和直线职能制，典型的分权式组织结构有事业部制、矩阵制。E 错。

2. ABCD。分权是针对职位的，授权是针对个人的，E 错。

3. ABD。C 错误的原因：其一，行为层是指一个公司的员工的具体行为表现，最能体现组织文化的实质内涵；其二，精神层的价值观、口号、标语等内容如果不能真正化作员工的行为和做事方式，也只是空中楼阁，难以体现一个公司组织文化的实质。并非所有文化对员行为都有同等程度的影响，E 错。

4. ABCD。组织文化的三个层次是不可分割、浑然一体的，E 错。

5. ABCD。人事管理理念与人力资源管理理念看人的视角不同，E 错。

6. ABC。管理层次也称组织层次，是指从最高一级管理组织到最低一级管理组织的各个组织等级。每一个组织等级就是一个管理层次。一个组织的管理层次的多少，表明其组织结构的纵向复杂程度。管理幅度是指一个管理者有效管理下属的人数，管理层次和管理幅度相互制约，其中管理幅度起主导作用。选项 D 和 E 错误，选项 A、B、C 正确。

7. ACDE。矩阵制组织结构的优点包括：有利于加强各职能部门之间的协作配合；有利于提高企业的适应性；有利于减轻高层管理人员的负担；有利于职能部门与产品部门相互制约，保证企业整体目标的实现。

8. ABC。事业部制组织结构形式的优点包括：组织最高层摆脱了具体的日常管理事务，可以集中精力做好战略决策和长远规划；各事业部之间也有竞争，可增强企业的活力；多个事业部形成大型联合企业，每个事业部高度专业化，有利于把联合化和专业化结合起来，提高生产效率。故选项 A、B、C 正确。由于每个事业部都会建设一套完整的管理机构并配备相应的管理人员，这种机构与人员的重复设置会导致成本费用的上升而

非下降，故选项 D 错误。减轻高层管理人员的负担是矩阵制组织结构的优点，故选项 E 错误。

9. ABC。管理层次与管理幅度关系密切。首先，两者存在反比例关系。同样规模的企业，加大管理幅度，管理层次就会减少；反之，管理层次就会增多。其次，两者相互制约，其中管理幅度起主导作用。管理幅度决定管理层次，管理层次的多少取决于管理幅度的大小。同时，管理层次对管理幅度也有一定的制约作用。选项 D 和 E 错误，故选 A、B、C。

10. ABCD。管理者需要考虑成本，E 错误。

11. ABCD。事业部制是由直线职能制发展而来的，E 错误。

12. ABCE。本题考查人力资本投资。人力资本投资可以定义为任何用来提高人的生产能力从而提高人在劳动力市场上获得收益的能力的初始性投资。这样，不仅各级正规教育和在职培训活动所花费的支出属于人力资本投资，增进健康、加强学龄前儿童营养、寻找工作、工作流动等也同样属于人力资本投资。选项 D 错误。

三、综合题

1. 小高由于工作能力出色，被选拔为市场部负责人。让公司领导感到意外的是，小高晋升为负责人之后，虽然工作依旧努力，但是他领导的市场部的业绩不升反降。在私下交流时，部门成员普遍反映虽然小高认真负责，但是他在管理中缺少激励措施，导致员工的积极性不高，而且小高只关心工作绩效，不太注重与员工之间的沟通协作，要求一切事项都必须按照他的要求办理。

根据以上资料，回答下列问题：

（1）根据领导生命周期理论，小高的领导风格是（　　　　）。

　　A. 高工作－低关系　　　　　　　　B. 高工作－高关系

　　C. 低工作－低关系　　　　　　　　D. 低工作－高关系

（2）成功的领导依赖于各项技能，小高需要提高的技能有（　　　　）。（多选）

　　A. 概念技能　　　　B. 人际技能　　　　C. 技术技能

　　D. 计划技能　　　　E. 学习技能

（3）小高的领导方式属于管理方格图中的（　　　　）。

　　A. 贫乏型领导方式　　　　　　　　B. 乡村俱乐部型领导方式

　　C. 任务型领导方式　　　　　　　　D. 中庸型领导方式

（4）从小高的表现可以看出，根据路径－目标理论，小高属于（　　　　）。

　　A. 成就取向型领导　　　　　　　　B. 支持型领导

　　C. 指导型领导　　　　　　　　　　D. 参与型领导

解析：

（1）A。本题考查领导生命周期理论。高工作－低关系领导风格是领导规定工作任务、角色职责，指示员工做什么，如何做。小高要求一切事项都必须按照他的要求办理，属于高工作－低关系领导风格。另外，此题可根据题干信息，以及高工作－低关系的字面意思作出正确选择。

领导生命周期理论由保罗·赫西和肯尼斯·布兰查德提出，如图 1-15 所示。该理论认为成功的领导者要根据下属的成熟度来选择恰当的领导方式。成熟度是指个体对自己的直接行为负责任的能力和意愿，包括工作成熟度和心理成熟度。工作成熟度是下属完成任务时具有的相关技能和知识水平，心理成熟度是下属的自信心和自尊心。高成熟度的下属既有能力又有信心做好某项工作。

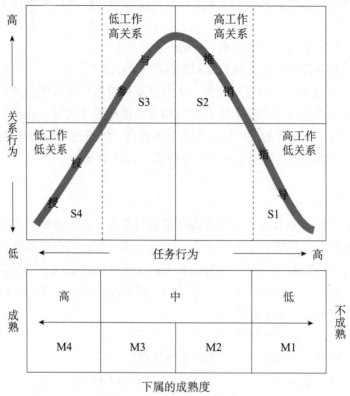

图 1-15　领导生命周期理论

根据员工能力与意愿的高低程度的不同组合，可以形成以下四种不同的成熟度水平：1）成熟度水平低（M1），下属对于执行某项任务既无能力又无意愿，他们既不胜任工作又不被信任。2）成熟度水平较低（M2）。下属缺乏能力，但愿意执行必要的工作任务。他们有积极性，但尚缺乏足够的技能。3）成熟度水平较高（M3）。下属有能力，但不愿意承担领导者交办的任务。4）成熟度水平高（M4）。下属既具有能力又愿意做领导者希望他们做的工作。

随着下属成熟程度由低到高，领导风格与其相匹配，形成了四种领导类型：高工作 – 低关系、高工作 – 高关系、低工作 – 高关系、低工作 – 低关系。

四种领导类型要与下属特点相匹配，具体表现为：

指导型领导（高工作 – 低关系，S1）。领导者界定工作任务和角色，通过发号施令，明确告知下属完成任务的详细规则与程序，重视任务的完成情况，不过多考虑下属的满意度。其对应的是 M1 型的下属。

推销型领导（高工作 – 高关系，S2）。领导者的指导行为与支持行为并重，既关注下属的满意度，保持并提高下属的工作热情，又在指导和支持的过程中锻炼下属的能力，提高他们的工作技能。其对应的是 M2 型的下属。

参与型领导（低工作－高关系，S3）。领导者鼓励下属共同决策，为下属提供良好的工作条件和沟通渠道，从而提高下属的工作满意度，培养下属的工作热情。其对应的是 M3 型的下属。

授权型领导（低工作－低关系，S4）。领导者给予下属充分的自由，提供极少的指导与支持行为，确信下属能够依靠自己的能力明确任务的目标并出色地完成任务。其对应的是 M4 型的下属。

（2）AB。本题考查管理（领导）技能。管理技能包括三项：概念技能、人际技能、技术技能。市场部整体绩效不升反降，说明小高对部门的管理工作做得还不到位，说明其概念技能需要提高。小高在管理中缺少激励措施，只关心工作绩效，不太注重成员之间的沟通协作，因此需提高人际技能。

（3）C。本题考查管理方格图。任务型领导方式的领导者对工作极端关注，不关心人。

美国管理学家罗伯特·布莱克和简·莫顿于 1964 年设计了一个巧妙的管理方格图（见图 1-16），直观地表示领导者对工作和人的关心程度。管理方格图的横轴表示领导者对工作的关心程度，纵轴表示对人的关心程度，同时，将纵、横轴划分为九等分，离原点越近表示关心程度越低，越远表示关心程度越高，这样，整个方格图就分成了 81 个方格。每个方格表示"关心工作"和"关心人"这两个基本因素以不同程度相结合的一种领导方式。评价一位领导者的领导方式，只要在该图中按照两种行为寻找交叉点就行，交叉点便是其领导方式的类型。领导者纵轴的分数越高，表示他越重视人的因素；领导者横轴的分数越高，表示他越重视工作。

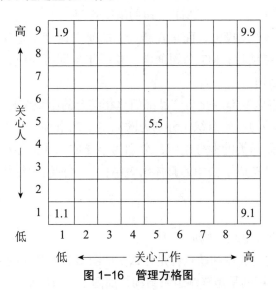

图 1-16　管理方格图

布莱克和莫顿在管理方格图中列出了五种典型的领导方式，并对其进行了分析。

贫乏型（1.1）。这种领导方式中，领导者对工作和员工都漠不关心，表现为领导者只做自己分内最低限度的工作，也就是只要不出差错，多一事不如少一事。这是一种不称职的管理方式，因而被称为贫乏型管理方式。

任务型（9.1）。这种领导方式注重对生产任务和作业效率的要求，关心工作计划和目标，指导和控制下属的工作，但不重视人的因素。这种领导者是专制型领导者，强调有效地控制下属，下属只能按命令行事。

乡村俱乐部型（1.9）。这种领导方式下的领导者非常关注下属的需要，努力创造一种融洽的工作氛围。这种领导者认为，只有下属心情愉快，才会有较高的生产效率。这种不管工作情况如何，都重视员工情绪的领导方式被称为乡村俱乐部型管理方式。

中庸型（5.5）。这种领导方式既不过于重视人的因素，也不过于重视工作因素，努力保持两者的平衡。但这种领导方式缺乏创新精神，只乐意维持现状，因而被称为中庸型管理方式。

团队型（9.9）。这种领导方式对工作的关心和对人的关心都达到最高点。领导者处处关心下属，努力使下属在完成组织任务的同时满足个人需要。这种领导方式能使组织的目标和下属的个人需要最有效地结合起来，既高度重视组织的各项工作，又能通过沟通和激励使群体合作，从而获得较高的工作效率，因而被称为团队型管理方式。

在以上五种领导方式中，布莱克和莫顿认为团队型管理方式工作效果最佳，应该是领导者努力的方向。但是，在现实中，这五种极端的领导方式都很少见，一般是处于两种因素交织的某种过渡状态。此外，领导活动是非常复杂的，受到多种因素的影响，领导方式的好与不好还应该结合员工、环境等多种因素来考虑。

（4）C。本题考查路径－目标理论。路径－目标理论确定了四种领导类型：1）指导型领导：让下属明确别人对他的期望、成功绩效的标准和工作程序。2）支持型领导：努力创建舒适的工作氛围，亲切友善，关心下属的要求。3）参与型领导：主动征求并采纳下属的意见。4）成就取向型领导：设定挑战性目标，鼓励下属展现自己的最佳水平。

2.【案例分析题】　　　　　　　　MT 公司的组织管理

MT 公司不仅重视研发投资，而且在新产品的研发速度上也超越许多同行。英特尔公司花费两三年的研究项目，MT 公司通常只要一年半即可完成，这种成效主要得益于MT 公司采用的组织结构。

MT 公司采用了将区域部门化与产品部门化相结合的组织结构形式，具体地说，MT公司包括 4 个区域市场的业务组织，分别为欧洲与中东市场、日本市场、亚太市场和美洲市场；包括 4 个产品品类的业务组织，分别为半导体、通信器材、一般系统技术和政府系统技术。二者交叉构成了公司的整体组织结构。这种组织结构在新产品的研究开发中产生了极好的效果。

思考题：

MT 公司采用了哪种组织结构形式？

这种组织结构的主要优点和缺点各是什么？试画出 MT 公司的组织结构图。

解析：MT 公司采用的是矩阵制组织结构，如图 1-17 所示。

矩阵制组织结构的优点是：有利于加强各职能部门之间的协作配合；有利于提高企业的适应性；有利于减轻高层管理人员的负担；有利于职能部门与产品部门相互制约，保证企业整体目标的实现。其缺点是：违背了统一指挥的原则（意指一个下属只能由一

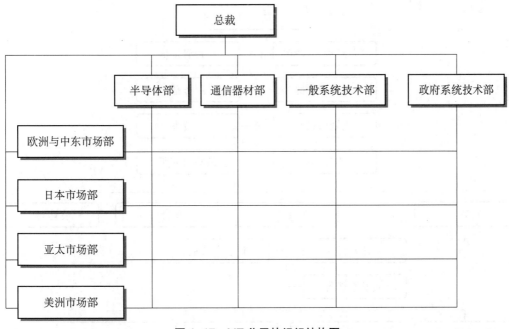

图 1-17 MT 公司的组织结构图

个上司直接管理），易造成多头领导，当不同的上级管理者下达的命令发生冲突时，会让下属无所适从；当员工发生工作事故时，也难以追究到底是哪位管理者领导不当所致。

说明：

（1）常见错误：忘记画代表最高职位"总裁"或"总经理"的矩形；纵向的四个部门易被错误地串起来；矩形里面的称谓不规范，诸如"总部""半导体""日本"——既不是部门名称，也不是职位名称。

（2）横向的四个部门和纵向的四个部门可以对调。

（3）矩阵制组织结构的典型特征是题干信息有交叉，即按不同方式划分的两类部门相互交叉。

3.【案例分析题】 某汽车集团的组织结构图

某汽车集团是一个有 20 年历史的大型国有企业，主要生产轿车和轻型汽车。该集团由总经理直接领导，下设多个职能部门，如总经理办公室、人力资源部、财务部、生产管理部、企划信息部，另外还有自己的投资室、审计室和战略研究所。

集团下属工厂除了总装厂外，还有配套生产厂，如发动机厂、车身厂和变速器厂。各生产厂实行厂长负责制，彼此相互独立，它们还有相应的职能机构，如计划科、厂长办公室、质量管理科等。集团赋予各生产厂尽可能大的生产经营自主权，配套生产厂生产的产品主要供总装厂使用。

思考题：

（1）该汽车集团适合采用哪种组织结构形式？设计其组织结构图。

（2）发动机厂适合采用哪种组织结构形式？设计其组织结构图。

解析：

（1）该汽车集团适合采用事业部制组织结构，如图 1-18 所示。

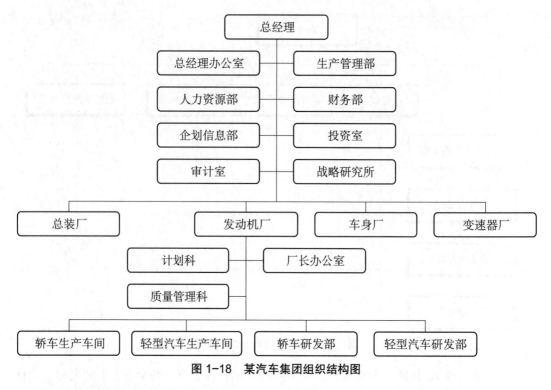

图 1-18　某汽车集团组织结构图

1）之所以采用事业部制，是因为题干有两处明显信息——大型企业集团；各生产厂拥有尽可能大的生产经营自主权。

2）事业部应该是总装厂、发动机厂、车身厂、变速器厂，而不是"轿车事业部""轻型汽车事业部"，关键是看谁有充分的生产经营自主权，谁就是事业部。

3）总装厂生产的产品使用的是其他分厂的半成品或零部件，但这并不意味着从组织结构上总装厂与配套生产厂是上下级的关系。总装厂、发动机厂、车身厂、变速器厂四个事业部是并列关系。

4）配套生产厂与发动机厂、车身厂、变速器厂是同位语的关系，在组织结构图中，不应该在发动机厂、车身厂、变速器厂之外还存在一个配套生产厂。

5）有四个事业部，即总装厂、发动机厂、车身厂、变速器厂，它们应该直接隶属于总经理，不应该隶属于生产管理部，再让生产管理部隶属于总经理。假定存在这样的一个生产管理部，因其还管辖四个事业部经理，那其权力就等同于总经理了，这不符合逻辑。

6）轿车、轻型汽车的生产和研发等事项可归具体的事业部管理，即各分厂下可设轿车生产车间、轻型汽车生产车间、轿车研发部、轻型汽车研发部等。

（2）发动机厂适合采用直线职能制组织结构，见图 1-19。

4.【案例分析题】　　　"人事部"牌子引发的思考

赵杰看着办公桌上刚刚拆下来的"人事部"的牌子，再回顾自己与公司一起成长的这些年，不禁陷入沉思……

5 年前，赵杰从某大学机械设计制造及其自动化专业毕业后，来到一家石油机械配件制造公司工作。当时，该公司成立时间不长，员工仅有 41 人，赵杰除了跟一位老铸造工程师学习铸造技术外，还身兼网络管理员、行政文员、人事专员等职。赵杰喜欢电脑，

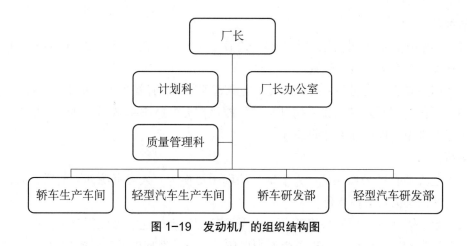

图 1-19　发动机厂的组织结构图

对软硬件都有研究，所以当公司的电脑和网络出现问题时，赵杰自愿做起了义务网管，保障公司电脑和网络的正常运行。赵杰还用自己掌握的数据库技术为公司创建了一个工资保险数据库系统，大大提高了核算工资和社保费用的效率，当然赵杰也就理所当然地成了公司的工资社保核算员。

总经理很欣赏赵杰的能力与韧劲。4 年前，当公司人数增加到 120 人时，公司成立了综合部，负责行政及人事事务。赵杰被提拔为综合部副经理。3 年前，公司人数增加到 347 人，公司成立了人事部，赵杰成为人事部的第一任经理。此时，赵杰只有一名下属王睿。王睿是赵杰担任综合部副经理时亲自招聘并一手培养出来的。公司成立人事部后，王睿就随赵杰一同调入人事部工作。王睿所学专业是机电一体化，由于她有良好的亲和力和沟通能力，又细心，赵杰就把原属于自己的一些工作，比如招聘、培训、工资和社保核算等都逐渐交给王睿来做。后来，人事部又陆续增加了两名员工。

两年前，赵杰开始读半脱产的 MBA，选择的专业是人力资源管理。这是赵杰第一次系统地学习人力资源管理理论。在此之前，赵杰都是自己在书店买些书自学，在工作中自己去悟。赵杰很珍惜这次重返校园的机会。随着学习的课程越来越多，赵杰的思考也越来越深入，工作中的很多困惑也逐渐解开了。

按照现行的考勤管理制度，公司实行每周 6 天工作制，并一直保持着创业以来的传统——员工根据公司需要在周一到周五下班后免费加班（一般每天不超过 2 小时）。公司从来没有想过支付加班费，员工也没有对这种做法表现出很大的抵触情绪。

但赵杰发现，近两年招聘的大学生似乎不如前些年招聘的大学生那么勤奋。他原来认为是时代的原因，现在他似乎更能体谅了，现在房价很高，刚毕业的大学生压力大，还面临结婚成家等很多事情。公司没有理由要求所有员工把公司当成自己的家，而是应该反思公司是否真正把员工当成"家人"，是否真的考虑到员工下班后也需要享受生活，等等。

前几天，赵杰在跟总经理沟通后，把公司"人事部"的牌子换成了"人力资源部"，赵杰很清楚自己所做的工作还是原来那些，但是自己看待人的视角跟原来不一样了。赵杰打算与总经理进行一次深谈，谈谈自己读 MBA 后的一些感悟，他希望将来这块"人力资源部"的牌子可以名副其实。

思考题：

（1）赵杰所在的公司在把"人事部"的牌子更换为"人力资源部"前后，公司的人力资源管理活动有无实质性改变？

（2）赵杰要想在公司开展真正的人力资源管理活动，还需做哪些努力？

（3）对该公司总经理来说，何种管理技能最重要？赵杰是基层管理者还是中层管理者？对赵杰来说，何种管理技能最重要？

解析：

（1）赵杰所在的公司在把"人事部"的牌子更换为"人力资源部"前后，公司的人力资源管理活动无实质性变化。

（2）赵杰要想在公司开展真正的人力资源管理活动，还需做以下努力：第一，赵杰需要跟总经理沟通，改变总经理看待人的视角，说服总经理把员工看成公司的宝贵财富，进而推动公司奉行人力资源管理理念。第二，赵杰还需要完成基本的人力资源管理活动，比如对全公司所有的岗位进行职位分析，只有完成这项基本工作，才有可能推动公司实施真正的人力资源管理活动。第三，赵杰需要把公司的人力资源管理理念细化为可操作的规章制度。比如，公司原来实施的考勤管理制度中对于周一到周五下班后加班 2 个小时之内都不支付加班费，而且公司实行每周 6 天工作制，这些条款需要重新修订。按照《劳动合同法》的规定给予员工相应的加班费，并尽量少安排员工加班；工作时间由每周 6 天改为每周 5 天；等等。

（3）总经理是高层管理者，概念性技能对其来说最重要。赵杰是基层管理者，因为该公司人力资源部规模较小，赵杰的直接下属没有下属了，所以他是基层管理者。对赵杰来说，诸如面试测评、绩效考核等技术技能最重要。

5.【案例分析题】　　　　　汉文帝刘恒爱民减赋

汉文帝执行了轻徭薄赋政策，一再降低税赋标准，并连续 13 年免除全国农业税，不仅减轻了百姓的负担、改善了民生，而且极大地促进了经济的发展。

汉文帝下诏将公元前 168 年的田租按"什五而税一"减半收取，即"三十税一"。自公元前 167 年开始免除全国的田租，这项免税政策一共执行了 13 年，一直到汉文帝的儿子汉景帝继位后才恢复了田租，仍按"三十税一"的标准收取。另一个税收大项口赋也由每人每年 120 钱降为每人每年 40 钱。在徭役方面规定"丁男三年而一事"，将成年男子每年都要服的徭役改为 3 年服一次。这些标准不仅较秦朝有了较大幅度的降低，也较刘邦及惠帝等几位皇帝在位时期明显下降。

低调、谨慎、务实是史书对汉文帝的共同评价。黄老思想对他有着极深的影响，"一曰慈，二曰俭，三曰不敢为天下先"。除了轻徭薄赋，汉文帝还坚决废除了肉刑。

汉文帝"重农"却不"抑商"，他下诏开放原来属于国家的山林川泽，允许私人开采矿产，允许私人开发渔业、盐业，这些政策极大地促进了手工业、商业的发展，一时间"富商大贾周流天下，交易之物莫不通"。为了进一步搞活商业，汉文帝又颁布诏令，废除了原先的"关传"制度，取消各地设置的关卡，允许百姓和商人自由往来。手工业、商业的繁荣发展一方面改善了百姓的生活，另一方面也增加了朝廷的税收收入。

除了"开源"，汉文帝还注重"节流"。他带头勤俭节约，"帝即位二十三年，宫室、苑囿、狗马、服御，无所增益"，这一点十分难得。汉文帝时已有布鞋，贫民才穿草鞋，史书记载汉文帝"履不藉以视朝"，意思是穿着草鞋就上殿理政去了。汉文帝还经常穿"绨衣"，这是一种由质量较差的丝做的衣服，衣服破了就缝缝补补再穿。他对身边的人要求也很严格，比如规定嫔妃的衣服下摆不准拖到地上，以节约衣料，帐子上不准带有刺绣、花边。

减税、免税并没有影响朝廷的运转，朝廷反而有钱去改善民生，对经济也起到促进作用。汉文帝和他的儿子汉景帝在位期间被称为"文景之治"，为汉武帝时期全面盛世的出现奠定了基础。

资料来源：汉文帝减税创盛世．（2017-04-07）.http://www.jsllzg.cn/syzq/ls/201704/t20170407_3903676. shtml.

思考题：

（1）汉文帝治理国家奉行的是人事管理理念还是人力资源管理理念？

（2）按照罗伯特·卡茨的划分，管理技能包括概念技能、人际技能、技术技能三种。对汉文帝来说，哪种管理技能最重要？案例材料显示汉文帝该项技能的水平高吗？

（3）如果把汉文帝时期的中国看成一个组织，试着提炼一个组织文化要素，并分析其精神层、工具层和行为层是如何整合在一起的。

解析：

（1）汉文帝体谅百姓疾苦，减轻税负，与民休养生息，他奉行的是人力资源管理理念。

（2）汉文帝作为组织的最高长官（中国皇帝），概念技能对其来说最重要。案例显示，汉文帝的概念技能高，主要体现在：降税及休养生息国策符合汉初国情，组织的战略即大政方针制定合理；"重农"却不"抑商"，通过发展商业及流通来"开源"，由此做经济保障，使降低赋税的国策得以坚决实施，并有财力为高龄老人发放福利；注重"节流"，他带头勤俭节约，这种崇尚节俭是难得的成本意识。

（3）从案例中可以提炼出一个组织文化要素"俭"。1）精神层的组织文化就是俭。2）工具层的组织文化体现在：其一，自己的榜样示范，如不大修宫殿、衣着简朴；其二，制度规范层面，如不允许妃嫔的衣服下摆拖到地上，帐子上不准有刺绣、花边。3）行为层的组织文化体现在：汉文帝自己穿草鞋、绨衣，衣服破了补补再穿；妃嫔的衣服下摆没有拖到地上；帐子上没有刺绣、花边。4）精神层、工具层、行为层组织文化有机整合在一起：精神层的组织文化"俭"，通过工具层的标杆示范（汉文帝以身作则）以及制度规范（规定帐子上不可有刺绣和花边、妃嫔的衣服下摆不可拖地），落实到皇帝妃嫔的节俭行为（皇帝不大修宫殿、穿草鞋、穿绨衣，衣服破了补补再穿；妃嫔的衣服下摆没有拖到地上；帐子上没有刺绣、花边）。

第二章　人力资源战略与规划

第一部分 知识点回顾

一、企业使命

企业使命（mission）是企业存在的目的和理由。企业使命的例子如表2-1所示。

表2-1 企业使命的例子

企业名称	使命
中国移动	创无限通信世界，做信息社会栋梁
华为	聚焦客户关注的挑战和压力，提供有竞争力的通信解决方案和服务，持续为客户创造最大价值
万科	城市建设服务商
联想	为客户利益而努力创新
河北养元	在持续做大做强核桃健脑饮品产业的基础上，秉承低碳、环保、可持续发展的理念，致力于推动并引领植物奶产业发展，从而提高人生智慧和幸福指数
安踏	将超越自我的体育精神融入每个人的生活
东方雨虹	为人类为社会创造持久安全的环境
玫琳凯	丰富女性人生
索尼	体验发展技术造福大众的快乐
惠普	为人类的幸福和发展作出技术贡献
迪士尼	让人们快乐
微软	致力于提供使工作、学习、生活更加方便、丰富的个人电脑软件
麦肯锡	帮助领先的企业实现显著、持久的经营业绩改善，打造能够吸引、培育和激励杰出人才的优秀组织机构

知识点考核方式

为某个组织拟定一则使命。

答题思路：使命拟定应遵循"一含三不"原则。"一含"是指使命应该包含社会责任感。"三不"是指：（1）不宜太宽泛，使命太过宽泛易使人看后仍不清楚企业到底是哪个行业、做什么的；（2）不宜太窄，使命太窄会束缚企业业务的拓展；（3）不要与口号混淆。

例题

【案例分析题】链家旗下的自如

链家旗下的自如已在长租公寓市场取得领先地位。对于房东来说，自如是资产管理公司，而对于租客来说，自如是提供其所需房屋产品的公司。

自如抛弃了传统的房屋中介式的运营方式，因为房屋中介的操作不符合自如是一家产品公司的定位，自如并不是一家简单提供中间信息的经纪公司或者信息平台。自如先要创造出满足租客需求，甚至超前的租住产品，然后把产品呈现出来，新的产品可能跟原来的房子完全不一样，但一定要满足租客更高的要求。

自如在发展过程中一直都在创新。

一是在产品上不断创新。产品创新的基本原则是在把品质做好的前提下，重点满足年轻人的居住需求。自如提供的租住产品包括自如友家、自如整租等分散式长租产品，也包括自如寓等集中式长租产品。

二是在服务内容上不断创新。比如自如的每一家保洁公司的员工都会使用一些高温消毒设备，每两个星期会把洗衣机做一次消毒等。

三是积极通过互联网推动业务模式的创新。长租公寓是一个链条长、规模大、要求高、稳定的行业，所以互联网非常有应用价值。自如从信用识别到签约再到支付租金等都在网上完成，甚至改变了找房方式。比如自如上线了一个功能，可以结合几亿条数据，让客户按照步行、自行车、驾车、公交等条件，显示多少分钟之内可以租到的房子。另外，自如还尝试应用智能家居，在 App 上控制门锁，这些创新使得自如走在了行业前列。

四是自如密切追踪客户的需求变化，积极探索在运营和管理年轻人超大社区方式上的创新，积极组织社交活动，鼓励租客积极参与，特别开展了一些更加长效的活动，比如体育、跑步、美食等。

以产品形态提供租赁房屋，要求改造、装修和配置流程化、标准化，这些要求又依赖施工及供应链体系。自如一个月要从业主手里收到一万多套委托房源，要把一万多套房源改造成客户需要的产品，进行整体装修，配置家具、家电、家居用品，这显然是一个多工种、复杂琐碎的过程。为完成这一过程，自如采取了以下措施：一是要建立紧密合作的供应链体系，成员包括海尔、美的、中国联通、中国移动等合作商及保洁供应商，它们与自如价值观相近、紧密合作。二是要对产品和质量进行严格的管理。房源配置后的形态、验收的内容，配置专员要对照清单逐一核查。此外，还有专门的品质部门进行抽查，管理一次验收合格率，管理客户入住 30 天的报修次数，以此保证产品和质量的相关标准得以执行。三是在这个过程中自如实现了非常强的信息化应用。一套房子的装修和配置要保证时间、质量和时效，自如对每一道工序实现了信息化的动态管理。对于配置哪些家具，配到哪一间房子，房子的装配进度如何，何时释放，员工对应时间点的工作是什么，一目了然，从而保证一万多套房快速完成配置，同时成本可控。

一套委托房源的装修和配置时间、成本可控，依赖专业化团队对房子的熟悉程度。委托自如管理的房子很多，所以自如建有数据库，接受房源委托时系统会自动计算一套房子施工的工作量、装配的时间。之后，专业化团队会每天跟进，依靠科技实现智能化、标准化管理。

思考题：试为"自如"拟定一则使命。

解析：

（1）使命拟定应遵循"一含三不"原则。"一含"是指使命应该包含社会责任感。"三不"是指：不宜太宽泛，使命太过宽泛易使人看后仍不清楚企业到底是哪个行业、做什么的；不宜太窄，使命太窄会束缚企业业务的拓展；不要与口号混淆。

（2）使命是一个公司存在的目的或理由。依据案例中公司的定位信息，"对于房东来说，自如是资产管理公司，对于租客来说，自如是提供所需房屋产品的公司"，拟定使命时，可把自如定位为提供租住产品的企业；或者既为房东提供资产管理，又为租客提供理想的租住房屋产品。

（3）错把使命拟定为口号或者广告语的例子。如"高品质的便利居住体验，让你生活在如家一般的自如，让自如给你一个可移动的家"。但如果把"你"都换成"租客"，去掉广告口号成分的内容，就可以成为一则使命。如"为租客提供高品质的如家般的便利居住体验"。如"长租公寓，长久舒适，营造让你安心放心的居住环境"。同样，把"你"换为"租客"，再删掉类似口号的文字"长久舒适"，则可成为使命。如"长租公寓，为租客营造安心放心的居住环境"。

（4）使命过于宽泛的例子。如"做品质生活的创作者""住舒适住所，过品质生活""让人类拥有一个温馨的家"。因为"品质生活""温馨的家"涵盖的范围过于宽广，在人们提到"品质生活""温馨的家"时，很难第一时间想到自如这种长租公寓。

（5）使命过窄的例子。如"让非本地户籍人口租住自如"。把租客局限为非本地户籍人口，限制了业务的拓展空间。

（6）好的使命陈述的例子。

"让人们在繁华城市中拥有安全舒适的家，也让人们的空房子不再闲置。"

"打造高品质出租房屋，积极迎合现代化发展潮流，为城市新居民提供温馨、舒适、现代化的居住环境。"

"做满足客户需求的产品和服务创新，让租房人群获得更好的租房体验与生活方式，推动中国房屋租赁市场的发展。"

"提供具有良好生活品质、优美生活环境的租住房。"

"为中国长租事业做贡献，打造世界一流长租品牌。"

"用心做好租住产品，做品质生活的创造者。"

"创一流长租公寓，为奔波的人们提供温暖如家的居住环境。"

二、战略

（一）战略的层次

一个组织的战略通常包括三个层次，即组织战略、竞争战略以及职能战略。这三个层次的战略之间的关系如图 2-1 所示。

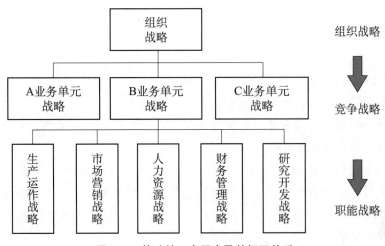

图 2-1　战略的三个层次及其相互关系

1. 组织战略

组织战略又称公司战略、企业战略、发展战略，主要回答在哪里展开竞争的问题，即经营何种业务以及进入何种行业或领域。组织战略解决一个组织如何成长和发展，在不利环境下又如何收缩和巩固的问题。组织战略指出一个组织在发展过程中可选择的各种方向。一般情况下，组织战略分为成长战略、稳定战略、收缩战略三种类型。

2. 竞争战略

竞争战略主要回答如何进行竞争的问题，即在已经选定的行业或领域中如何与竞争对手展开有效的竞争，是依靠成本、质量、可靠性，还是产品或服务。按照迈克尔·波特的划分方法，竞争战略有低成本战略、差异化战略以及市场集中战略三种类型。由于市场集中战略又可分为市场集中低成本战略、市场集中差异化战略，我们可以把波特的竞争战略笼统地分为低成本、差异化这两种。目前，差异化竞争战略主要以创新战略、客户中心战略等形式体现出来。

3. 职能战略

职能战略关注的是如何使各种不同的职能更好地为组织战略以及竞争战略服务，从而提高组织的整体效率并确保组织战略和竞争战略的有效执行。职能战略反映的是每个部门为了帮助组织实现组织战略以及达成相应的竞争目标而确定的基本行动路线，其中包括市场营销战略、人力资源战略、财务管理战略等内容。

知识点考核方式

辨析案例所涉组织使用的是哪种竞争战略。

答题思路：

（1）先判断是低成本战略还是差异化战略。

（2）如果是差异化战略，再进一步判断是创新战略还是客户中心战略。

例题

【案例分析题】让客户自己组装

宜家家居是全球最大的家具零售商之一，销售各式待组装家具。这家瑞典公司的主要创新之处在于产品的平板包装方式，不仅降低了公司的成本，提高了配送效率，还节约了仓库的存储空间。

与其他公司销售已组装完毕的家具不同，宜家家居让客户自己动手组装家具。宜家家居认为，通过自己动手，客户对自己组装的家具会产生一种特别的喜爱。很多企业利用用户的投入赋予自己的产品更高的价值，因为用户曾为产品付出过努力，投入了自己的劳动。

资料来源：尼尔·埃亚尔.让客户自己组装.特别关注，2018（1）.

思考题：宜家家居采用的是何种竞争战略？

解析：对于动手能力不强，或者没有动手能力的老年人来说，宜家家居并不是合适的选择。宜家家居的目标顾客应该是那些动手能力较强，同时对价格又比较敏感的年轻人。

宜家家居价格合理，成本较低。产品的平板包装方式，不仅降低了公司的成本，提高了配送效率，还让客户自己组装来赋予产品更高的价值。其竞争优势来自低成本，故采用的是低成本竞争战略。

例题

【综合题】辨析下列公司采用的竞争战略：美的、百度、腾讯、海底捞、华为、青岛啤酒、海大（鱼饲料）。

解析：采用低成本战略的公司有：（1）美的，以规模经济和订单驱动的模式，形成了总成本领先的竞争力；（2）青岛啤酒，通过大范围兼并收购来形成规模化的优势。

采用创新战略的公司有：（1）百度，坚持"黄金分割"原则——三成的资源用于创新，这一原则保证了百度能够不断地推陈出新；（2）腾讯，运用"产品经理的思维"，聚焦用户需求进行微创新，快速迭代能力强；（3）苹果，以"另类"为核心理念，通过搭建智能终端与内容提供商的共赢平台制定新型的业务战略。

采用客户中心战略的公司有：（1）华为，以客户需求为起点，通过跨职能的队伍为客户量身定做关于通信技术的整体解决方案；（2）海底捞，与顾客建立亲密关系，为顾客提供高附加值；（3）海大，从单纯的鱼饲料销售转型为通过教养殖户养鱼捆绑饲料销售，从而成为一家以全流程健康养殖技术服务为主营业务的高科技公司。

（二）战略管理过程模型

1. 战略管理过程模型

战略管理是一个包括战略制定、战略执行、战略评价、战略调整四个阶段在内的一个完整的过程，战略管理过程模型如图 2-2 所示。

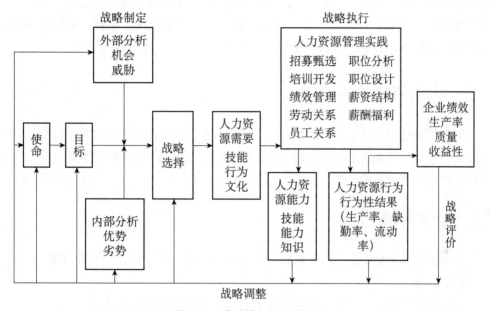

图 2-2 战略管理过程模型

资料来源：雷蒙德·诺伊，约翰·霍伦贝克，巴里·格哈特，等.人力资源管理：赢得竞争优势：第 9 版.北京：中国人民大学出版社，2018.

（1）战略制定。战略制定过程的主要作用是界定组织的使命、目标、外部面临的机会和威胁以及内部存在的优势和劣势，然后确定组织的战略方向。

（2）战略执行。战略执行又称为战略实施，主要作用是帮助组织确定如何有效执行已经确定的战略，其中包括如何设计组织结构、分配资源以及确保组织获得高技能员工等。

（3）战略评价。战略执行并非指没有任何选择地去实施或执行既定战略。事实上，在整个战略管理过程的不同环节中，信息和决策不断相互影响。

（4）战略调整。如果在战略实施过程中发现当初制定的战略本身存在严重缺陷或根本无法实现，组织可能会对战略进行调整甚至彻底改变。此外，战略评价的结果也可能导致组织对原来制定的战略进行调整或重新制定战略。

2. 人力资源管理在整个战略管理过程中的角色

（1）人力资源管理是组织战略执行中最为关键的因素。组织战略一旦确定，关于组织的人力资源的数量、质量、能力、行为、文化的要求也就随之明确。人力资源管理职能最重要的任务就是利用职位分析、职位设计、招募甄选、培训开发、绩效管理、薪酬福利、员工关系等各种人力资源管理手段帮助组织及时获得所需的人力资源。

（2）人力资源管理可能导致组织战略的调整。一旦组织在对当前及未来的人力资源状况进行评估后发现不可能获得支持组织战略实现所需的人力资源，就必须对组织战略进行调整，制定一种次优却有可能得到执行的战略。

（3）组织中的人力资源专业人员必须努力做到：第一，参与组织战略的制定过程，在此过程中不仅要考虑与人有关的问题，同时还要考虑组织的人力资源储备是否能够执行某种特定的战略。第二，掌握与组织的战略性目标有关的一些特定知识。第三，知道何种类型的员工技能、行为以及态度能够支持组织战略的达成。第四，制订具体的人力资源管理方案以确保员工具备实施组织战略所需的技能、行为以及态度。

三、人力资源战略

人力资源战略是指人力资源管理部门及其管理者用来帮助公司实现组织战略目标的行动指南，它是一个组织将其人力资源管理的主要目标、政策以及程序整合为一个有机整体的某种模式或规划的产物。

知识点考核方式

辨析案例所涉组织使用的是何种组织战略以及应匹配何种人力资源战略。
答题思路：
（1）先判断其组织战略类型：成长战略、稳定战略、收缩战略。
（2）根据组织战略类型阐述与其匹配的人力资源战略。

例题

【综合题】请查阅相关资料，阐述长城汽车、中国银行、新东方这三家公司分别实施何种组织战略，并阐述与其相匹配的人力资源战略。
解析：
（1）长城汽车、中国银行、新东方这三家公司实施的组织战略类型分别为成长战略、稳定战略、收缩战略。
（2）成长战略及相应的人力资源战略。成长战略是一种关注市场开发、产品开发、创新以及合并等内容的战略，它又可以分为内部成长战略和外部成长战略两种类型。其中，前者是通过整合和利用组织所拥有的所有资源来强化组织优势的一种战略，它注重的是自身力量的增强和自我扩张。而后者则是试图通过纵向一体化、横向一体化或者多元化来实现一体化战略，这种战略往往通过兼并、联合、收购等方式来扩充组织的资源或者强化其市场地位。

对于采取内部成长战略的组织来说，其重点关注的是新产品和新市场的开发、新事业的开创以及新领域的进入。这种组织是通过自我积累实现成长的。在这种情况下，组织招募和甄选人员的压力比较大，必须能够不断补充组织成长和发展过程中所需要的各类人才。而培训工作也是全方位、多类型的，需要为组织不断培养和输送具有不同知识和技能的员工。在晋升方面，这类组织往往强调内部晋升，从外部招募和录用低级别职位的员工，然后一步步培养到中高层管理职位。从绩效管理的角度来说，这类组织会同时关注员工完成工作的结果以及过程，但是更为重视结果，薪酬与结果的联系往往也非常紧密。

对于采取外部成长战略的组织来说，无论是通过纵向一体化还是横向一体化来实现组织的扩张，组织所面临的最大的人力资源问题都是如何重新配置人力资源，维持员工队伍的士气，实现价值观和文化的整合，以及确保各项人力资源管理实践和标准的一致。因此，这类组织的员工招募工作需求不大，但是员工重新配置的压力很大。其培训工作的重点是价值观和文化的整合，以及关于如何解决冲突的技能培训，同时，还要对暂时找不到合适岗位的人员进行技能再培训。绩效管理和薪酬管理的重心是管理实践的规范化与标准化。

（3）稳定战略及相应的人力资源战略。稳定战略是一种强调市场份额或者运营成本的战略。采取稳定战略的组织往往处于较为稳定的环境之中，增长率较低，维持竞争力的关键在于保证技能人才不流失。从人力资源管理的角度来说，主要是以稳定掌握相关工作技能的员工队伍为出发点，因而这种组织的整体人力资源战略就是保持组织内部人力资源的稳定性以及管理手段的规范性、一致性和内部公平性。这种组织对人员招募的需求不是很大，内部员工能够获得比较缓慢的晋升，组织的培训主要满足员工当前工作的需要，绩效管理的重点是员工的行为规范以及员工的工作能力和态度。在薪酬管理方面，更加重视薪酬的内部一致性，薪酬的决策集中度比较高，薪酬的基础主要是员工所从事的工作本身。同时，员工福利水平往往比较高。

（4）收缩战略及相应的人力资源战略。收缩战略通常会被那些由于面临严重的经济困难而想要收缩经营业务的组织采用，它往往与裁员、剥离以及清算等联系在一起。这类组织重点要解决的人力资源问题是如何以一种稳定且代价最小的方式将冗余的人力资源从组织中剥离，同时提高组织精简和裁员之后留在组织中的员工的士气。此外，由于战略和业务领域的调整，组织中很多人的知识和技能可能也需要更新，因此，培训的压力也会比较大。由于经营处于不利局面，这类组织对于尽快取得业绩极为关注，其绩效管理的重心会放在对结果的考核上。同时，这类组织对于将员工的收入与组织的经营业绩挂钩有着非常强烈的愿望，除了在薪酬结构中减少固定薪酬的比重、增加浮动薪酬的比重，往往还试图实行员工股份所有权计划等，以鼓励员工与组织共担风险。

知识点考核方式

辨析案例所涉组织使用的是何种竞争战略及应匹配何种人力资源战略。

答题思路：

（1）先判断其竞争战略类型：低成本战略、创新战略、客户中心战略。

（2）根据组织的竞争战略类型阐述与其相匹配的人力资源战略。

例题

【综合题】辨析美的、腾讯、海底捞这三家公司所使用的竞争战略类型，并阐述与其相匹配的人力资源战略。

解析：

（1）美的、腾讯、海底捞三家公司分别实施的是低成本战略、创新战略、客户中心战略。

（2）低成本战略及相应的人力资源战略。低成本战略，即在产品本身的质量大体相同的情况下，组织以低于竞争对手的价格向客户提供产品。比如，大型连锁超市沃尔玛、家用电器生产商格兰仕以及计算机生产商戴尔等企业都是典型的成本领先型组织。我国的吉利控股集团在创业初期也采取的是低成本战略。追求低成本战略的组织都非常重视效率，尤其对操作水平的要求很高，它们的目标是用较低的成本去做更多的事情。

为了提高生产率，降低成本，这类组织通常会比较详细和具体地对员工所要从事的工作内容和职责、任务进行描述，确保员工在工作职位上的稳定性。培训重在满足员工当前所从事的工作的需要，绩效管理的重点也在于规范员工的行为和督促员工遵守基本工作流程。这类组织还特别强调工作纪律和出勤，同时对作息时间也有严格的要求。在薪酬水平方面，这类组织会密切关注竞争对手的薪酬状况，以确保本组织的薪酬水平既不低于竞争对手，最好也不高于竞争对手。在薪酬构成方面，这类组织通常会采取一定的措施来提高浮动薪酬或奖金在薪酬构成中的比重，同时对在成本节约方面取得成效的员工进行奖励。这一方面是为了控制成本支出，另一方面是为了鼓励员工降低成本，提高生产效率。

（3）创新战略及相应的人力资源战略。创新战略是以产品的创新以及产品生命周期的缩短为导向的一种竞争战略。采取这种战略的组织往往强调风险承担和新产品的不断推出，并把缩短产品从设计到投放市场的时间看成一个重要目标。这类组织的一个重要经营目标是成为产品市场上的领导者，在管理过程中非常强调提高客户满意度和满足客户的个性化需要，对组织内部的职位等级结构以及相对稳定的职位评价体系等则不是很重视。

从人员招募和甄选的角度来说，这类组织更愿意聘用富有创新精神和敢于承担风险的人，而不是长期兢兢业业做一份重复性很强的程序化工作的人。为此，这类组织在薪酬上必须强调组织与员工的风险共担以及成果分享，同时确保在产品、生产方法以及技术等方面的创新成功者确实能够得到高额的回报。这类组织在职位描述方面会保持相当的灵活性，要求员工能够适应不同环境的工作需要，因此，员工的基本薪酬往往不是取决于内容非常清晰的职责，而是更多地取决于员工个人的创新能力和技术水平。从绩效管理的角度来说，这类组织更关注创新的结果，而不是工作过程中的具体行为规范，因此，绩效管理体系的目标导向性很强。

（4）客户中心战略及相应的人力资源战略。客户中心战略是一种以提高客户服务质量、服务效率、服务速度等来赢得竞争优势的战略。采取这种战略的组织关注的是如何取悦客户，它希望不仅能够很好地满足客户的现实需要，还能够帮助客户发现一些他们自己尚未明确的潜在需要，并且设法满足这些潜在需要。客户满意度是这类组织最为关注的一个绩效指标。

为了鼓励员工持续发掘服务客户的不同途径，以及加快对客户需要作出反应的速度，这类组织在招募环节往往就非常重视求职者或候选人的客户服务能力、动机以及经验。比如，万豪国际酒店在招募员工时，非常关注面试过程中求职者微笑的次数。这类组织的培训系统也会在客户知识、客户服务技巧以及以客户为导向的价值观等方面投入大量的时间和精力。这些组织的薪酬系统往往也会根据员工向客户提供服务的数量和质量来支付薪酬，或者根据客户对员工或员工群体所提供服务的总体评价结果来发放奖金。比如，在一些服务行业，通常根据员工所服务的客户数量按照一定的单价来实行计件工资制，但是当客户主动要求某一位员工提供服务时，企业就会将单价上浮一定的百分比，这样实际上起到了鼓励员工积极满足客户需要、吸引客户的作用。

四、人力资源规划

人力资源规划是指组织根据自身战略的需要，采用科学的手段来预测组织未来的人力资源需求和供给状况，进而制订必要的人力资源获取、利用、保留和开发计划，满足组织对人力资源数量和质量的需求。人力资源规划的过程见图2-3。

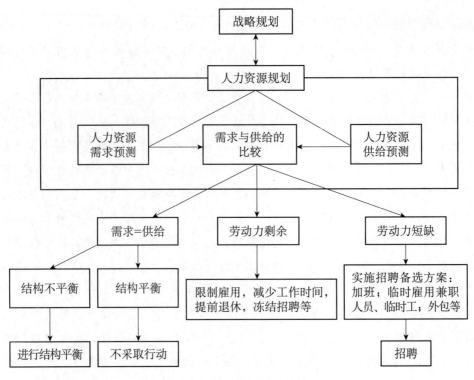

图2-3　人力资源规划的过程

人力资源需求预测的方法——德尔菲法。

答题思路：掌握德尔菲法的四个关键词，据此对问题进行分析。

🔧 例题

【综合题】米考维奇等人于1972年在《管理科学》上发表的一篇文章中介绍了美国的一家零售公司用德尔菲法来预测公司在某一年所需的采购人员的数量。这家公司所选择的专家是公司中的七位管理人员，他们回答了五轮匿名问卷。在第一轮调查结束后，预测值的范围是32～55名。第五轮调查结束后，预测值的范围是34～45名，平均值为38名。为了检验德尔菲法的精确程度，这家公司没有公布预测结果，也没有在当年的招聘中使用这一预测信息。到那一年结束，这家公司实际招聘了37名采购人员，结果表明德尔菲法的预测结果十分精确。请阐述这种方法。

解析：德尔菲法（Delphi method）是20世纪40年代末在美国兰德公司发展起来的，是专家们就对影响组织某一领域发展的看法达成一致意见的结构化方法。该方法的四个关键词是专家、中间人、独立、多轮。

（1）专家。在企业中广泛地选择各个方面的专家，每位专家都拥有关于人力预测的知识和专长。这些专家可以是管理人员，也可以是普通员工。总之，这里的专家指的不是学者，而是对所研究的问题有深入了解的人。本题所举例子需要预测公司第二年到底需要多少采购人员，公司选择的专家为各部门负责人以及公司高管。

（2）中间人。在德尔菲法中，使用一个"中间人"或"协调员"在专家之间收集、传递、归纳反馈信息。德尔菲法往往要经过几轮的预测，直到专家们的预测意见趋于一致，有较高的准确性。

（3）独立。各位专家彼此不能商量，要独立预测。

（4）多轮。人力资源部门需要在第一轮预测后将专家提出的意见进行归纳，并将综合结果反馈给他们（本题中，中间人反馈给各位专家的是一个用人需求的区间）。然后再多次重复上述过程，让专家有机会修改自己的预测并说明原因，直到专家的意见趋于一致。

👥👥👥 知识点考核方式

常用的人力资源供给预测方法——马尔可夫模型。

答题思路： 掌握人力资源供给预测方法——马尔可夫模型，再结合具体问题进行分析或计算。

🔑 例题

【综合题】 某高校某年年初各职称教师人数分别是：教授90人，副教授170人，讲师480人，助教200人。通过统计数据可以知道各职称人员的转移率（见表2-2）。

表2-2 人员转移率矩阵表

	教授	副教授	讲师	助教	离职率合计
教授	0.9				0.1
副教授	0.1	0.8			0.1
讲师		0.15	0.8		0.05
助教			0.25	0.7	0.05

请预测第二年各职称教师的供给人数。

解析： 马尔可夫模型（Markov model）是用来预测等时间间隔点（一般为一年）上各类人员分布状况的一种动态预测技术。其基本思路是：找出过去人力资源流动的大致比率，以此来预测未来人力资源供给的情况。

根据以上解析可以得出这一年该校人员的分布情况（见表2-3）。

表2-3　第二年高校人员的分布情况　　　　　　　　单位：人

	期初人数	教授	副教授	讲师	助教	离职人数合计
教授	90	81				9
副教授	170	17	136			17
讲师	480		72	384		24
助教	200			50	140	10
预测的供给		98	208	434	140	60

因此，该高校第二年教授、副教授、讲师、助教的预测供给人数分别是98人、208人、434人、140人。

知识点考核方式

人力资源平衡措施。
答题思路：掌握人力资源平衡常用措施，再结合具体问题进行分析。

例题

【综合题】当某公司完成人力资源需求预测与供给预测，并进行需求与供给的比较之后可能有几种结果，针对这些结果分别需要采取哪些常见的人力资源平衡措施。

解析：完成人力资源需求预测和供给预测后，需要对供需情况进行比较，依据比较的结果制定人力资源平衡措施。

（1）人力资源供需总量平衡，但结构不平衡。对于结构性的人力资源供需不平衡，可以采取的措施有：重新配置人员，如晋升、调动、降职等；培训员工，使他们能够填补空缺的职位；进行人员置换，清理企业不需要的人员，补充企业需要的人员，调整人员结构。

（2）供给大于需求。当预测人力资源供给大于需求时，可以采取的平衡措施有：扩大经营规模或者开拓新的增长点，以增加对人力资源的需求；永久性裁员或者辞退员工；鼓励员工提前退休；冻结招聘；减少员工工作时间；对富余的员工进行再培训。

（3）供给小于需求。当预测人力资源供给小于需求时，相关平衡措施有：加班；雇用兼职人员、临时工；返聘退休人员；把某些业务外包；降低员工的离职率，减少员工的流失，同时进行内部工作轮换，提高内部的流动性来满足某些职位的人员需求；提高现有员工的工作效率，如改进生产技术、简化工作流程、进行技能培训、调整工作方式；招聘新员工。

部分人力资源平衡措施的比较如表2-4所示。

表2-4 部分人力资源平衡措施的比较

供需情况	措施	见效速度	员工受影响的程度
供给大于需求	裁员	快	高
	降薪	快	高
	降级	快	高
	工作分享或工作轮换	快	中等
	提前退休	慢	低
	自然减员	慢	低
	冻结招聘	慢	低
	再培训	慢	低
供给小于需求	加班	快	高
	雇用临时工	快	高
	外包	快	高
	再培训后内部轮岗	慢	高
	降低员工离职率	慢	中等
	招聘新员工	慢	低
	提高现有员工的工作效率	慢	低

资料来源：雷蒙德·诺伊，约翰·霍伦贝克，巴里·格哈特，等. 人力资源管理：赢得竞争优势：第7版. 北京：中国人民大学出版社，2013.

（4）企业人力资源供给和需求不平衡，往往会出现某些部门或某些职位的供给大于需求，而其他部门或其他职位的供给小于需求。例如，关键职位的供给小于需求，而普通职位的供给大于需求。因此，企业应当从实际出发，综合运用各种措施，使人力资源的供给和需求在数量、质量以及结构上都达到平衡。

第二部分 习 题

一、单项选择题

1. 某公司决定通过提高产品质量和性能来战胜竞争对手并提高市场份额。从战略的层次看，这种战略属于（　　）。

　　A. 竞争战略　　　　B. 组织战略　　　　C. 职能战略　　　　D. 稳定战略

2. 下面关于战略性人力资源管理中人才的说法，正确的是（　　）。

　　A. 尽可能一次性招募大量人才以应对人才竞争

B. 在人才的获取和保留方面要具有前瞻性和灵活性

C. 最优秀、绩效卓越的员工才是人才

D. 组织内部培养的员工才是真正的人才

3. 下列人力资源管理活动中，与低成本战略相匹配的是（　　）。

A. 对职位职责和工作流程的规定比较宽松

B. 鼓励员工大胆创新

C. 薪酬水平高于市场水平

D. 重视提高运营效率

4. 人力资源战略属于（　　）战略。

A. 组织　　　　　　B. 公司　　　　　　C. 竞争　　　　　　D. 职能

5. 某高科技公司认为区块链技术的未来前景很好，于是作出了进入该领域的战略决策，该战略属于（　　）。

A. 职能战略　　　　B. 竞争战略　　　　C. 组织战略　　　　D. 差异化战略

6. 采用创新战略的企业不适合采用的人力资源管理方式是（　　）。

A. 招募富有创新精神和敢于承担风险的人

B. 设计精细的职位等级结构，并进行细致的职位分析

C. 重新评价员工取得的创新结果

D. 为创新成功者提供高额回报

7. 某公司采用的战略是在确保产品质量的基础上尽可能地降低成本，这种战略属于（　　）。

A. 组织战略　　　　　　　　　　B. 人力资源管理战略

C. 职能战略　　　　　　　　　　D. 竞争战略

8. 某互联网公司的公司简介中有如下三项表述："成为最受尊敬的互联网企业""通过互联网提升人类生活品质""正直、进取、合作、创新"。它们分别是这家公司的（　　）。

A. 愿景、使命、价值观　　　　　B. 使命、愿景、价值观

C. 使命、价值观、愿景　　　　　D. 价值观、愿景、使命

9. 为应对劳动力短缺的情况，企业可以采取的见效速度快的措施是（　　）。

A. 加班　　　　　　　　　　　　B. 技术创新

C. 招聘新员工　　　　　　　　　D. 降低员工离职率

10. 企业在评估内部的人力资源供给情况时可以采用的工具是（　　）。

A. 劳动力市场供给趋势表　　　　B. 竞争对手劳动力需求分析图

C. 人力资源技能数据库　　　　　D. 本行业人员流动率分析表

11. 公司人力资源部门制定未来几年的人力资源规划时应当首先从了解（　　）入手。

A. 组织结构和业务流程　　　　　B. 外部劳动力市场状况

C. 竞争对手的情况　　　　　　　D. 公司的战略规划

12. 关于预测人力资源需求的经验判断法的说法，错误的是（　　）。

A. 是一种简单便捷的预测人力资源需求的方法

B. 是一种让管理人员凭借多年的工作经验和直觉预测人力资源需求的方法

C. 适用于外部经营环境变化较大的企业

D. 适合进行短期的人力资源需求预测

13. 关于人力资源供给预测的说法，错误的是（　　）。

A. 要求企业能够获得人力资源的数量、质量和结构信息

B. 不需要了解外部劳动力市场的人力资源供给状况

C. 常常需要用到人力资源技能数据库中的信息

D. 可能会用到马尔可夫模型

14. 见效速度快，员工受影响的程度低的人力资源平衡措施是（　　）。

A. 自然减员　　　　B. 裁员　　　　　C. 降薪　　　　　D. 雇用临时工

15. 下列不属于裁员需要注意的问题的是（　　）。

A. 企业可以根据战略需要实施手术式裁员

B. 保证裁员过程是公平的

C. 管理不当的裁员会导致人才流失

D. 对待被裁员工的方式要更人性化

16. 关于雇用临时工的不利情况的说法，错误的是（　　）。

A. 临时工和正式的全日制员工之间的合作水平较低

B. 组织雇用的临时工对组织的承诺水平较低

C. 临时工和正式的全日制员工之间可能会存在一种比较紧张的关系

D. 具有较大的灵活性

17. 企业在预测未来的人力资源需求时，有时会基于某一个关键的经营或管理指标与人力资源需求量之间的关系来进行预测，这种方法属于（　　）。

A. 趋势预测法　　B. 比率分析法　　C. 马尔可夫模型　　D. 人员替代分析法

18. 某企业决定进入新业务领域，急需该业务领域的优秀人才，这表明影响其人力资源需求的因素是（　　）。

A. 组织战略　　　B. 组织结构调整　　C. 技术变革　　　D. 业务流程再造

19. 某公司在进行人力资源供给预测时，针对某些关键职位细致分析了组织内部能够填补该职位空缺的合格候选人，这种预测方法属于（　　）。

A. 马尔可夫模型　　　　　　　　B. 人员替换分析法

C. 趋势预测法　　　　　　　　　D. 转移矩阵

20. 下列关于企业避免劳动力过剩的方法的说法，正确的是（　　）。

A. 鼓励提前退休的方法令员工受影响的程度高

B. 冻结招聘的方法见效速度快

C. 自然减员的方法令员工受影响的程度低

D. 工作分享的方法见效速度慢

21. 下列关于人力资源需求预测方法的说法，正确的是（　　）。

A. 在数据比较充足的情况下，定量方法预测比较准确

B. 德尔菲法采用集体讨论的方式，汇集了专家的意见

C. 趋势预测法能够在外部环境变化较大的情况下准确地进行预测

D. 经验判断法比较主观，应避免使用该方法

22. 在预测一家企业未来的人力资源供给状况时，马尔可夫模型依据的是（　　）。

  A. 企业的外部经营环境变化   B. 企业未来的生产经营状况

  C. 企业过去的人员变动规律   D. 企业员工的离职率

23. 如果企业采用的竞争战略是低成本战略，则其使用的人力资源规划方案可能是（　　）。

  A. 分权化的人力补充、教育培训

  B. 人力冻结、减员

  C. 高技术人才的补充、培训、特别报偿

  D. 新的人力补充以及解雇、文化整合

24. 下列人力资源管理举措中，与外部成长战略相匹配的是（　　）。

  A. 为组织招募大量新员工

  B. 强调以最小的代价进行组织精简和裁员

  C. 绩效管理的重心是实现绩效管理的多元化

  D. 注重人力资源的重新配置与组织价值观和文化的整合

25. 当人力资源需求小于供给时，组织可以采取的措施是（　　）。

  A. 招聘新员工   B. 延长工作时间

  C. 进行工作分享   D. 努力降低人员流失率

26. 近年来，随着越来越多的人在网上购物，某物流公司的员工人数迅速增加，这体现出的影响人力需求的因素是（　　）。

  A. 国际贸易环境   B. 组织提供的产品和服务的变化情况

  C. 组织变革   D. 组织战略

27. 关于人力资源需求预测方法中主观判断法的说法，错误的是（　　）。

  A. 德尔菲法一般要进行多轮预测

  B. 德尔菲法能够避免从众行为

  C. 经验判断法适用于规模较小或环境稳定的组织

  D. 经验判断法适用于长期的预测

单项选择题参考答案

1. A。竞争战略主要回答如何进行竞争的问题，主要目的在于解决竞争手段的问题，即如何与竞争对手展开有效的竞争，是依靠成本、质量、可靠性还是产品或服务。

2. B。为适应人才需求的不确定性，企业应小规模、多批次地培养人才，所以选项A错误。人才不仅仅是指组织中最优秀的、已经表现出卓越绩效的员工，还包括员工队伍中大多数的、有能力且绩效稳定的员工，所以选项C、D错误。

3. D。成本领先战略（低成本战略）追求效率最大化、成本最低化。

4. D。职能战略反映的是每个部门为了帮助组织实现组织战略以及达成相应的竞争目标而确定的基本行动路线，其中包括市场营销战略、人力资源战略、财务战略等。

5. C。组织战略回答在哪里展开竞争的问题，选项C正确。

6. B。创新战略的特点包括：（1）强调风险承担和新产品的不断推出，强调提高客户满意度和满足客户的个性化需要，经营目标是成为产品市场的领导者；（2）重要目标是缩短产品从设计到投放市场的时间；（3）不是很重视组织内部的职位等级结构以及相对稳定的职位评价体系；（4）人员招募和甄选：愿意聘用富有创新精神、敢于承担风险的人；（5）薪酬管理：强调组织与员工的风险共同承担以及成果分享，员工的基本薪酬取决于员工个人的创新能力和技术水平；（6）绩效管理：目标导向性很强，组织更关注创新的结果。选项 B 符合题意。

7. D。竞争战略主要回答如何进行竞争的问题，即是依靠成本、质量、可靠性，还是产品或服务。本题中采用的战略是降低成本，因此属于竞争战略。

8. A。战略规划的任务之一是描述组织的终极目标，即愿景、使命、价值观及长远目标。其中，愿景是对组织未来发展方向的总体描述。价值观是组织在履行使命以及达成愿景的过程中遵守的基本行为规范和道德伦理。使命描述了一个组织存在的目的和理由。

9. A。避免劳动力短缺的措施如表 2-5 所示。

表2-5 避免劳动力短缺的措施

措施	见效速度	员工受影响程度
加班	快	高
降低员工离职率	慢	中等
招聘新员工	慢	低
提高现有员工的工作效率	慢	低

10. C。人力资源技能数据库是评估企业内部的人力资源供给情况的主要工具。

11. D。人力资源规划是指组织根据自身战略的需要，采用科学的手段来预测组织未来的人力资源需求和供给状况，进而制订必要的人力资源获取、利用、保留和开发计划，满足组织对人力资源数量和质量的需求。人力资源规划不仅帮助组织实现战略目标，而且确保组织在人力资源的使用方面达到合理和高效。人力资源规划是从明确战略规划开始的。

12. C。经验判断法是一种最简单的预测人力资源需求的方法。组织各级中高层管理人员根据自己过去积累的工作经验以及个人的直觉，对组织未来所需要的人力资源的数量和结构等状况进行估计。适用于短期预测，以及那些规模较小或外部经营环境相对稳定的企业。

13. B。在进行人力资源供给预测时，组织必须同时考虑外部和内部的人力资源供给状况，选项 B 错误。

14. A。避免未来出现劳动力过剩的方法包括裁员、降薪、降级、工作轮换、工作分享、冻结招聘、自然减员、提前退休、再培训。裁员和降薪见效速度快，但是员工受影响的程度高。而雇用临时工是见效快且员工受影响程度低的措施。选项 A 正确。

15. C。选项 C 属于裁员没有达到预期效果的原因。

16. D。选项 D 属于雇用临时工的优点，不符合题意。

17. B。比率分析法是基于某个关键的经营或管理指标与组织的人力资源需求量之间的固定的比率关系来预测未来的人力资源需求的方法。

18. A。组织战略（也称公司战略、企业战略、发展战略），解决的是到哪里去竞争的问题，即经营何种业务以及进入何种行业或领域。

19. B。人员替换分析法是针对组织内部的某个或某些特定的职位，确定组织内部能够在未来填补该职位空缺的合格候选人的方法。

20. C。企业避免劳动力过剩的方法如表 2-6 所示。

表2-6　避免劳动力过剩的方法

方法	见效速度	员工受伤害的程度
裁员	快	高
降薪	快	高
降级	快	高
工作轮换	快	中等
工作分享	快	中等
冻结招聘	慢	低
自然减员	慢	低
提前退休	慢	低
再培训	慢	低

故选项 C 正确。

21. A。德尔菲法不进行集体讨论，匿名进行，专家独立作出判断，避免了从众行为和开会的麻烦，选项 B 错误。趋势预测法是根据一个组织的雇佣水平在最近若干年的总体变化趋势来预测组织在未来某一时期的人力资源需求数量的方法，其适用条件为，必须确保组织的经营环境及重要技术确实是稳定的，选项 C 错误。经验判断法是一种最简单的人力资源需求预测方法，适合短期预测，以及那些规模较小或经验环境稳定的企业，选项 D 错误。

22. C。马尔可夫模型是基于多个职位及人员流动状况进行人力资源供给预测的方法，选项 C 正确。

23. B。企业如果实施低成本战略，则需要在各方面节省成本，包括人力成本，选项 B 正确。

24. D。本题考查成长战略及相应的人力资源战略。采取外部成长战略的组织的员工招募工作需求不大，但是人力资源重新配置的工作压力却很大，其培训工作的重点是价值观和文化的整合，以及关于如何解决冲突的技能培训，同时，还要对一些暂时找不到合适岗位的人员进行技能再培训。

25. C。本题考查人力资源需求小于供给时的组织对策。通常情况下，当一个组织面临人力资源需求小于人力资源供给的情形时，主要可以采取以下几种措施：（1）冻结招聘。（2）鼓励员工提前退休。（3）缩短每位现有员工的工作时间，采用工作分享方式的同时降低工资，避免解雇员工。（4）临时性解雇或永久性裁员。（5）对冗余人员进行再培训。

26. B。本题考查人力资源需求预测的影响因素。在进行一个组织的人力资源需求预测时，主要应当考虑组织的战略定位和战略调整、组织提供的产品和服务的变化情况、组织的技术变革、组织结构调整及流程再造等若干方面的因素。

27. D。本题考查德尔菲法和经验判断法。德尔菲法不采用集体讨论的方式，而且匿名进行，这样就可以使专家独立地作出判断，避免了从众行为。它采用多轮预测的方法，经过几轮的反复，专家的意见趋于一致，具有较高的准确性。由于经验判断法主要凭借管理者的主观感觉和经验进行人力资源需求预测，因此，它主要用于短期预测，以及那些规模小或经营环境相对稳定的组织。

二、多项选择题

1. 人力资源管理在整个战略管理过程中扮演着重要的角色，主要体现在（　　）。

A. 人力资源管理有助于提高员工的技能

B. 人力资源管理能够通过参与组织内部的优劣势分析帮助组织制定战略规划

C. 人力资源管理能够突破和引领企业的战略

D. 人力资源管理能够对战略执行产生重要影响

E. 人力资源管理有助于企业通过人来实现企业目标

2. 企业常常使用SWOT（即内部的优势和劣势以及外部的机会和威胁）分析来制定战略，其中属于威胁的有（　　）。

A. 本企业的人力资源管理水平较低　　　B. 可能对本企业不利的法律即将出台

C. 竞争对手实现技术创新　　　　　　　D. 强劲竞争对手的数量增加

E. 劳动力市场上缺乏本企业所需的高素质人才

3. 某公司总裁最近对人力资源部的工作提出了批评，指出公司的人力资源管理工作层次过低，今后应当向战略性人力资源管理的层次迈进。为此，该公司今后的人力资源管理工作应当做到（　　）。

A. 确保人力资源管理战略与本公司的外部环境和组织战略相匹配

B. 确保公司的各项人力资源管理政策和实践之间保持高度的一致性

C. 将人力资源管理工作的重点放在帮助企业降低成本方面

D. 不再从事日常的事务性工作

E. 向公司的其他人证明人力资源管理人员对公司的目标实现作出了贡献

4. 下列关于人力资源规划的说法，正确的有（　　）。

A. 地区经济发展水平会影响人力资源供给情况

B. 人力资源供给预测主要就是预测企业未来需要的人员数量

C. 人力资源需求预测主要就是对劳动力市场形势进行预测分析

D. 人力资源规划要求进行人力资源需求和供给预测并进行平衡分析

E. 人力资源需求预测可以采用定量和定性的方法

5. 人力资源需求预测的方法包括（　　　　）。

  A. 德尔菲法　　　　　　　　　　　B. 人员替代分析法

  C. 趋势预测法　　　　　　　　　　D. 经验判断法

  E. 比率分析法

6. 关于人力资源需求预测方法的说法，正确的有（　　　　）。

  A. 经验判断法是一种定性的主观判断法

  B. 回归分析法是一种定量的预测方法

  C. 德尔菲法要求专家们一起开会集体进行需求预测

  D. 定量需求预测方法的准确性往往比较高

  E. 定性需求预测方法过于主观，不适合使用

7. 当预计未来人力资源需求大于供给时，企业可以采取的措施有（　　　　）。

  A. 让员工加班　　　　　　　　　　B. 雇用临时工

  C. 将部分业务外包出去　　　　　　D. 降低员工离职率

  E. 冻结人员招聘

8. 在进行人力资源需求预测时需要考虑的因素有（　　　　）。

  A. 组织内部的人力资源状况　　　　B. 组织的战略定位

  C. 组织结构调整　　　　　　　　　D. 组织提供的产品或服务的变化情况

  E. 组织的技术变革

多项选择题参考答案

1. ABDE。人力资源管理是组织战略执行中最为关键的因素，对组织战略产生积极、重要的作用，人力资源管理在提高员工技能以及改善组织盈利情况方面起至关重要的作用，通过组织内外部优劣势的分析确定组织方向，制定组织战略，选项 A、B 正确。人力资源管理可以帮助组织实现战略，赢得竞争优势，选项 C 错误。选项 D、E 是人力资源在战略执行和实现企业目标方面的作用，故正确。

2. BCDE。在 SWOT 分析中，威胁包括：（1）本企业所需的高素质人才短缺；（2）新的竞争对手进入；（3）可能会对公司产生影响的法律即将出台；（4）竞争对手实现技术创新等。

3. AB。战略性人力资源管理的核心理念是战略匹配或战略契合，即一个组织的人力资源管理活动必须具有两个方面的一致性：首先是人力资源管理战略与外部环境和组织战略相匹配，也称外部契合，它强调组织的人力资源管理必须与组织战略保持完全的一致；其次是人力资源管理职能的内部一致性，也称内部契合，它强调组织内部的各种人力资源管理政策和实践之间必须保持高度的一致性，相互之间形成一种良性的匹配、互动关系。

4. ADE。人力资源的供给预测是指一个组织对自己在未来的某一特定时期内能够获得的人力资源数量、质量以及结构等所进行的估计，选项 B 错误。人力资源需求预测是指预测一个组织在未来一段时间内到底需要多少名员工以及哪些类型的员工，选项 C 错误。

5. ACDE。人力资源需求预测的方法包括经验判断法、德尔菲法、比率分析法、趋

势预测法和回归分析法。

6. ABD。德尔菲法中的专家彼此并不见面，也不进行沟通，选项 C 错误。定性需求预测法可在缺乏历史数据或者环境变化不大的情况下使用，选项 E 说得太绝对。

7. ABCD。在组织的人力资源需求大于供给时，可以采取的主要措施包括：（1）延长现有员工的工作时间；（2）考虑人力资源的招募工作，扩大招募范围，加大招募投入，还可以在法律允许的情况下，采取聘用已退休人员以及雇用非全日制员工的方式来满足组织的需求；（3）采取各种措施降低现有人员的流失率；（4）通过改进生产技术、优化工作流程、加强员工培训等方式提高员工的工作效率，从而减少对人力资源的需求；（5）将组织中的部分非核心业务通过外包的方式处理，从而减少组织对人力资源的需求。

8. BCDE。本题考查人力资源需求预测的内容及影响因素。人力资源需求预测是指预测一个组织在未来一段时期内到底需要多少名员工以及哪些类型的员工。它不考虑组织内部现有的人力资源状况，是对组织未来经营所需要的人力资源总体情况作出的分析和评估。在预测一个组织的人力资源需求时，主要应当考虑组织的战略定位和战略调整、组织提供的产品和服务的变化情况、组织的技术变革、组织结构调整及流程再造等方面的因素。

三、综合题

1. 某公司长期采取社会招聘的方式填补中基层管理者的岗位空缺，导致公司基层的不少年轻员工晋升无望，公司新任人力资源部经理对此高度重视，组织集体讨论，研究解决方法。经过分析，大家认为主要问题是公司对现有人力资源状况和人才底数不清，导致一旦出现岗位空缺第一时间就考虑从外部招人。人力资源部经理决定先根据公司业务发展情况做好人力资源需求预测，然后认真盘点公司内部人力资源供给状况，做好人力资源供给预测。在此基础上，进一步加强人才梯队建设，以便更多的基层员工有机会晋升到管理岗位。

根据以上资料，回答下列问题：

（1）为配合人才梯队建设，以便更多的基层员工有机会晋升到管理岗位，可以选择的人力资源供给预测的方法是（　　）。

    A. 多元回归分析法　　　　　　　　B. 人员替换分析法

    C. 专家讨论法　　　　　　　　　　D. 定量分析法

（2）该公司在进行人力资源供给预测的分析时，主要对（　　）进行分析。（多选）

    A. 质量　　　　　B. 数量　　　　　C. 晋升

    D. 流动　　　　　E. 企业规模

（3）进行公司内部人力资源供给预测分析，可以运用的方法有（　　）。

    A. 马尔可夫模型　　　　　　　　　B. 比率分析法

    C. 一元回归分析法　　　　　　　　D. 趋势分析法

（4）为了清楚掌握公司现有的人力资源状况，预测内部人力资源供给情况，该公司最应该做的是（　　）。

    A. 加强绩效考核　　　　　　　　　B. 完善培训与开发体系

C. 改善员工关系   D. 建立员工技能数据库

解析：

（1）B。本题考查人力资源供给预测的主要方法。人员替换法主要强调了从组织内部选拔合适的候选人到相关岗位，它有利于激励员工士气，降低招聘成本，同时，还能为未来的岗位填补提前做好准备。

（2）ABD。本题考查人力资源供给预测。人力资源供给预测是对组织外部的劳动力市场形势以及内部的人员供给情况（其中包括数量、质量以及晋升、流动等情况）进行分析，预测在规划期内组织内部的人力资源供给的数量、质量以及结构等方面的数据，同时了解从外部劳动力市场上招募和吸引与组织相关的各类人才的难度以及来源。

（3）A。本题考查人力资源供给预测的主要方法。人力资源供给预测的主要方法包括人员替换分析法和马尔可夫模型。

（4）D。本题考查人力资源供给预测。在进行人力资源供给预测时，组织还必须对组织内部现有的人力资源状况有清楚的了解。这种了解并不仅是对人员数量和一般结构的统计分析，更重要的是了解现有人员的技能水平，了解在不久的将来员工可能因退休、晋升、调动、自愿流动以及解雇等原因出现的变动情况。在这方面，很重要的一点是建立组织内部的员工技能数据库，这个数据库通常是组织人力资源管理信息系统的一个重要组成部分。

2. 某企业自成立后发展迅速，随着市场份额的不断扩大，员工由 2 500 人增加到 6 000 人。如今由于市场产能过剩，市场空间逐渐缩小，企业决定采取收缩战略，再加上企业的产品类型较为单一，人员冗余情况比较严重，但有些部门存在人手不足和明显的人岗不匹配现象。在行业不景气的大形势下，未来要维持企业运营并保持一定增长，需要企业充分利用现有的人力资源，实现战略发展的目标，对此，该企业的管理者感到很困惑。

根据以上资料，回答下列问题：

（1）为了更好地利用现有的人力资源，该企业需要重点做好的人力资源管理工作有（　　）。（多选）

    A. 人力资源优化配置   B. 提高员工福利

    C. 招聘新员工   D. 制定人力资源规划

    E. 缩短工作时间

（2）该企业当前面临的人员冗余问题，反映了（　　）对人力资源需求的影响。

    A. 技术   B. 企业战略

    C. 人力资源供给   D. 产品市场

（3）解决该企业内部有些部门的人才短缺问题的措施有（　　）。（多选）

    A. 本部门员工加班

    B. 通过改进市场技术提高效率

    C. 对其他部门中可用的富余人员进行再培训后转到人才紧缺部门

    D. 在本部门内进行工作分享

    E. 鼓励员工提前退休

（4）针对企业整体人员过剩的情况，可以采取的方法有（　　　）。（多选）

A. 外包　　　　　　B. 裁员　　　　　　C. 鼓励提前退休

D. 冻结招聘　　　　E. 返聘退休人员

解析：

（1）AD。题干中强调人岗不匹配，所以要进行人力资源优化配置，选项 A 正确。题干显示企业面临的一系列问题源于人力资源规划没有做好，企业想要充分利用现有的人力资源，首先要做好人力资源规划，良好的人力资源规划有利于组织战略目标的实现，选项 D 正确。

（2）B。题干中"企业决定采取收缩战略，再加上企业的产品类型较为单一，人员冗余情况比较严重"，反映了企业战略对人力资源需求的影响，故选项 B 正确。

（3）ABC。人力资源需求大于供给时可采取的措施包括：1）加班；2）招聘新员工；3）降低员工的离职率；4）通过改进生产技术、优化工作流程、进行技能培训等方式提高员工的工作效率；5）外包。

（4）BCD。劳动力过剩的应对方法包括裁员、提前退休、冻结招聘等。选项 A 和 E 是避免劳动力出现短缺的措施。

3. 某企业有四个职位，从高到低分别是 X1，X2，X3，X4，各职位在某年年初的人数分别是 40 人、80 人、100 人、150 人。通过近几年的数据统计得到这四个职位之间的转移率，见表2-7。

表2-7　人员转移矩阵表

	X1	X2	X3	X4	离职率合计
X1	0.9				0.1
X2	0.1	0.7			0.2
X3		0.1	0.75	0.05	0.1
X4			0.2	0.6	0.2

试用马尔可夫模型计算该企业在这一年 X1，X2，X3，X4 四个职位的人员供给各是多少人。

解析：整理相关数据，得到表 2-8。

表2-8　某年该企业人员的分布情况

	期初人数	X1	X2	X3	X4	离职人数合计
X1	40	36				4
X2	80	8	56			16
X3	100		10	75	5	10
X4	150			30	90	30
预测的供给		44	66	105	95	60

X1，X2，X3，X4四个职位的供给人数分别是44人、66人、105人、95人。

4.某高校今年有在校生15 000人，师生比例为1：20，明年计划增加招生1 800名，由于工作条件的改善，预计教师的工作效率会提高5%。计算该校明年需要的教师人数。

解析：

$$计划末期需要的教师人数 = \frac{目前的业务量 + 计划期业务的增长量}{目前人均业务量 \times (1 + 工作效率的增长率)}$$

$$明年需要的教师数量 = \frac{15\,000 + 1\,800}{20 \times (1 + 0.05)} = 800（人）$$

5.宏远机械公司由于销售额减少而费用没有降低，上半年发生了亏损。公司总经理在没有与任何人商量的情况下决定在全公司范围内裁员，所有部门都必须裁掉10%的员工。这招致了某个部门主管的强烈反对，并扬言如果非得裁员，就从他开始。该部门是公司最赚钱的部门，解雇该部门主管会给公司的经营带来很大影响。总经理陷入了困境。

根据以上资料，回答下列问题：

（1）总经理犯了什么错误？

（2）请为总经理提供摆脱困境的对策。

解析：

（1）总经理的错误主要有以下几点：1）没有对公司人力资源费用进行预算审核和支出控制，导致销售额下降而费用没有降低；2）面对公司的亏损，没有与他人商量，更没有深入分析原因，而是凭主观臆断采取行动；3）盲目裁员，没有考虑不同部门间的区别，要求所有部门都必须裁员10%。

（2）摆脱困境的对策。总经理应进行深入分析，找到真正的原因，并采取相应的措施。通过对案例进行分析，找到导致销售额下降而费用没有降低的原因是没有对公司人力资源费用进行预算审核和支出控制，因此，建议总经理采取以下措施。

第一，人力资源费用预算的审核。1）审核人工成本预算。具体方法是：注重内外部环境变化，进行动态调整；注重比较分析费用使用趋势；保证企业支付能力和员工利益。2）审核人力资源管理费用预算。首先认真分析人力资源管理各方面的活动及其过程，然后确定需要哪些资源（如人力资源、财务资源、物质资源）给予多少支持。

第二，人力资源费用支出的控制。1）制定控制标准。这是实施控制的基础和前提条件。2）人力资源费用支出控制的实施。将控制标准落实到各个项目，在发生实际费用支出时看是否在既定的标准内完成目标。3）差异的处理。如果预算结果和实际支出出现差异，要尽快分析差异出现的原因，要以实际情况为准进行全面的分析，并据此作出进一步调整，尽量消除差异。

6.王伟现任某公司人力资源部经理助理。11月中旬，公司要求人力资源部在两个星期内提交一份公司下一年的人力资源规划初稿，以便在12月初的公司计划会议上讨论。人力资源部经理将此任务交给王伟，并提供以下信息：

公司现有生产及维修工人850人，销售人员24人，文秘和行政人员56人，工程技术人员40人，中层及基层管理人员38人，高层管理人员10人。

统计数据表明，近5年来，生产及维修工人的离职率高达8%，销售人员的离职率为6%，文秘和行政人员的离职率为4%，工程技术人员的离职率为3%，中层及基层管理人员的离职率为3%，高层管理人员的离职率只有1%，预计下一年不会有大的变化。

按企业已经制定的生产发展规划，生产及维修工人要增加5%，销售人员要增加15%，文秘和行政人员要增加10%，工程技术人员要增加6%，高层、中层及基层管理人员可以不增加。

根据以上资料，回答下列问题：

在上述现状的基础上为下一年提出合理可行的人员补充规划，其中要列出现有的、可能离职的，以及必须增补的各类人员的数目。

解析： 下一年人员补充规划见表2-9。

表2-9 某公司下一年人员补充规划

	现有人员数量	可能离职的人员数量	预测期人员总需求	必须增补的人员数量
生产及维修工人	850	$850 \times 8\% = 68$	$850 + 850 \times 5\% \approx 893$	$893 - (850-68) = 111$
销售人员	24	$24 \times 6\% \approx 1$	$24 + 24 \times 15\% \approx 28$	$28 - (24-1) = 5$
文秘和行政人员	56	$56 \times 4\% \approx 2$	$56 + 56 \times 10\% \approx 62$	$62 - (56-2) = 8$
工程技术人员	40	$40 \times 3\% \approx 1$	$40 + 40 \times 6\% \approx 42$	$42 - (40-1) = 3$
中层及基层管理人员	38	$38 \times 3\% \approx 1$	38	$38 - (38-1) = 1$
高层管理人员	10	$10 \times 1\% \approx 0$	10	$10 - (10-0) = 0$
合计	1 018	73	1 073	128

第三章　职位分析

第一部分　知识点回顾

一、职位分析

通俗地讲，职位分析就是确定各个职位是做什么的，以及什么样的人适合做。职位分析是指对职位需要承担的主要职责，每一项职责对应的工作任务、工作条件以及任职者必须具备的知识、经验和技能等进行分析，以一定的格式和易于理解的方式把这些信息描述出来的过程。

在实践中，企业有时也用岗位分析、工作分析、职务分析等概念代替职位分析。

职位分析是人力资源管理的基石，具体体现在：

（1）职位分析有助于提高人力资源规划的准确性和有效性。

（2）职位分析有助于确保组织中所有的工作任务都得到明确的安排，上下级之间就员工应承担的工作职责和要完成的任务达成共识。

（3）职位分析有助于通过明确的任职资格来帮助组织招募合适的人才，增强员工和职位之间的匹配性。

（4）职位分析有助于提高人力资源培训和开发工作的有效性。

（5）职位分析为组织对员工的绩效评价提供了客观的标准。

（6）职位分析有助于评价职位在组织中的相对价值，从而保持薪酬的内部公平性。

👥 知识点考核方式

> **组织要完善人力资源管理工作首先需做好职位分析。**
>
> **答题思路：**从观念层面认清职位分析是人力资源管理所有模块的基石。

🔧 例题

> 【案例分析题】要进行职位分析吗？
>
> 刘勇是国企 A 公司的人事部主管。在逐步认识到实行规范化、现代化人力资源管理的重要性后，他决定在公司内进行职位分析，完善公司员工的职位说明书，以期为公司人力资源管理的各个环节打下良好的基础。
>
> **思考题：**你同意刘勇的做法吗？
>
> **解析：**同意。因为职位分析是人力资源管理所有模块的基石，只有明确了各职位的职责、任务、任职资格，才有可能有的放矢地展开招聘、培训、绩效考核、薪酬设计等工作。
>
> 职位分析是非常耗时耗力的繁杂工作，建议刘勇跟公司总经理进行沟通，使总

经理认同人力资源管理理念，理解职位分析工作的重要性。如果经费允许，可以考虑聘请专业的人力资源管理咨询公司帮助完成职位分析工作，编制所有职位的职位说明书。

二、职位分析的方法

职位分析的方法大体上可以分为定性分析方法和定量分析方法。定性分析方法大多是一些传统的职位分析方法，比如观察法、访谈法、问卷调查法、工作日志法等，定量分析方法则包括职位分析问卷法、美国劳工部工作分析法以及职能性职位分析法等。

传统的职位分析方法主要通过对任职者的观察、访谈等形式收集职位的相关信息，以文字的形式准备职位说明文件。传统的职位分析方法成本较低，使用起来便捷灵活，因而能够适应快速变化的商业环境，同时又能够吸引组织中的管理人员和普通员工全面参与，其优势日益凸显。传统的职位分析方法见表3-1，其优缺点见表3-2。

表3-1　传统的职位分析方法

方法名称	内容说明
观察法	观察法是实地观察工作技术及工作流程的方法。当职位分析人员进行分析时，应根据工作分析表的内容详细记录所需分析的项目。
访谈法	访谈法是获得工作分析资料的通用方法，包括三种访谈形式：个体访谈、群体面谈、任职者上级访谈。
问卷调查法	问卷调查法又称间接调查法，也叫自行分析法，是最快捷、最省时间的方法。使用该方法的首要任务在于确定问卷的结构化程度以及应该包含哪些问题。在一种极端的情形下，问卷是非常结构化的；在另一种极端的情形下，问卷的问题是开放式的。好的问卷应介于这两种情形之间，既有结构化问题，也有开放式问题。
工作日志法	工作日志法是指分析人员要求员工逐日记录所有的工作活动及所花费的时间，以了解实际的工作状况。

表3-2　传统的职位分析方法的优缺点

方法名称		优缺点
观察法	优点	分析人员能够比较深入和全面地了解工作
	缺点	干扰正常工作或工作者的心智活动 无法感受或观察到特殊事件 如果工作偏重心理活动，则成效有限
访谈法	优点	可获得完整的工作资料，免去填写工作日志的麻烦 可使受访者和分析者进一步沟通想法，以获得理解和信任 可以不拘形式，问题内容有弹性，可随时补充和反问，这是问卷法很难实现的 信息收集方式简单

续表

方法名称		优缺点
访谈法	缺点	因受访者怀疑分析者的动机、误解或分析者访谈技巧不高等，信息可能被扭曲 分析项目繁杂时，费时、成本高 占用受访者的工作时间，影响生产
问卷调查法	优点	成本低且用时短 容易进行，可同时调查大量员工 员工有参与感
	缺点	很难设计出一份能够收集完整资料的问卷 部分员工不愿意花时间填写问卷
工作日志法	优点	可充分了解工作 在工作结束后及时记录，可以避免遗漏 可以收集到最详尽的资料
	缺点	员工可能会掩饰或隐藏某些行为，夸大另一些行为 费时、成本高且会干扰员工工作

知识点考核方式

设计工作日志表。

答题思路：

（1）清楚工作日志表由导语、表格、范例这三个模块构成。

（2）明确各模块的内容及作用。导语，又称填写注意事项，便于填写者了解填写要求。范例，是通过例子进一步以"客户视角"指导填写者准确填写表格。

例题

【综合题】工作日志法是职位分析的常用方法，设计一份工作日志表。

解析：填写注意事项：

（1）11月20日起至12月19日止，凡上班期间每日都需要填写，以分钟为单位记录所有工作活动，并依职位类别将工作日志表（见表3-3）收齐后送交人力资源部。

（2）不熟悉填写方式时请参考范例（见表3-4）。

（3）每日工作前请将工作日志表放在手边，按工作活动发生的顺序及时填写，切勿在当天工作结束后一并填写。

（4）严格按照表格要求填写，不要遗漏细小的工作活动，以保证信息的完整性。请您提供真实的信息，并每日送交上一级主管签核。

谢谢您的合作！

表3-3　工作日志表

年　月　日　　　　　　　　　　　　日工作时间：　时　分至　时　分

序号	工作活动名称	开始时间	结束时间	时间消耗（分钟）	工作活动结果	备注

填表人：　　　　　　　　　　　　上一级主管签核：

表3-4　（厂长办公室主任）工作日志表（范例）

××××年10月29日　　　　　　　　　日工作时间：08时30分至17时30分

序号	工作活动名称	开始时间	结束时间	时间消耗（分钟）	工作活动结果	备注
1	打电话到销售部	8:00	8:05	5	1	
2	接电话	8:05	8:07	2	1	
3	帮办事员登记材料	8:07	8:11	4	2份	
4	帮办事员校对	8:11	8:15	4	5页	
5	准备广告材料	8:15	8:19	4	1页	
6	接赵厂长电话	8:19	8:20	1	1	
7	接李厂长电话	8:20	8:21	1	1	
8	和办事员商议工作	8:21	8:27	6	1	
9	找李厂长要的信	8:27	8:32	5	1	
10	安排当天的工作	8:32	8:37	5	1	
11	找王科长	8:37	8:40	3	1	
12	找工程师	8:40	8:44	4	1	
13	送李厂长要的信	8:44	8:45	1	1	
14	为赵厂长打印文件	8:45	8:47	2	1	

续表

序号	工作活动名称	开始时间	结束时间	时间消耗（分钟）	工作活动结果	备注
15	同赵厂长商量，修改演示文稿	8:47	9:00	13	1	
16	开始复印李厂长的材料	9:00	9:02	2	1	
17	把赵厂长的材料归档	9:02	9:12	10	3	
18	继续复印材料	9:12	9:16	4	1	
19	同李厂长商议工作	9:16	9:21	5	1	
20	给办事员布置复印任务	9:21	9:23	2	1	
21	继续复印	9:23	9:32	9	2	
22	分发信件	9:32	9:40	8	5	
23	继续复印	9:40	9:55	15	2	
24	整理档案材料	9:55	10:05	10	4	
25	完成复印	10:05	10:16	11	180 份	
26	将复印件交办事员装订	10:16	10:18	2	1	
27	给协作厂打电话	10:18	10:27	9	1	
28	接赵厂长电话	10:27	10:29	2	1	
29	欢迎参观者并把他们送到张处长处	10:29	10:32	3	2	
30	打电话到车间	10:32	10:34	2	1	
31	……	10:34	……	……	……	

填表人：×××　　　　　　　　　　上一级主管签核：×××

三、职位说明书

（一）职位说明书的作用

职位分析的目的是编制职位说明书，主要是对相关职位概况、任职人员的工作职责及任职资格进行完整说明。

职位说明书包含职位描述（job description）和任职资格条件（job specification）。职位描述介绍与职位有关的工作职责、任务等信息。任职资格条件主要回答应当雇用什么样的人来从事这一工作。在实践中，职位说明书有工作说明书、岗位说明书、职务说明书等多种称谓。

职位说明书在人力资源管理中具有重要的作用，它是人力资源管理活动的基本依据。在招聘时，招聘者可以根据职位说明书向求职者传递工作内容、工作环境以及工作的基本绩效要求等方面的基本信息。同时，职位说明书中的内容也为甄选、测试求职者提供了客观的依据。在进行绩效评价时，职位说明书中有关工作职责和主要工作任务的内容是评估员工工作绩效的基础，这是因为根据职位所承担的工作任务来进行绩效评价才是有针对性、有效的。如果员工的工作技能、工作能力不足，需要根据职位说明书列明的工作内容逐项核查员工在知识、技能、能力方面的欠缺，安排适当的培训以提高员工的工作胜任能力。职位分析的过程及意义见图3-1。

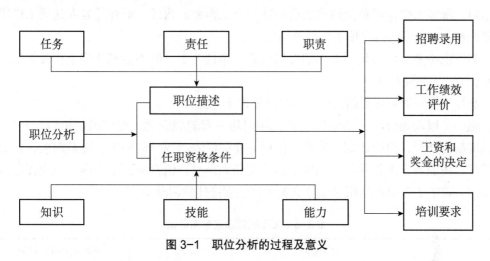

图3-1　职位分析的过程及意义

（二）职位说明书的内容

职位说明书的编制因公司不同而存在差异，但其包括的内容应该是一致的。大多数职位说明书应包括如下内容：职位标识、职位概要、工作职责与任务、工作联系、绩效标准、职位权限、工作条件、任职资格。

1. 职位标识

职位标识列出职位的基本信息。表3-5是某公司公关宣传主管的职位说明书的一部分，从中可以看出，职位标识包含以下几类信息：职位名称、所属部门、直接上级、直接下级、职位分析日期等。

表3-5　公关宣传主管职位说明书的职位标识

职位名称	公关宣传主管	职位编号	G-3-0003
所属部门	总经理办公室	职位定员	1
直接上级	总经理办公室主任	职系	行政事务职系
直接下级	品牌管理专员、公共关系专员、企业宣传专员	薪酬等级	4级
		职位分析日期	××××年×月×日

2. 职位概要

职位概要是用最精练的语句描述职位主要的工作职责。

3. 工作职责与任务

工作职责与任务详细列出此职位到底是"做什么的",需要用到三个描述性术语:工作要素、工作任务、工作职责。工作要素是不可分割的最小的工作单元,一项任务由几个工作要素构成,一项工作职责由几项工作任务构成。比如,酒店的门童为下榻酒店的客人开车门就是一个工作要素,而迎接客人这项工作任务就是由为客人开车门、帮客人关车门、帮客人把行李箱拉到酒店前台这三个工作要素构成。而迎送客人这项工作职责由迎接客人、送客人这两项工作任务构成。

职位说明书可以细化到工作职责层或者工作任务层,但不能细化到工作要素层(太过冗长而不方便使用)。

进行工作职责与任务描述时,需要注意以下几点:

第一,以动词开头,用动宾句式,如招聘主管的职责之一是"编制招聘计划",其中,编制为动词,招聘计划为宾语。使用专业词汇表示职位的种类、复杂程度、技能要求程度、任职者在工作和各方面所承担的责任大小时,语言应简洁明确,避免使用模糊性动词。表 3-6 是根据作用对象分类的工作职责描述常用动词。

表3-6 工作职责描述常用动词

常用动词	动词作用的对象
编制、制订(定)、起草、审定、审核、审查、转交、提交、呈报、提出	计划、制度、方案、文件等
调查、研究、收集、分析、归纳、总结、提供、反馈、转达、发布、维护管理	信息、资料
主持、组织、指导、安排、协调、指示、监督、分配、牵头负责、审批、审定、批准、评估	某项工作(上级)
研究、分析、评估、建议、倡议、参与、计划	思考行为
组织、实行、执行、指导、带领、控制、监管、参加、阐明、解释	直接行动
许可、批准、定义、确定、指导、确立、规划、监督、决定	上级行为
评估、控制、协调、确保、鉴定、保持、监督	管理行为
分析、协助、建议、推荐、支持、评估、评价	专家行为
检查、收集	下级行为
维持、保持、建立、开发、处理、执行、接待、安排、监控、汇报、经营、确认、概念化、合作、协作、获得、核对、检查、联络、设计、测试、建造、修改、执笔、起草、引导、传递、翻译、操作、保证、预防、解决、介绍、支付、计算、修订、承担、谈判、商议、面谈、拒绝、否决、预测、比较、删除、运用	其他

第二,在对工作职责与任务项目排序时,应按任务的完成顺序、重要性来排序,以确保职位描述更为系统化。在某些情况下,可以按相应的工作流程来排序。

第三,在各项工作职责后,可注明该项工作在整体工作中所占的时间百分比和相对的重要性，用以衡量、分析工作中的时间分配与工作职责的重要性。

4. 工作联系

工作联系表明该职位的任职者与组织内外的其他职位因工作关系所发生的联系。工作联系的信息一方面描述了任职者必须面对的各种工作关系，另一方面列举了工作联系的频繁程度、联系的目的及其对组织的重要性。

5. 绩效标准

根据工作职责、工作任务的要求，在职位说明书中还可以列明对每项职责、任务的基本绩效要求。对于生产操作类和销售类的职位，容易确定产出的绩效标准；对于其他职位，不易直接得出职位的绩效标准。对职位说明书中的各项职责、任务的绩效界定将形成具体的工作绩效标准，基于职位职责的客观、具体的绩效评价体系要比仅仅基于任职者的工作态度的主观、抽象的绩效评价体系更为有效。

6. 职位权限

职位说明书中还应当界定任职者的职位权限，包括决策的权限、对其他人实施监督的权限以及经费预算管理的权限等。比如，任职者有权批准购买一定金额以下的物品，有权批准员工请假或缺勤的天数，有权对部门内的人员实施惩罚，有权建议为优秀员工加薪，有权对求职者进行面试并且参与作出雇用决定，等等。

7. 工作条件

职位说明书中可能还介绍任职者的工作环境，如室内还是室外；工作环境中是否存在危险或对任职者身体健康有害的因素，如高湿、高温、粉尘、噪声、施工现场的危险因素等。工作环境信息表明工作对任职者的身体、生理要求，工作环境中的危险性因素则考虑在完成工作的过程中工作环境或特定的工作要求给任职者的身体、心理健康带来的危害，这些内容将在职位评价中作为一种补偿性薪资差别因素予以考虑。

8. 任职资格

任职资格说明为完成职位描述中列明的各项工作任务，任职者应该具备何种知识、技能、能力、工作经验、身体条件、心理素质。任职资格不同于胜任素质：前者是完成某个职位相关职责的基本条件，后者则用来识别高绩效员工；前者在招聘时用于对求职者进行初选，后者多用于确定培训需求或确定和调整员工的薪酬等级等。

知识点考核方式

> 编制职位说明书。
> 答题思路：
> （1）掌握职位说明书包括几大模块。
> （2）按照职位说明书范本包括的模块，用规范的句式简明陈述。
> （3）以表格方式呈现（相较全文字阐述使用起来更方便）职位说明书。

例题

【综合题】某公司拟招聘销售员，其招聘启事上描述的工作职责有：（1）协助销售部经理制订销售计划；（2）负责寻找代理商，进行销售区域市场代理商的开发与维护；（3）负责销售工作，完成销售目标；（4）负责收集销售市场的信息；（5）负责区域市场推广工作；（6）协助开展产品创新工作；（7）参与售后服务工作；（8）完成销售部经理交办的其他工作任务。

招聘启事上的任职资格：（1）大学专科以上学历；（2）机电或营销管理相关专业；（3）接受过市场营销管理、销售管理、公共关系、推销技巧培训；（4）具有2年以上的工作经验，1年以上本行业或相近行业的营销或管理经历；（5）通晓国际贸易业务知识，掌握市场营销相关知识，具备财务管理、法律等方面的知识，了解公司所经营产品的技术知识；（6）熟练使用Word、Excel等办公软件，具备基本的网络知识，具备熟练的英语应用能力；（7）具有一定的判断与决策能力、人际交往能力、沟通能力、计划与执行能力、客户服务能力。

根据该招聘启事编制该公司销售员的职位说明书。

解析：编制好的销售员职位说明书见表3-7。

表3-7 销售员职位说明书

职位名称	销售员		职位编号	XSH-G-00001
所属部门	销售部		职位定员	30人
直接上级	销售部经理		薪酬等级	6级
直接下级	无		薪酬类型	绩效工资制
			职位分析日期	××××年×月×日
职位概要：进行市场开发，签订销售合同；跟踪订单，为客户提供售后服务				
工作职责与任务：				
职责一	职责表述：协助销售部经理制订销售计划			
	工作任务	协助销售部经理制订本部门年度销售计划，制订个人年度销售计划		
		收集和分析本销售区域销售信息，为公司决策提供参考意见		
职责二	职责表述：负责寻找代理商，进行销售区域市场代理商的开发与维护			
	工作任务	负责寻找和了解代理商的信息，对代理商提出评价意见，负责拟定代理商合作协议		
		负责持续掌握代理商情况，维持代理商关系，做好代理商与公司间的信息沟通		
		负责根据公司的销售政策提出本区域内代理商政策建议，并监督代理商实施公司的销售政策		
职责三	职责表述：负责销售工作，完成销售目标			
	工作任务	负责向代理商传递公司产品信息、企业文化与销售政策		
		积极争取代理商订单，完成销售目标		
		负责组织和参与与代理商的商务谈判，拟定销售合同		
		负责协调销售合同履行中与代理商的接洽，促进货款回收		

续表

职责四	职责表述：负责收集销售市场的信息	
	工作任务	负责协调代理商定期收集市场信息
		负责定期走访市场，亲自了解相关的国家政策、市场用户、竞争对手、渠道等信息
		负责寻找多种渠道，获得销售市场相关信息
职责五	职责表述：负责区域市场推广工作	
	工作任务	针对本销售区域特点，提出市场推广建议
		根据公司市场推广方案，负责协调和参与本销售区域内的市场推广工作，并进行评价数据的收集
职责六	职责表述：协助开展产品创新工作	
	工作任务	针对本市场特点，提出新产品开发建议
		协助新产品开发中的产品试销与市场推广工作，做好信息反馈
职责七	职责表述：参与售后服务工作	
	工作任务	负责协调代理商退换货
		负责质量问题分析，协调回收或检查代理商退换货物原件
		负责组织对代理商的技术培训
职责八	职责表述：完成销售部经理交办的其他工作任务	

职位权限：

经理授权范围内的合同签订权

客户服务条款的建议权

新产品开发的建议权

推广方案的建议权

工作联系：

内部主要联系	销售部经理、运作支持部、财务部、技术品管部等
外部主要联系	代理商、销售区域内相关政府机构、行业协会等

任职资格：

受教育水平	大学专科以上学历
专　　业	机电或营销管理相关专业
培训经历	市场营销管理、销售管理、公共关系、推销技巧培训
经　　验	2年以上工作经验，1年以上本行业或相近行业的营销或管理经历
知　　识	通晓国际贸易业务知识，掌握市场营销相关知识，具备财务管理、法律等方面的知识，了解公司所经营产品的技术知识
技能技巧	熟练使用 Word、Excel 等办公软件，具备基本的网络知识，具备熟练的英语应用能力

续表

个人素质	具有一定的判断与决策能力、人际交往能力、沟通能力、计划与执行能力、客户服务能力
工作条件：	
使用工具/设备	计算机、一般办公设备（电话、传真机、打印机、互联网/内部网）、通信设备
工作环境	办公场所、各市场区域
工作时间特征	需要经常加班
所需记录文档	汇报文件或报告、总结等
绩效标准：	
销售金额、利润率、市场占有率、客户满意度、应收账款拖欠天数及坏账率、销售费用率	

四、胜任素质模型

20世纪70年代初，美国国务院对自己的外交官选拔测试效果感到不满意。之前采用的一直是以智力、学历和学习成绩以及一般性人文常识和相关文化背景知识测试为主的选拔办法。然而实践证明，在经过严格挑选的外交官中，许多人并不能胜任自己的工作。因此，美国国务院邀请心理学家戴维·麦克利兰博士帮助设计一种能够有效地预测实际工作绩效的人员选拔方法。在研究过程中，麦克利兰应用了奠定胜任素质研究基础的行为事件访谈法（BEI），通过对工作绩效优秀与工作绩效一般的两类外交官进行深度访谈，了解真正能够将他们区分开来的具体的行为特征。作为研究对象的这批外交官的使命是借助图书馆管理、外交文化活动以及发表演讲或与当地人民对话等手段宣传美国的对外政策。最终，麦克利兰的研究小组发现，在杰出外交官身上有三个方面的行为特征是一般外交官所不具备的，这就是跨文化的人际敏感性、对他人的积极期望（即尊重他人和他人的价值）以及快速进入当地政治网络。后来的事实证明，根据这样一种胜任素质来选择外交官的做法是非常成功的。

胜任素质也译为胜任特征、胜任力或胜任能力，是指员工为在某种职位上或某种工作角色中达成卓越绩效而必须具备的知识、技能、自我认知、个性、动机及其他相关个人特征的总和。胜任素质具有以下几个特点：第一，胜任素质与组织和工作情境有关。在不同的组织或工作情境中，胜任素质存在差异。第二，胜任素质是与绩效相关的。即胜任素质往往与一个人的工作绩效联系在一起，它通常能够预测一个人未来的工作绩效。第三，胜任素质是行为化的，因而是可观察的。所有的胜任素质都必须是能够在工作中通过行为表现出来的，因而是可以观察到的。第四，胜任素质在一定程度上是可以培养的。也就是说，胜任素质并非人的一种后天无法改善和提高的天生能力，相反，有目的的培训和开发有助于不断优化和提高一个人的胜任素质，尽管在改善程度上可能存在差异。

关于胜任素质的两种常见的模型是冰山模型和洋葱模型。冰山模型是斯潘塞夫妇在1993年提出的，是对胜任素质的一种比较直观的解释，如图3-2所示。斯潘塞夫妇认为，胜任素质一共包括六个方面的内容：知识、技能、社会角色、自我概念、个性特征以及动机，这六个方面形成了一个有机的层次体系。其中，知识是指某一特定领域中的信息；技能是指从事某一活动的行为的熟练程度；社会角色是指个体希望在他人面前表现出来的形象（如以企业领导或下属的形象展现自己），是个体对所属的社会群体或组织接受并认为恰当的一套行为准则的认识；自我概念是指对自己的身份、个性以及价值观的认识和看法（如将自己视为权威还是教练）；个性特征则是指在个体行为方面相对持久稳定的特征（如善于倾听、谨慎等）；动机则是指那些决定外显行为的自然而稳定的思想（如总想把自己的事情做好，总想控制影响别人，总想让别人理解、接纳、喜欢自己）。在这六类胜任素质中，知识和技能是最表层的内容，最容易观察到，同时通过培训和学习加以改善的难度也比较小。因此，斯潘塞夫妇称之为基本胜任素质（threshold competency），即任职的基本要求。而社会角色、自我概念、个性特征和动机则是比较深层的内容，不容易观察到，同时改善起来的难度更大，其中，社会角色和自我概念经过长时间的培训或成长性经历可以有所改变，个性特征和动机的改变难度则非常大，因此称为区分性胜任素质（differentiating competency），即属于能够区分工作绩效优秀者和工作绩效一般者的胜任素质。

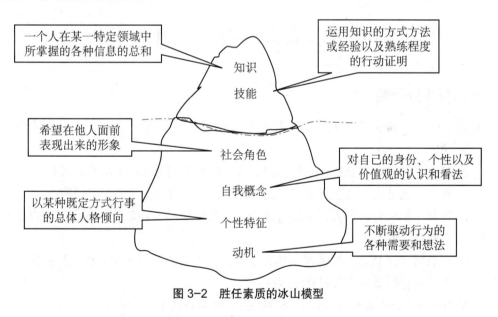

图 3-2　胜任素质的冰山模型

胜任素质的洋葱模型是由理查德·博亚特兹在1982年提出的，如图3-3所示。在洋葱模型中，胜任素质的构成要素与冰山模型基本类似，包括知识、技能、自我形象、态度、价值观、个性特征和动机。其中，知识是指个体在某一特定领域中所掌握的事实型和经验型信息；技能是指个体结构化地运用知识完成某项具体工作任务的能力；自我形象是指个体对自身的看法以及自我评价或自我认知；态度是个体的自我形象、价值观以及社会角色等发生综合作用的外化结果，会随环境而变化；价值观是个体对周围各种事物的重要性、意义的总体评价和看法；个性特征是个体对外部环境以及各种信息作出反应的方式、倾向以及基本特性；动机是推动个体为达到目标而采取行动的内驱力。个性特征和动机处于洋葱的最内层，中间层为自我形象、态度和价值观，最外层则是知识和技能。最内层和中间层的胜任素质既难以作出评价，也难以后天习得，而最外层的知识和技能既容易作出评价，也容易后天习得。

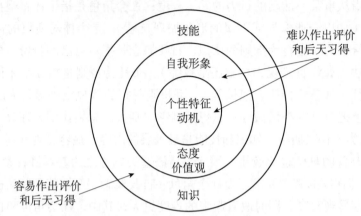

图 3-3　胜任素质的洋葱模型

资料来源：刘昕．人力资源管理．4 版．北京：中国人民大学出版社，2020．

第二部分　习　　题

一、单项选择题

1. 关于职位分析在整个人力资源管理活动中所处的位置，下列陈述中最恰当的是（　　）。

  A. 基石。没有职位分析，其他模块的人力资源管理活动都无法有效展开

  B. 成果。通过收集整理有关工作方面的信息可以编制全员的职位说明书

  C. 环节。职位分析是人力资源管理的一项重要活动，在职位分析之前需要做好人力资源规划工作

  D. 可有可无。只要公司各项工作有序进行，不需要进行职位分析，只需凭借公司积累的经验即可使公司有序运行

2. 运用访谈法进行职位分析时，下列陈述中错误的是（　　）。

  A. 收集到的信息不容易扭曲

  B. 可使受试者和分析者进一步沟通想法，以获得理解和信任

  C. 可以不拘形式，问句内容有弹性，可随时补充和反问，这是问卷法很难实现的

  D. 信息收集方式简单

单项选择题参考答案

1. A。职位分析是人力资源管理的基石。职位分析是确定各职位是做什么的，以及什么样的人适合做，即确定各职位的职责与任职资格。只有职责和任职资格确定之后，

才能有针对性地开展招聘、培训、绩效考核、薪酬设计等工作。

2.A。访谈法在访谈时信息容易失真和扭曲。A错误。

二、多项选择题

1.通俗地讲，职位分析就是确定（　　　　）。

A.各职位是做什么的 　　　　　　　B.什么样的人适合做

C.哪些员工是胜任的员工 　　　　　D.员工工作绩效的优劣

E.评估员工工作绩效的基础

2.工作日志法的优点是（　　　　）。

A.收集方式简单

B.在工作结束后及时记录，可以避免遗漏

C.可以收集到最详尽的资料

D.对工作可充分地了解

E.不会干扰员工工作

多项选择题参考答案

1.AB。通俗地讲，职位分析是确定各职位是做什么的，以及什么样的人适合做，即确定各职位的职责与任职资格。选项A和B正确。选项C、D和E与职位分析无关。

2.BCD。工作日志法需要每个填写工作日志表的员工详细记录每天的每项工作，并要求精确到分钟，收集信息的方式并不简单且会干扰员工工作，故选项A和E错误。

三、综合题

【案例分析题】　　　　　　　　大丰公司的职位分析

（一）案例背景

大丰公司是一家大型汽车生产集团公司。公司下设四家工厂，分别是总装厂、发动机厂、车身厂、变速器厂，这四家工厂都有独立的经营自主权。近年来公司发展迅速，员工数量迅速增长，问题也逐渐暴露出来。比较突出的问题就是职位职责不清。现在使用的职位说明书是几年前的版本，无法对现在的实际工作起到指导作用。由于没有清晰的职位职责，各职位的用人标准比较模糊，这样员工招聘选拔全凭领导的主观意见。公司的薪酬激励体系也无法与职位价值相匹配，员工对这方面的意见比较大，士气有所下降。最近，公司进行了一系列重组工作，年轻有为的新高层团队开始发挥作用，他们看到公司面临的问题，决定请专业的咨询顾问进行一次系统的人力资源诊断和设计。由于职位分析是人力资源管理的基石，因此专家建议首先从职位分析入手。

（二）职位分析的目标

通过职位分析，大丰公司各个职位的职责、权限、主要工作绩效指标和任职者的任职资格等内容得到明确清晰的界定，为各项人力资源管理工作打下了良好的基础。在职位分析过程中，要调整不合理的职位职责设置，及时补充新的职位信息。

（三）职位分析的准备工作

1. 成立项目实施小组

成立职位分析项目实施小组，小组成员包括由外部咨询顾问组成的专家组、人力资源部人员和公司主管领导。各小组各成员责任与分工如下：

（1）专家组。作为项目总体策划和实施的负责人，专家组负责提供技术方案和指导，并通过实施可行的方案和计划达到项目目标。其具体工作包括制订项目实施方案和计划；设计调查表、调查问卷等分析工具；实施调研、访谈；编制与修改职位说明书；提供相关的培训等。

（2）人力资源部人员。作为项目的协调与联络人，人力资源部人员配合专家组开展工作。其具体工作包括帮助专家收集整理各种资料；分发与回收调查问卷；安排其他人员配合专家组的工作；收集公司员工和管理人员对项目实施的反馈意见，并把意见反馈给专家组和公司领导；协调安排工作所需的场所、材料、设备等；负责专家在公司工作期间的食宿及接待等。

（3）公司主管领导。把握项目的总体方向和原则，验收工作成果。其具体工作包括对专家组的方案和计划提出意见；动员公司员工配合职位分析工作；检查和监督项目进程；听取阶段性的汇报；验收最终成果等。

2. 准备相关资料

需要准备的相关资料包括组织结构图、各部门职位说明书、工作流程图、职权体系表、参加调查的人员名单等。

3. 设计职位分析工具

本次职位分析使用的方法见表3-8。专家组需事先设计好相关表格、问卷和访谈提纲。

表3-8　职位分析使用的方法

方法	适用范围
工作日志法	所有职位
问卷调查法	所有职位
访谈法	所有职位
观察法	生产职位

4. 制定职位分析的实施程序和时间表

本次职位分析主要分为准备阶段、实施阶段和结果整合阶段，具体时间见表3-9。

表3-9　职位分析的实施程序和时间表

星期日	星期一	星期二	星期三	星期四	星期五	星期六
				4.28 准备阶段开始	4.29	4.30

续表

星期日	星期一	星期二	星期三	星期四	星期五	星期六
5.1	5.2	5.3	5.4	5.5	5.6	5.7
	← 查看现有资料、设计分析工具、排定实施日程 →					
5.8	5.9 实施阶段开始 召开动员会，公布计划日程，发放工作日志和调查问卷，并就填写方法进行培训	5.10	5.11	5.12	5.13	5.14
		被调查人员填写工作日志和调查问卷，专家组进行现场观察，人力资源部排出访谈日程和人员名单				
5.15	5.16	5.17	5.18	5.19	5.20	5.21
	← 整理工作日志、调查问卷、观察记录 →					
5.22	5.23	5.24	5.25	5.26	5.27	5.28
	← 基层员工访谈 →					
5.29	5.30	5.31	6.1	6.2	6.3	6.4
	← 基层主管访谈 →					
6.5	6.6	6.7	6.8	6.9	6.10	6.11
	← 中层经理访谈 →					
6.12	6.13	6.14	6.15	6.16	6.17	6.18
	← 高层经理访谈 →					
6.19	6.20 结果整合阶段开始	6.21	6.22	6.23	6.24	6.25
	整理收集来的各种信息，编制职位说明书初稿 →					
6.26	6.27	6.28	6.29	6.30	7.1	7.2
7.3	7.4 →	7.5	7.6 →	7.7	7.8	7.9
7.10	7.11	7.12	7.13	7.14 →	7.15 职位说明书初稿形成	7.16
7.17	7.18	7.19	7.20	7.21	7.22	7.23
	修改职位说明书：高层领导提出意见，各级管理人员和员工对有关内容进行补充					

续表

星期日	星期一	星期二	星期三	星期四	星期五	星期六
7.24	7.25	7.26	7.27	7.28	7.29 职位说明书修改完成	7.30
7.31	8.1 验收、公布、实施	8.2				

（四）职位分析的过程

我们以公司行政管理部门总经理办公室中的职位为例，来看如何通过职位分析的各种方法形成职位说明书。

1. 基本信息

画出公司的组织结构图，如图 3-4 所示。

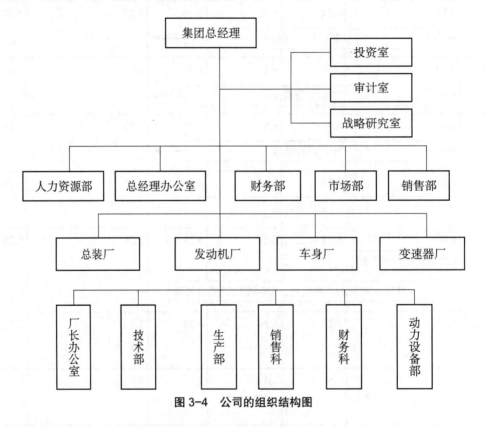

图 3-4　公司的组织结构图

总经理办公室的职能说明见表 3-10。

表3-10　总经理办公室的职能说明

部门名称：总经理办公室
汇报给：总经理
部门工作目标：为集团各部门、各分厂的运作和发展提供良好的后勤保障与公共关系支持系统

续表

部门的主要职能： 1.制定集团的行政事务管理制度、公关宣传的有关制度以及文件档案管理有关制度。 2.对办公、车辆、环境卫生、安全保卫等各项行政事务实施管理。 3.制定集团形象宣传与对外公关策略，并配合企业文化建设开展对内宣传。 4.对集团上传下达的文件和往来公文进行管理。

总经理办公室的组织结构图如图 3-5 所示。

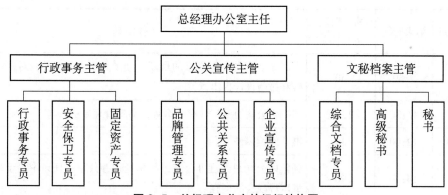

图 3-5　总经理办公室的组织结构图

2. 信息收集的过程

信息收集的方法主要有工作日志法、问卷调查法、访谈法等。

工作日志填写说明如表 3-11 所示。公关宣传主管记录的工作日志如表 3-12、表 3-13、表 3-14、表 3-15 所示。

表3-11　工作日志填写说明

在填写工作日志之前，请仔细阅读下面的说明： 1.填写工作日志的目的是为了清楚地了解您的工作任务和职责，以便改进工作流程，提高工作效率。关注的焦点是工作本身，不涉及对您工作表现的评估。 2.关于工作日志中时间的填写方法： 开始时间：一项工作活动开始的时间（以分钟为单位） 结束时间：一项工作活动结束的时间（以分钟为单位） 所耗时间：从事一项工作活动总共花费的时间（以分钟为单位） 当一项活动需延续一段时间时，可以记下开始时间和结束时间及所耗时间（如果中间插入其他活动，另外记下时间）；当活动持续的时间非常短暂，但是在一段时间内反复出现时，可以不记录每次的开始时间和结束时间，而记下一段时间内发生的次数和总共花费的时间。 3.请您在每天的工作开始之前将工作日志放在手边，按工作活动发生的顺序及时填写，切勿在一天工作结束后一并填写。 4.对工作活动内容的描述要尽可能具体化，其标准是没有亲自观察过您工作过程的人也可以比较清晰地想象出您的工作活动。 5.不要遗漏那些细小的工作活动，以保证信息的完整性。

续表

6. 活动的描述中用职务代替人名，不要让看工作日志的人感到费解。
7. 若因工作需要外出办事，应在归来后立即补充记录。
8. 请您提供真实的信息。
9. 请您注意保管，以防遗失。

表3-12 公关宣传主管的工作日志

5月10日　星期二

开始时间	结束时间	所用时间（分钟）	工作活动
8:30	9:30	60	审阅企业宣传专员交来的最新一期《大丰人》稿件，对稿件的内容和排版设计提出意见
9:30	11:30	120	与广告公司协商广告有关事宜，品牌管理专员参与
11:30	12:00	30	继续阅读稿件
13:00	14:30	90	到集团公司总经理办公室，与总经理办公室主任讨论关于举办大型广场晚会的事宜
14:30	15:30	60	向公共关系专员传达总经理办公室主任对广场晚会的意见，并讨论具体实施的有关问题，让公共关系专员草拟具体的实施计划
15:30	16:00	30	与几个媒体朋友通电话，讨论广告宣传的有关事宜
16:00	17:30	90	与企业宣传专员讨论对最新一期《大丰人》内刊的意见，并进一步讨论今后该内刊如何发展

表3-13 公关宣传主管的工作日志

5月11日　星期三

开始时间	结束时间	所用时间（分钟）	工作活动
8:30	9:00	30	回复几个与业务有关的电子邮件
9:00	11:00	120	面试公关宣传专员的四个应聘者
11:00	12:00	60	与人力资源部员工关系主管讨论《大丰人》内刊的有关问题
13:00	15:30	150	参加市场部有关暑期促销活动的会议
15:30	16:30	60	文化演出公司前来洽谈有关大型广场晚会的事项
16:30	17:30	60	与企业宣传专员进行转正面谈

表3-14 公关宣传主管的工作日志

5月12日 星期四

开始时间	结束时间	所用时间（分钟）	工作活动
8:30	9:30	60	审查广告公司送来的最新广告样片，提出修改意见
9:30	10:30	60	在各部门、各分厂的兼职宣传员工作会议上讲话
10:30	12:00	90	回复电子邮件，处理信件、传真
13:00	17:30	270	参加大型广告媒体博览会
17:30	21:00	210	领导下属员工准备明天迎接上级单位和新闻媒体到公司参观的事宜

表3-15 公关宣传主管的工作日志

5月13日 星期五

开始时间	结束时间	所用时间（分钟）	工作活动
8:30	12:00	210	接待上级单位和新闻媒体参观
12:00	13:30	90	陪同领导午餐
13:30	14:30	60	与部门员工一起开会，总结本次接待参观的经验和教训，并对部门本周的工作进行总结，做出下周的主要工作安排
14:30	17:30	180	撰写本周工作总结和下周工作计划

公关宣传主管填写的职位分析调查问卷见表3-16。

表3-16 公关宣传主管的职位分析调查问卷

为了进一步深化公司人事制度改革，特开展本项调查工作。调查只针对职位，不针对具体人员，请不必顾虑，如实回答，谢谢！

部门	总经理办公室	职位	公关宣传主管
上级主管	总经理办公室主任	下属	品牌管理专员、公共关系专员、企业宣传专员

工作的时间要求	1. 正常的工作时间每日自（8:30）时开始至（17:30）时结束 2. 每日午休时间为（1）小时，（50%）的情况下可以保证 3. 每周平均加班时间为（5）小时 4. 实际上下班时间是否随业务情况经常变化（总是，<u>有时是</u>，偶尔是，否） 5. 所从事的工作是否忙闲不均（是，<u>否</u>） 6. 如果从事的工作忙闲不均，则最忙时常发生在哪段时间（　　） 7. 每周外出时间占正常工作时间的（30%） 8. 外地出差情况：每年平均（5）次，每次平均需要（5）天 9. 本地外出情况：平均每月（10）次，每次平均（3）小时

续表

工作目标	主要目标: 1. 为公司业务发展创建良好的公共关系环境 2. 推广公司品牌,提高知名度 3. 使企业文化渗透到员工之中				
工作概要	用简练的语言描述一下您所从事的工作: 通过各种形式推广宣传企业的形象和品牌,建立广泛的公共关系,并在企业内外宣传企业文化				

工作职责	工作活动内容	占全部工作时间的百分比(%)	权限		
			全权	部分	协助
	1. 举办各种宣传推广活动	35	☆		
	2. 负责公司形象广告和产品广告	30	☆		
	3. 创办内部刊物《大丰人》	15	☆		
	4. 公关活动的组织接待	20		☆	

失误的影响	经济损失	1 轻	2√ 较轻	3 一般	4 较重	5 重
	公司形象损害	1 轻	2 较轻	3 一般	4√ 较重	5 重
	经营管理损害	1 轻	2√ 较轻	3 一般	4 较重	5 重

失误的影响	若您的工作出现失误,会发生下列哪种情况?	说明
	1. 不影响他人工作的正常进行 2. 只影响本部门少数人 3. 影响整个部门 4. 影响其他几个部门 5. 影响整个公司	如出现多种情况,请按影响程度由大到小依次填写在下面的括号内 (5)
	1. 在工作中不与他人接触　　　　　　　　(1) 2. 只与本部门内的几个同事接触　　　　　(5) 3. 需要与其他部门的人员接触　　　　　　(4) 4. 需要与其他部门的部分领导接触　　　　(4) 5. 需要与所有部门的领导接触　　　　　　(2)	将频繁程度等级填入左边的括号中 偶尔　　　　　经常　　　　非常频繁 1　　2　　3　　4　　5
外部接触	1. 不与本公司以外的人员接触　　　　　　(1) 2. 与其他公司的人员接触　　　　　　　　(4) 3. 与其他公司的人员和政府机构接触　　　(4) 4. 与其他公司、政府机构、外商接触　　　(4)	将频繁程度等级填入左边的括号中 偶尔　　　　　经常　　　　非常频繁 1　　2　　3　　4　　5
监督	1. 直接和间接监督的人员数量(5) 2. 直接监督人员的层次:一般职工	

续表

监督	1. 只对自己负责	（　）
	2. 对职工有监督指导的责任	（　）
	3. 对职工有分配工作、监督指导的责任	（√）
	4. 对职工有分配工作、监督指导和考核的责任	（　）
工作的基本特征	1. 对自己的工作结果不负责任	（　）
	2. 仅对自己的工作结果负责	（√）
	3. 对整个部门负责	（　）
	4. 对自己的部门和相关部门负责	（　）
	5. 对整个公司负责	（　）
	1. 在工作中时常做些小的决定，一般不影响其他人	（　）
	2. 在工作中时常做一些决定，对有关人员有影响	（√）
	3. 在工作中时常做一些决定，对整个部门有影响，但一般不影响其他部门	（　）
	4. 在工作中时常做一些大的决定，对自己部门和相关部门有影响	（　）
	5. 在工作中要做重大决定，对整个公司有重大影响	（　）
	1. 有关工作的程序和方法均由上级详细规定，遇到问题时可随时请示上级解决，工作结果需报上级审核	（　）
	2. 分配工作时上级仅指示要点，工作中上级并不时常指导，但遇到困难时仍可直接或间接请示上级，工作结果仅依据上级要点审核	（√）
	3. 分配任务时上级只说明要达成的目标或任务，工作的方法和程序均由自己决定，工作结果仅接受上级审核	（　）
	1. 完成本职工作的方法和步骤完全相同	（　）
	2. 完成本职工作的方法和步骤大部分相同	（√）
	3. 完成本职工作的方法和步骤有一半相同	（　）
	4. 完成本职工作的方法和步骤大部分不同	（　）
	5. 完成本职工作的方法和步骤完全不同	（　）

在工作中您所接触的信息经常为：	说明
1. 原始的、未经加工处理的信息 2. 经过初步加工的信息 3. 经过高度综合的信息	如出现多种情况，请按"经常"的程度由高到低依次填写在下面的括号中 （2）

在您做决定时常依据以下哪种资料：	说明
1. 事实资料 2. 事实资料和背景资料 3. 事实资料、背景资料和模糊的相关资料 4. 事实资料、背景资料、模糊的相关资料和难以确定是否相关的资料	如出现多种情况，请按"依据"的程度由高到低依次填写在下面的括号中 （2）

	在工作中，您需要做计划的程度：	说明
工作的基本特征	1. 在工作中无须做计划 2. 在工作中需要做一些小的计划 3. 在工作中需要做部门计划 4. 在工作中需要做公司整体计划	如出现多种情况，请按"需要做计划"的程度由高到低依次填写在下面的括号中 （3）

续表

工作压力	1. 您在每天的工作中是否经常要迅速作出决定？ （ ）没有　（ ）很少　　（√）偶尔　　（ ）经常　　（ ）非常频繁 2. 您手头的工作是否经常被打断？ （ ）没有　（ ）很少　　（ ）偶尔　　（√）经常　　（ ）非常频繁 3. 您的工作是否经常需要注意细节？ （ ）没有　（ ）很少　　（ ）偶尔　　（√）经常　　（ ）非常频繁 4. 您所处理的各项业务彼此是否相关？ （ ）完全不相关　　（ ）大部分不相关　　（ ）一半相关 （√）大部分相关　　（ ）完全相关 5. 您的工作中精力高度集中的时间约占工作总时间的比重是多少？ （ ）20%　　（√）40%　　（ ）60%　　（ ）80%　　（ ）100% 6. 您的工作是否需要运用不同方面的专业知识和技能？ （ ）没有　（ ）很少　　（√）有一些　　（ ）很多　　（ ）非常多 7. 您在工作中是否存在一些令人不愉快、不舒服的感觉？（非人为的） （ ）没有　（ ）有一点　　（ ）能明显感到　　（√）多　　（ ）非常多 8. 您在工作中是否需要灵活处理问题？ （ ）不需要　（ ）很少　　（ ）有时　　（√）较多　　（ ）非常多 9. 您的工作是否需要创造性？ （ ）不需要　（ ）很少　　（ ）有时　　（√）比较需要　　（ ）很需要

任职资格要求	1. 学历要求：（ ）初中（ ）高中（ ）高职（ ）大专（√）本科（ ）硕士（ ）博士 2. 为顺利履行工作职责，应进行哪些方面的培训，需要多少时间？

培训科目或培训内容	最短培训时间（月）
广告学	1个月
公共关系学	1个月
市场营销	1个月
大型活动策划	1个月

任职资格要求	3. 一个刚刚开始从事您所担任职位的人，要多长时间才能基本胜任工作？（1年） 4. 为了顺利履行您所从事的工作，需具备哪些工作经历，约多少年？ （公关关系、广告、宣传等方面的工作经历，3年）

5. 其他能力要求　　等级 1　　　2　　　3　　　4　　　5
　　　　　　　　　　　 低　　较低　　一般　　较高　　高

领导能力（4）	时间管理（4）	公关能力（5）
激励能力（4）	人际关系（5）	公文写作能力（3）
授权能力（4）	协调能力（5）	信息管理能力（4）
创新能力（4）	谈判说服能力（4）	分析能力（3）
计划能力（4）	冲突管理能力（3）	判断、决策能力（4）
资源分配能力（4）		

	劳动强度与劳动条件	程度
工作环境	劳动强度	1（ ）　　2（√）　　3（ ）　　4（ ）　　5（ ） 一点不消耗　　　　　　　　　　　　　　消耗程度大
	劳动条件	1（ ）　　2（ ）　　3（ ）　　4（√）　　5（ ） 非常恶劣　　　　　　　　　　　　　　　非常舒适

除了工作日志和调查问卷之外，任职者还需要接受专家访谈。下面就是对公关宣传主管职位的任职者进行的访谈。

第一步，介绍和了解基本背景。

访谈者首先用诚恳、简洁的语言向被访谈者介绍自己及本次访谈的目的，消除被访谈者的顾虑，建立良好的访谈关系。

访谈者（以下简称"访"）：您好！我想您已经知道了公司现在正在进行工作分析，今天与您交谈的目的是了解一些有关您这个职位的信息，因为您是最了解这方面信息的人。希望您能够积极配合！

任职者（以下简称"任"）：好的。

访：您在这个职位上干了多长时间？能简单介绍一下您的工作经历吗？

任：我大学毕业就来到大丰公司的前身大丰汽车改装厂做了一名秘书，两年后被调到宣传科工作，5年后成立了集团，我就一直在集团办公室做公关和宣传工作，又过了3年，我被提拔为公关宣传主管。

访：看来您是从基层开始一步一步做到今天的位置的，您的实践经验一定很丰富，而且您在公司工作的时间这么长，各方面的情况也一定非常了解。我们今天的谈话可能要录音，以便回去整理笔记，我们会对您的谈话信息保密，不知您是否同意？

任：好，没问题。

第二步，获得与职位说明有关的信息。

这部分访谈主要是获得职位说明的信息，了解有关的职责、任务、权限、工作关联关系等。

访：首先我想了解一些有关您的工作内容的情况。请您简单介绍一下您的工作职责，或者说主要做哪些工作。

任：我的工作概括起来主要包括两部分：公关和宣传。公关就是与相关的单位、重要人物搞好关系。我们的业务发展需要与政府部门、新闻媒体、供应商、客户等有良好的关系，使它们对我们的业务起到支持作用。宣传包括对外宣传和对内宣传。对外宣传最主要的手段是广告，我们也会时常开展一些活动来提高企业的知名度。对内宣传主要就是让员工了解公司、认同公司的企业文化，我们的内部刊物《大丰人》，都是员工自己写的文章，讲述大丰员工自己的故事。我还给您带来了一本，这个内部刊物是我们和人力资源部合办的。

访：听您讲了这些，我对您的工作有了初步的了解，能不能再具体讲一讲在公关方面您主要做哪些工作？

任：其实有很多工作也是配合公司领导做的。公司领导需要与市里的领导、上级主管单位的领导保持密切的关系，我经常陪同领导参加这样的活动。还有代理商、媒体等，也是要经常联络、保持良好关系的。另外我们的刊物也要按期送给他们。

访：据我所知，客户服务中心也负责与客户建立良好的关系，供应商的关系主要由采购部处理，那么您所在的部门与它们是如何分工的呢？

任：涉及业务方面的客户、供应商关系都是由相应部门来处理的，非业务性的往来，主要由我这里统一来管理。

访：在对外宣传方面，您讲了很重要的内容就是广告。能讲一讲对外投放广告的大致程序吗？

任：我们每年年初都以招投标的形式确定广告代理商，包括电视广告、户外广告等的代理商。每年这个投标会都是由我组织的。年度代理商确认后，我们将统一对其进行相关知识和背景的培训，让它们了解我们公司的理念、文化、视觉识别系统（VI），这样它们的创意才更符合我们的需要。公司品牌和形象宣传的广告由我们部门牵头再综合各部门的意见提出计划，与产品有关的广告主要由市场部做计划，我们审核其是否符合公司的形象，最后由领导审批，之后才让代理商进行设计。与代理商的沟通都是通过我们部门进行的，必要的时候我会邀请市场部或相关领导参加。广告投放后，我们会联合市场部进行广告效果评估，如广告对销售额的影响，并进行客户满意度调查等。

访：除了广告，还有哪些宣传推广活动？

任：我们的市场推广活动主要有公司级别的重大事件的对外发布、产品和服务相关事件的对外发布，以及分公司在当地的推广活动。按受众类别分为面向大众的发布与推广活动、面向新闻界的发布与推广活动、面向主要客户的发布与推广活动；按采用的主要形式分为大型展览会、新闻发布会、记者招待会、酒会、路展、研讨会等。比如最近我们正在着手准备9月份的大型广场晚会，会邀请一些著名的歌手、演员出席，晚会还有现场抽奖活动，奖品就是我们公司各款车的精美模型。

访：这样的活动你们多长时间举办一次？

任：一年举办六七次吧。

访：分公司举办各种广告、宣传活动也需要您这里统筹吗？

任：我们制定了有关广告宣传的规章制度。一般来说，公司整体的品牌形象宣传由我们部门负责，分公司可以自己在当地开展配合促销的广告宣传活动，各部门也可以针对某个产品进行宣传推广，但是，代理商的资质必须由我们来审核，广告、活动方案也要经过我们审批才可以实施。

访：您这里还负责《大丰人》刊物，这个刊物多长时间出一期？

任：半个月一期，是内部刊物，有时也送给外部的客户、上级单位、媒体等，让它们了解我们员工的精神风貌。

访：部门这么大的工作量，您有几个下属？是怎样分配工作的呢？

任：广告主要是两个品牌管理专员负责，一个负责形象广告，一个负责产品广告和对分公司的指导。公共关系就一个专员，协助我处理一些常规的公共关系事务。对外宣传主要是由一个人负责大型活动，一个人负责内部宣传及内部刊物。另外，我们在各部门和各分公司都设有兼职宣传员，主要负责收集稿件和发放刊物。人手还是比较紧的，我希望最近能再增加两个人，一个负责对外的大型活动，一个负责对政府部门、媒体的公关活动。在举办一些大型活动时，我们也经常发挥团队的力量。每个人除了完成自己的任务，还会经常参与集体活动，这样可以增强凝聚力，也可以使他们接触不同的工作。

访：您在工作中应该是向总经理办公室主任汇报吧？那么哪些事情是您能做主的，哪些是必须请示上级的呢？

任：像我们的广告，1 000万元以上的公司形象广告一定要行政副总审批，500万元以上的由总经理办公室主任审批，500万元以下的由我审批。各地分公司的广告基本上由我审批，如果发现有问题，比如与总体的基调不太符合等，再找总经理办公室主任。大型活动都需要总经理办公室主任审批，影响特别重大的还得让老总做最后决定。比如宣传的刊物基本已经定型，每一期我审核就可以了，一些特别重要的稿件需请上级过目。

访：在人员的管理上您有多大的权限呢？听说您正在招人？

任：主要由我来面试，我这里通过的再由总经理办公室主任面试，一般情况下他不会有太多的意见。

访：您的工作绩效是如何衡量的呢？

任：主要是看广告投放的效果、大型活动的效果、外界的反应等等。

第三步，了解职位规范。

这部分主要了解任职者应具备的任职资格。注意，要确定任职者应符合的最低标准，而不能依据现有的任职者的条件来确定。

访：接下来，我想同您讨论一下对从事这项工作的人的一些基本要求。需要强调的是，我们想要了解的是胜任这项工作的人必备的条件，是最低的工作要求。不考虑您本人现在的水平如何，而是讨论应该具备怎样的条件就可以了。您觉得要做好您的工作至少需要具备哪些知识、技能、能力？

任：我觉得要做好我这份工作，不一定需要有多深的知识，但知识面要广，因为接触的是方方面面的人。要善于处理人际关系，善于与人沟通，还要善解人意。要懂一些广告知识、VI知识、公共关系知识，还要有比较好的文笔。另外，处理事情要灵活，善于应变，还要能承受压力。

访：您觉得从事您现在的工作至少需要什么样的教育背景？包括受教育程度、专业方向。

任：我觉得本科学历就可以了，最好是学广告、新闻等专业的。我本人是学中文的，在实际工作中还是觉得有很多东西需要学习。

访：您觉得经验对这份工作来说重要吗？要想从事您现在的工作至少需要什么样的工作经验？另外，需要接受哪些培训呢？

任：经验非常重要，因为这份工作需要从实践中学习，比如怎么为人处事，怎么与不同的人打交道，这些都很难在书本中学到。我想至少要有3～5年的经验。关于培训，如果有条件接受一些专业的公关、广告培训就更好了。

访：还有其他要求吗？

任：我觉得形象应该比较好。因为总跟人打交道，形象好容易给人留下印象。

访：好。谢谢您提供了这么多有用的信息，抱歉占用您这么多宝贵的时间。

任：没关系，不必客气。

3. 编制职位说明书

根据对公关宣传主管的访谈记录、调查问卷填写情况、工作日志记录，就可以大致编制职位说明书。经过与公关宣传主管任职者和上级管理者的反复沟通，最后编制的职位说明书如表3-17所示。

表3-17　公关宣传主管职位说明书

职位名称	公关宣传主管	职位编号	G-3-0003
所属部门	总经理办公室	职位定员	1
直接上级	总经理办公室主任	职系	行政事务职系
直接下级	品牌管理专员、公共关系专员、企业宣传专员	薪酬等级	4级
		职位分析日期	××××年7月1日

职位概要： 负责公司宣传、企业文化、对外协调、受理客户投诉等程序性工作

工作职责与任务：

职责一	职责表述：负责公司对外交流工作中的具体事务		工作时间百分比：20%
	工作任务	策划或协助公司领导参加社交活动	
		参与公司对外接待工作，与相关部门保持良好的关系	
职责二	职责表述：负责公司的对外宣传工作		工作时间百分比：20%
	工作任务	负责公司对外宣传的策划工作，制订对外宣传的计划	
		与各种媒体接触，实施对外宣传计划	
		在进行企业形象宣传的同时，辅助企业产品宣传	
职责三	职责表述：接待、协调客户及下属单位投诉		工作时间百分比：40%
	工作任务	接待客户投诉，并记录在案	
		对客户投诉进行协调，并落实到相关部门	
		监督对客户投诉问题的解决	
		负责处理日常的来信来访工作，并登记在案	
职责四	职责表述：负责公司的对内宣传工作		工作时间百分比：15%
	工作任务	完成总经理办公室主任安排的简报编写工作	
		完成《大丰人》的审稿工作	
		配合信息中心完成网络上宣传版面的更新工作	
职责五	职责表述：完成总经理办公室主任交办的其他工作任务		工作时间百分比：5%

职位权限：

对于客户投诉处理的监督权

工作联系：

内部主要联系	公司各部门、下属企业
外部主要联系	客户、媒体

任职资格：

受教育水平	本科及以上
专业	行政管理专业、文秘专业、中文专业或者其他文科类专业
培训经历	接受过公共关系、公文写作培训
经验	1年以上工作经验

续表

知识	具备相应的行政管理知识、秘书知识、档案管理知识与文书撰写知识
技能技巧	具有较强的写作能力和表达能力；能够熟练使用办公软件，并具备基本的网络知识；有较强的英语应用能力，具有一定的人际交往能力、沟通能力、计划与执行能力

工作条件：

使用工具设备	计算机、一般办公用品
工作环境	办公室
工作时间特征	正常工作时间，偶尔需要加班
所需记录文档	通知、简报、汇报文件、总结、公司文件、宣传资料、客户投诉记录

绩效标准：

对外交流工作差错率、顾客投诉受理后再投诉率、内刊《大丰人》编辑错误率

思考题：

（1）为大丰公司拟定一则使命。

（2）大丰公司的组织结构是（   ）。

    A. 直线制   B. 直线职能制   C. 事业部制   D. 矩阵制

（3）案例公司在设计职位分析工具时，为什么对所有职位同时运用工作日志法、问卷调查法、访谈法，而不是优选一种职位分析方法？

（4）职位分析项目小组成立时，人力资源部的所有人员都成为项目小组成员。

    人力资源部的人员构成为：人力资源部经理 1 名，其下辖 5 名主管，分别是招聘主管、培训主管、人事主管、薪酬主管、绩效主管；各主管又分别管理着 5 名招聘专员、3名培训专员、2 名人事专员、2 名薪酬专员、2 名绩效专员。

    对公司总经理来说，（   ）最重要；对人力资源部培训主管来说，（   ）最重要；对人力资源部所有成员来说，（   ）非常重要。

    A. 概念技能   B. 人际技能   C. 技术技能   D. 认知技能

（5）运用访谈法进行职位分析时，访谈人员会在被访谈者回答完一些重要问题之后，以简短的语言概括被访谈者回答的内容，并再次请被访谈者确认是否正确，这种做法用意何在？

（6）如果把胜任素质模型运用到职位说明书中，职位说明书中哪个模块与其联系最大？

解析：

（1）使命陈述应遵循"一含三不"原则："一含"是指使命应该包含社会责任感。"三不"是指：1）不宜太宽泛，使命太过宽泛易使人看后仍不清楚企业到底是哪个行业、做什么的；2）不宜太窄，使命太窄会束缚企业业务的拓展；3）不要与口号混淆。

    参考答案："造最安全、最环保、最节能的好车，让大丰汽车走遍全世界。"

（2）C。通过案例信息"公司下设四家工厂，分别是总装厂、发动机厂、车身厂、

变速器厂，这四家工厂都有独立的经营自主权"可判断，该公司采用的是事业部制组织结构。判断依据就是各事业部拥有独立的经营自主权。

（3）虽然优选一种职位分析方法会节约成本，但各种职位分析方法都有其优缺点，用三种不同的分析方法来收集同一职位的信息，据此编制出来的职位说明书会更加完善全面。

（4）分别选 A、C、B。总经理是高层管理者，对其来说，概念技能最重要；培训主管是基层管理者（其下属不再有下属），对其来说技术技能最重要；人力资源部人员需要在项目中协调外部专家以及公司内部职位分析涉及的所有人员，故人际技能对其非常重要。

（5）这样做可以尽量降低访谈法获取的信息的失真或扭曲程度，保证收集的信息尽量准确。

（6）职位说明书中的任职资格模块与胜任素质模型的联系最大。一般来说，某职位的胜任素质模型是以职位说明书的任职资格为基础建立的。

第四章　　员工招聘

第一部分 知识点回顾

一、招聘概述

（一）招聘的含义

招聘是指吸引足够数量和质量的候选人申请公司的空缺职位，并对候选人进行甄选、录用的过程。

招聘包括招募、甄选与录用三部分。招募（recruitment）是指吸引候选人申请公司的空缺职位的过程。甄选（selection）是指对候选人进行评价，挑选最合适人选的过程。录用（employment）是指确定入选人员，并进行试用和正式录用的过程。

（二）招聘的意义

（1）有效的招聘可以提升员工的满意度和成就动机。

（2）有效的招聘有利于降低员工的离职成本。

（3）招聘是企业对外宣传的一个途径。

（三）招聘的备选方案及程序

1. 招聘的备选方案

招聘的备选方案有：（1）短期行动方案，包括临时雇用兼职人员、临时工；临时调整现有员工的工作内容（优化组合）；加班；从外单位借调。（2）长期行动方案，包括培训以提高员工的技能和工作效率；召回被辞退的员工；外包生产合同，即将工作转包给另一家企业。当这些备选方案都不能弥补用人需求缺口时才实施招聘。企业招聘的思路如图 4-1 所示。

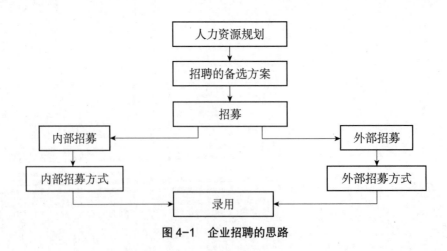

图 4-1 企业招聘的思路

2. 招聘的程序

招聘通常按照一定的程序进行，如图 4-2 所示。

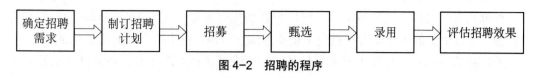

图 4-2　招聘的程序

知识点考核方式

> **组织中并非每次缺人都应立即实施招聘。**
>
> **答题思路：**
>
> （1）从观念层面理解组织在缺人时首先想到的不是招聘，而是执行雇用临时工、让现有人员加班、返聘退休人员等各种备选方案。
>
> （2）审慎招聘员工对组织和员工双方都是有益且负责任的。因为一旦录用的员工因工作量不饱满而只能辞退时，组织需要支付解除劳动合同的额外成本；而对员工来说，刚刚熟悉了工作环境和同事，虽然可以拿到补偿，但短时间被动离职也会感到不适。

二、招募的渠道

（一）内部招募

1. 内部招募的优缺点

内部招募的优点：有利于提高员工士气；内部人员熟悉公司情况，便于迅速开展工作；便于了解应聘员工，可靠性强；可节约时间和费用。

内部招募的缺点：竞争失利者容易感到心理不平衡从而影响工作积极性；容易引起同事间的过度竞争进而发生内耗；可选择的余地小，当公司内部能胜任的人很少时，难以选出合适的人员；易造成"近亲繁殖"，可能使公司缺乏创新与活力。

2. 内部招募的方式

内部招募的方式主要有：发布公告、员工推荐、档案法等。

（1）发布公告。一般企业都有自己的宣传媒体。传统媒体包括广播、内刊、宣传栏、黑板报等；现代媒体包括网络媒体等。

（2）员工推荐。员工推荐主要是由本企业的员工根据企业的需要推荐企业内部的人员，供人力资源部门和用人部门选择和考核。

（3）档案法。人力资源部门掌握员工的人事信息（有人事档案管理权限的单位），这些材料中记录了员工的受教育程度、工作经历、技能水平、培训经历、绩效等，能帮助企业了解并确定符合其空缺职位要求的人员，对内部人员晋升来说是非常重要的。

（二）外部招募

1.外部招募的优缺点

外部招募的优点：选择范围广，可以招聘到优秀人才；能为企业带来新的思路和活力；激发内部人员的工作动力；避免了企业内部人员相互竞争所造成的紧张气氛。

外部招募的缺点：外部人员需要较长的时间来适应环境和工作；对外部人员缺乏了解，不容易作出客观评价，可靠性较差；难以保证稳定性。

2.外部招募的方式

外部招募的方式主要有：广告招聘、校园招聘、员工推荐、借助职业中介机构等。

（1）广告招聘。广告招聘是一种常用的外部招募方式。它以报纸、杂志、广播、电视、互联网等大众媒体为媒介，吸引候选人。招聘广告设计的好坏直接影响吸引来的应聘者的素质的高低，也能反映企业素质的高低，一则好的广告既能吸引更多的求职者，又能树立企业的良好形象。

广告媒体各有特点。比如，广播广告的费用低，但受众有限；电视广告的效果好，但费用较高；报刊广告的影响力大，能吸引大量的求职者，时间效率高，信息发布迅速，但吸引的求职者往往不符合要求；网络招聘的成本低，方便迅速，不受时空的限制，方便对求职材料进行管理。招聘网站有地方性和全国性两种。地方性的招聘网站主要有58同城、赶集网等，全国性的招聘网站主要有智联招聘网、中华英才网、前程无忧等。

招聘广告的设计需要遵循 AIDA 原则，即引起注意（attention）、发生兴趣（interest）、产生欲望（desire）、付诸行动（action）。

（2）校园招聘。校园招聘通常用来选拔工程、财务、会计、计算机、法律以及管理等领域的初级水平的专业技术人员。

（3）员工推荐。员工推荐主要是公司员工引荐其亲友师长，引荐人对公司的情况比较了解，对空缺职位的职责要求也比较清楚，且引荐人熟悉被引荐人的情况，对其能力和愿望都做了综合分析后才会引荐，所以员工推荐的成本很低，能节省大量时间、金钱和精力。但引荐人可能由于种种原因，引荐并不合适的人。

（4）借助职业中介机构。职业中介机构有职业介绍所、人才交流中心、猎头公司等。职业介绍所对于初级职位以及要求有特种作业操作证（如电工证、焊工证等）的职位招聘效果较好。人才交流中心经常会举办招聘会，为用人单位和求职者提供双向选择的机会。猎头公司是专门从事高级管理人才和技术人才招聘的机构，是许多企业利用现有资源无法招聘到胜任人员时的选择，但猎头的费用较高，一般要支付拟招聘职位年薪的30%左右作为佣金。

知识点考核方式

内外部招募的优缺点。

答题思路：

（1）内外部招募各有其优缺点。

（2）组织要视情况而定，依据组织文化与传统、空缺职位本身的特点、组织内部相关人员的供给情况、组织外部劳动力市场供给情况而定。

🔑 **例题**

【综合题】当公司出现一个职位空缺时，是实施内部招募好，还是外部招募好？

解析：

（1）该问题的回答首先要跳出问题设置的陷阱。不应做"内部招募好"或"外部招募好"这种非此即彼式的回答。

（2）内外部招募各有优缺点。

（3）组织要视情况而定，依据组织文化与传统、空缺职位本身的特点、组织内部相关人员的供给情况、组织外部劳动力市场供给情况而定。

如果与空缺职位相关的内部人员供给充足且符合条件，则优先考虑内部招募。但如果内部相关人员大多不符合空缺职位的条件，且空缺职位是非常重要的专业性职位或管理职位，则优先考虑外部招募，甚至可以请猎头公司帮忙招募。

有些职位可以采用内外部招募相结合的方式。在实践中，有些企业为了防止空降的高管因不适应企业文化而离职给公司带来损失，就采取了"降格录用"的方法。例如，外部招募了一位营销副总经理，可以先录用为营销部经理，经过半年到一年的磨合，再决定是否晋升为营销副总经理。再比如，招聘某部门负责人时，也可以把外部招募来的人员先任命为部门副职（主持工作），经过一年左右的考察，再决定是否晋升为部门负责人。

三、面试

（一）面试的类型

面试（interview）是运用最广泛的一种候选人甄选方法，它是在特定的时间和特定的地点，发生在面试官与被面试者之间的一个对话过程，面试官通过分析被面试者的回答以及观察他们的反应来考察被面试者是否具备相关职位的任职资格。面试具有简便快捷、容易操作、能够当面了解和观察被面试者等优点。

1. 根据面试的标准化程度分类

根据标准化程度，面试可以分为非结构化面试、结构化面试（或标准化面试）以及半结构化面试三种类型。

（1）非结构化面试。面试官没有面试问题提纲，也没有提问顺序，可以相对自由地对被面试者提问，面试中的问题可以从多个不同的角度展开。大量的实证研究证明，非结构化面试的信度和效度比结构化面试的信度和效度低得多。但这种面试非常适合经验丰富的面试官，便于其提问和追问。

（2）结构化面试（或标准化面试）。这是一种依据预先确定的面试题目及题目顺序，通过固定每个被面试者的面试时长、面试地点及桌椅摆放的位置，由面试官给出评分的面试形式。结构化面试降低了对面试官的要求，但结构化面试难以依据面试过程中被面试者的回答及现场表现进行深入追问。

（3）半结构化面试。这是一种介于非结构化面试和结构化面试（或标准化面试）之间的面试形式，它结合了二者的优点，有效避免了单一方法的不足。在这种面试中，有些面试内容会做统一要求，有些内容则不做统一规定，也就是说，在一部分预先设计好的问题（即结构化面试）的基础上，面试官可以向被面试者随机提出一些问题。半结构化面试使得面试官在面试过程中具有一定的自主权，可以做到将面试的结构性与灵活性相结合。正因如此，半结构化面试得到了越来越广泛的运用。

2. 根据面试的组织形式分类

根据组织形式，面试可以分为单独面试（或一对一面试）、系列面试（或顺序面试）、小组面试和集体面试四种类型。

（1）单独面试（或一对一面试）。是指面试官和被面试者单独见面，面试官进行口头引导或直接提问，被面试者作出回答。这是一种比较常见的面试形式。这种面试的优点是双方的注意力都比较集中，谈话的连续性和逻辑性比较好，被面试者会比较自然。缺点是双方之间的对话可能进展不顺利，甚至难以进行，出现比较尴尬的场面。

（2）系列面试（或顺序面试）。是指组织根据特定的先后顺序，安排组织中的若干人员对同一位被面试者进行多轮面试，再将所有面试官独立得出的面试结果加以汇总，最终得出面试结论。比如，许多企业在招募和甄选管理类职位的 MBA 毕业生时常采用这种多轮面试的做法。系列面试过程既可以是结构化的，也可以是非结构化的。在非结构化的系列面试中，每位面试官可以提不同的问题，然后形成自己的独立意见。在结构化的系列面试中，每位面试官则必须按照同样标准的面试评价表分别对被面试者进行独立打分。这种面试方法的优点是很明显的，即最终的甄选决策是在综合多位面试官独立得出的面试结论的基础上作出的，有利于确保面试结果的有效性，避免因为某一位面试官的个人偏见或疏忽而出现的评价误差。这种面试方法的缺点是参与的人员数量较多，耗费的时间较长。

（3）小组面试。是指由一组面试官在同一时间和同一场所，共同对一位被面试者进行提问、观察并作出评价的面试方法。小组面试使得若干名面试官可以在同一时间里从不同的侧面向被面试者提问，因而提问题的时候可以相互补充，或者对被面试者的相关特征进行深入挖掘，这样就可以保证面试时所提的问题不仅全面，而且深入。此外，小组面试可以有效地避免系列面试中可能出现的一种情况，即被面试者不得不反复回答每位面试官提出的相同的问题。但是，某些被面试者在接受小组面试时可能感到压力比较大，回答问题时比较紧张或拘谨。

（4）集体面试。是指多位被面试者在同一时间和同一场合，共同接受面试官面对面提问的一种面试形式。在集体面试中，面试官既可以是多个人，也可以是一个人。由于几位被面试者同时参加面试，某一位被面试者对面试官所提问题的回答很可能会对其他被面试者产生影响，在这种情况下，他们在回答问题的时候必须考虑怎样回答既真实又比较妥当。在这种面试中，面试官往往会抛出一个问题，让大家自由发表意见，同时注意倾听每一位被面试者的回答并观察其作出的反应。这种面试有助于考察被面试者在一个群体中的思维方式以及行为方式，从而考察他们的人际关系能力和语言表达能力。很多企业进行校园招聘时，会利用集体面试的方法对投递简历者进行初步筛选，挑选出能够进入下一轮面试或其他测试程序的候选人。

3. 一些特殊的面试形式

除了上面提到的若干面试类型，还有一些比较特殊的面试形式，比如压力面试、电话或视频面试等。

（1）压力面试。是指面试官在面试过程中故意制造一种紧张气氛，对被面试者施加一定的心理压力，然后观察被面试者在压力状况下的情绪变化以及所作出的反应。其主要目的是考察被面试者在一定的压力环境下能否调整自己的情绪，并作出正确的回答或行为反应。在压力面试中，面试官经常会故意作出一些略显武断的判断，甚至提出一些比较鲁莽的高压式问题，让被面试者感到不舒服，借此来考察他们在面对外部压力时的自我情绪控制能力以及处理问题的能力。

压力面试可以帮助面试官了解被面试者在未来某种具有特定压力的工作环境中是否能够达成较好的绩效。比如，组织准备雇用的人员将来需要从事涉及商务谈判、处理客户投诉等经常需要面对压力的工作时，压力面试对求职者的未来绩效可能就有一定的预测作用。此外，压力面试还可以帮助组织辨别求职者中过于敏感或者压力承受能力较弱的人。不过，如果对压力面试掌控不好，就有可能因具有侵犯性或者有违道德规范而受到质疑甚至被起诉。因此，在不需要采用压力面试时就尽量不用，如果确实需要采用，也一定要让经过特殊培训的面试官来组织面试。

（2）电话或视频面试。绝大部分面试都是以面试官和被面试者直接面对面沟通的方式进行的，但电话或视频面试的做法也十分普遍。这种面试既可以用来对求职者进行初步筛选，也可以用于终面。在面试官和被面试者之间的地理距离较远，双方到某个地方会面的成本比较高，或者出于某些特殊原因，面试官和被面试者见面有困难的情况下，电话或视频面试就有其独特的优越性。随着互联网和计算机技术的发展，视频面试的应用更加广泛。

近年来，随着人工智能（AI）、人脸识别等技术的发展，越来越多的公司开始在求职者筛选过程中引入人工智能面试。比如，日本 Talent and Assessment 公司开发的人工智能面试官 SHaiN，可以使求职者不受时间和地域的限制随时参加面试，在登录相应界面后只要回答人工智能面试官的提问即可。求职者的回答会被自动转化为文字并加以分析，最终形成的详细报告会提供给雇主作为决策参考。提供线上招募服务的美国 HireVue 公司在长期收集大量面试视频数据的基础上，运用心理学家保罗·艾克曼提出的"情感图谱"，动态抓取求职者的上万种面部表情以及说话用词，进而分析求职者的意图、习惯、人格特质，是否存在夸大其词的情况，与相关职位是否匹配，甚至包括跳槽概率的大小等。该系统已经被高盛集团等多家企业采用，帮助企业节省了大量的开支和时间。

（二）面试的过程

面试的过程包括面试准备、面试实施和面试结束。

（1）面试准备。面试的准备工作包括选择面试官、明确面试时间、了解被面试者的情况、准备面试材料（面试评价表和面试提纲）、确定面试场所。

（2）面试实施。面试实施一般包括引入阶段、正题阶段、收尾阶段。面试开始时通过一些轻松的话题引入面试；正式进入面试阶段后，面试官要按照事先准备好的提纲或者根据面试的具体进程，向被面试者提出问题，同时对面试评价表的各项评价要素作出评价；在收尾阶段，可以让被面试者提出自己感兴趣的问题由面试官解答，从而以一种自然的方式结束面试。

（3）面试结束。面试结束后，面试官需要及时对面试记录进行整理，填写面试评价表，以便在全部面试结束后进行综合评定，作出录用决策。

（三）提高面试效果的主要措施

1.采用情境化结构面试

情境化结构面试是结构化面试的一种，又称行为事件面试技术。在这种面试中，被面试者需要回答的问题是事先设计好的，这些问题要么是让被面试者基于自己过去的工作经历或经验来回答当时是如何处理或应对某个真实的具体场景或实际问题的（过去导向型问题），要么是让他们对将来的工作中可能会遇到的一些假设工作情境或问题（未来导向型问题）说出自己准备作出的反应或采取的处理方法，然后再根据被面试者的回答对被面试者进行评分。

根据问题的性质，可以将面试问题分为理论性问题、引导性问题和行为性问题，如表4-1所示。面试官在面试时尽量不要使用理论性问题和引导性问题，尽量使用行为性问题，以提升面试效果。

表4-1　理论性问题、引导性问题与行为性问题对照表

才能	理论性问题	引导性问题	行为性问题
协作能力	你如何管理难缠的雇员？	你善于化解矛盾吗？	作为监管人员，你如何管理难缠的雇员？
销售能力	你认为你能卖出商品的原因是什么？	我们的销售目标很高，你能应对这种挑战吗？	谈谈过去一年中成交额最大的一笔销售业务，你是如何做成的？
解决问题的能力	你将如何处理生产中出现的问题？	你能排除机器设备的故障吗？	说说你最近遇到的一个（有关仪器、加工或质量的）问题，你是如何解决的？
安全意识	你认为工作中的安全问题有多重要？	听起来你是个小心谨慎的员工，是吗？	谈谈你认为不安全的情况。具体情景是什么样的？你做了什么？

续表

才能	理论性问题	引导性问题	行为性问题
应变能力	如果你不得不改变自己的工作安排以适应变化中的要求，你会有何感想？	一个月内你先后做了四种不同的工作，你不会烦吧？	谈谈你工作中不得不适应变化的经历。是什么样的变化？适应的结果如何？

在情境化结构面试过程中，需要对导向型问题进行追问时，应遵循 STAR 原则，即针对每个考察要点询问被面试者在特定情境（situation）下的具体任务（task），完成任务的具体行动和做法（action）以及最终的结果（result）。

例如，面试官要询问被面试者的销售业绩时，可以遵循 STAR 原则进行追问。

· 特定情境：你以前销售的是什么产品？市场需求怎么样？采用了什么样的销售模式？

· 具体任务：你所服务的公司给你制定的年度销售指标都有哪些？

· 具体行动和做法：你采取了哪些方法来提高销售业绩？做销售的时候，你遇到了哪些困难？怎么解决的？

· 结果：你以前工作的公司有多少销售人员？有没有为每个销售人员规定销售量？你的销售业绩在公司的销售人员中处于何种水平？你的月销售额是多少？

2. 面试前做好充分准备

面试前的准备工作是否充分对于面试效果有直接的影响，一场精心安排的面试不仅能够帮助组织筛选自己需要的人才，而且会给被面试者留下一种尊重人才、工作高效的深刻印象，即使是那些未被录用的被面试者也可能会对组织产生良好的印象，从而为组织在未来吸引更多的优秀人才创造良好的声誉，因此，在正式进行面试之前，组织必须做好一系列的准备工作。这些工作主要包括两个方面：一是安排好面试所需的时间、场地和资料。二是在面试前认真阅读简历和职位说明书并准备好相关的问题。在面试之前，面试官一定要拿出足够的时间来认真阅读被面试者的简历或求职申请书。

3. 系统培训面试官

实践表明，一个设计合理的面试官培训项目确实能够大大减少在传统的非结构化面试中可能出现的问题。当这种培训与结构化面试的相关表格结合使用时效果尤其明显。面试培训可以使管理人员更好地理解应当如何提问题，如何准确地记录被面试者的反应，以及如何意识到自己可能会出现的一些偏差。

对面试官的培训应当重点关注以下几个方面：一是明确面试官的职责及其在面试过程中扮演的角色，包括面试官在着装、言行等方面应该注意哪些问题；在参加面试之前应当事先做好哪些准备；应当如何让被面试者感到被尊重；等等。二是介绍引导和控制面试过程的技巧，包括如何从日常的寒暄（比如，你今天是从哪里过来的？交通状况怎么样？）切入，与被面试者建立一种和谐、友善的关系，然后循序渐进地将面试的内容从简单问题逐渐推进到相对复杂的问题，最后如何以一种愉快、友好的方式结束整个面试过程，等等。三是让面试官学会与不同类型的被面试者打交道，比如过于紧张或羞怯的人、过于自信甚至自负的人、过于健谈的人、过于情绪化或敏感的人、容易生气和失望的人等。四是使面试官理解在进行面试评价时可能会出现的各种偏差，比如宽松误差、同类人误差、晕轮误差、对比误差等，使他们能够在实际操作中注意避免产生这些误差，正确理解评分标准，掌握评分方法和评分尺度。

知识点考核方式

设计结构化面试问题。

答题思路：

（1）面试问题有三种：理论性问题、引导性问题、行为性问题。

（2）如果只要求设计一道问题，则必须设计成行为性问题，不可以设计成理论性问题或引导性问题。

（3）要遵循 STAR 原则设计行为性问题。但为了表述简洁，实践中的面试问题一般只能够明显辨析出特定情境，而具体任务、具体行动和做法、结果则不是很明显。

例题

【综合题】某知名公司拟通过校园招聘来招聘销售员。应聘条件：（1）认同公司文化；（2）具有良好的组织协调能力；（3）具有优秀的沟通表达能力；（4）愿意接受挑战性的工作；（5）党员、曾任社团负责人或班干部的优先。请就"沟通表达能力"设计一道结构化面试问题。

解析：

（1）不能设计成引导性问题，如"您认为您的沟通能力好吗？"

（2）不能设计成理论性问题，如"您认为沟通对于一个销售人员来说有多重要？"

（3）遵循 STAR 原则设计行为性问题，如"请您回忆一下您印象中最难沟通的人，当时您是在什么样的情境下（S）与这个人沟通，您当时的具体任务（T）是什么，您采取了什么具体行动和做法（A），最终使其成功被说服（R）"。

该问题更多时候被简述为"请您举例描述一下您认识的最难沟通的人"。该问题把 STAR 原则蕴含在内：被面试人员举例时就是在描述一种情境，如果被面试人员详细阐述自己采取了哪些具体行动和做法最终完成具体任务，且逻辑清晰，则可判断该被面试者的沟通能力至少合格；如果被面试者只是在抱怨他所认识的某个人是如何不好沟通，没有说出自己怎样与其沟通而完成具体任务，基本上可以判断该被面试者的沟通能力不合格。

第二部分　习　题

一、单项选择题

1. 某项甄选测试的目的是评价求职者的逻辑能力，但是测试的题目设计不佳，变成了考查求职者的知识记忆情况，则该测试的（　　）比较低。

　　A. 内容效度　　　　B. 同时效度　　　　C. 预测效度　　　　D. 效标效度

2. 当企业同时使用同一种测试的 A 卷和 B 卷进行甄选测试时，被试者在 A 卷和 B 卷取得的分数之间的相关程度称为（　　）。

　　A. 复本信度　　　　B. 分半效度　　　　C. 重测信度　　　　D. 预测效度

3. 情境化结构面试通常遵循 STAR 原则，其中 T 指的是（　　）。

　　A. 行动　　　　B. 情境　　　　C. 时间　　　　D. 任务

4. 智力测试属于（　　）。

　　A. 一般认知能力测试　　　　　　　　B. 特殊认知能力测试

　　C. 人格测试　　　　　　　　　　　　D. 工作样本测试

5. 首先提供一组描述人的个性或特质的词或句子，然后让其他人通过对被试者的观察，对被试者的人格或特质作出评价，这种方法叫作（　　）。

　　A. 自陈量表法　　　B. 评价量表法

　　C. 投射法　　　　　D. "大五"人格测试法

6. 反映一种甄选测试技术对被试者的工作绩效进行预测的准确程度的是（　　）。

　　A. 内容效度　　　　B. 一致性效度　　　C. 构想效度　　　D. 效标效度

7. 某企业想考察候选人的人际交往能力，但采用的测试题目主要是专业技术方向，这种甄选测试的（　　）比较低。

　　A. 重测信度　　　　B. 复本信度　　　　C. 内容效度　　　　D. 同时效度

8. 关于员工甄选中工作样本测试的说法，错误的是（　　）。

　　A. 考察的内容与实际工作内容具有较高相似度

　　B. 开发成本较高

　　C. 效度比较高

　　D. 普遍适用性很高

9. 某公司招聘新员工时采用了人格测试，具体方式是向求职者提供一些刺激情境，然后让求职者自由地表达对刺激情境的认识和理解，这种方法称为（　　）。

　　A. 标杆法　　　　B. 投射法　　　　C. 评价量表法　　　D. 自陈量表法

10. "如果客户投诉你的某位下属存在工作态度问题，你会怎么做？"这种面试问题属于（　　）。

　　A. 知识性问题　　B. 人格性问题　　C. 经验性问题　　D. 情境化问题

11. 关于员工甄选的说法，错误的是（　　　）。

　　A. 从一开始就甄选到正确的人有利于培养一流员工

　　B. 甄选决策失误可能会使企业付出很大的代价

　　C. 甄选工作做好了，其他人力资源管理工作就不重要了

　　D. 甄选优秀的员工对确保企业战略目标的达成至关重要

12. 某公司在新员工甄选过程中采用了人格测试，要求求职者基于自身感受实事求是地填答一套包括是非题、选择题的书面问卷。这种人格测试方法属于（　　　）。

　　A. 投射法　　　　　B. 自陈量表法　　　　C. 评价量表法　　　　D. 标杆法

13. 某计算机公司招聘软件工程师时要求求职者参与编程测试，这种测试方法属于（　　　）。

　　A. 工作样本测试　　B. 评价中心技术　　　C. 公文筐测试　　　　D. 知识测试

14. 多位被面试者在同一时间和同一场合共同接受面试官的面对面的提问，这种面试称为（　　　）。

　　A. 单独面试　　　　B. 系列面试　　　　　C. 小组面试　　　　　D. 集体面试

15. 情境化结构面试通常遵循 STAR 原则，其中 A 指的是（　　　）。

　　A. 时间　　　　　　B. 情境　　　　　　　C. 行动　　　　　　　D. 任务

16. 下列能力中，难以通过角色扮演衡量的是（　　　）。

　　A. 问题解决能力　　　　　　　　　　　B. 行政管理能力

　　C. 领导能力　　　　　　　　　　　　　D. 压力承受能力

单项选择题参考答案

1. A。一项测试要想具有较好的内容效度，通常必须满足两个条件：确定好想要测试的内容的范围，并且使测试中的全部项目均在此范围之内；测试中的项目应当是已经界定好的内容范围中具有代表性的样本。根据题干信息可知，该测试的内容效度比较低。

效度（validity）是指一种测试的有效性，它反映了一种测试工具对于它所要测量的内容或特质进行准确测量的程度。从测量学的角度来说，一项测试的效度主要包括三种类型：内容效度、效标效度和构想效度。其中与人员甄选最为相关的是前两种。

（1）内容效度。内容效度是指一项测试的内容与测试所要达到的目标之间的相关程度，即一项测试的内容能够代表它所要测量的主题或特质的程度。比如，如果一项测试的目的是评价一个人的逻辑推理能力，那么，内容效度就是指这项测试测量的内容到底是不是逻辑推理能力。内容效度的评价主要采用专家判断法，它不太适用于对智力、领导能力以及诚实性等较为抽象的特质进行评价。

从甄选的角度来说，内容效度要考察的就是在测试中设计的项目、提出的问题或者设置的难点是否能够很好地反映实际工作情境或代表实际工作中存在的典型问题。具有较好内容效度的测试将会使求职者置身于与实际工作非常类似的情境之中，然后测试求职者是否有足够的知识、技术或能力来处理将来可能会面临的情况。比如，如果测试的目标是预测汽车驾驶员的驾驶技术，那么通过直接开车上路的方法来进行测试就具有内容效度，因为这种测试基本上就是对实际工作条件的一种复制。

内容效度有两点局限性。首先，隐藏在内容效度背后的一个基本假设是：求职者在

被雇用时已具备了一定的知识、技术或能力。因此，如果一个组织准备在甄选和雇用求职者之后再通过正式培训来教会他们掌握工作所需的技能，内容效度就不太适用。其次，由于在内容效度评价中主观判断的作用很大，因而必须设法将判断过程中的推测成分减至最少，最好在相对具体和可观察的行为的基础之上作出评价。

（2）效标效度。在甄选过程中，组织最关注的问题是通过某种测试或评价技术得到的结果能够准确地预测求职者在未来工作中取得成功或遭遇失败的程度。而这就涉及测试的效标效度问题。效标效度是指一种测试或甄选技术对被试者的一种或多种工作行为或工作绩效进行预测的准确程度。如果一个人在甄选测试中得到的分数与其实际工作绩效之间存在相关关系，便可以证明这种测试具有较好的效标效度。与甄选工作有关的效标包括产出数量或质量、上级的评价结果、缺勤率、事故发生率、销售额以及组织认为能够代表绩效的其他指标。两种常用的效标效度是预测效度和同时效度。

1）预测效度。预测效度考察的是员工被雇用之前的测试分数与被雇用之后的实际工作绩效之间是否存在较强的相关关系。预测效度的测量方式是：在雇用求职者之前先对他们进行某种测试，然后根据测试结果雇用其中一部分人，等这些人进入组织一段时间之后，就可以知道这些人的实际工作绩效情况，然后就可以考察这些人在被雇用前后两组数据之间的相关性。如果两组数据之间的相关系数较大，则称这种测试具有较好的预测效度，即在这种测试中得分较高的人在未来的实际工作中往往也是绩效较好的人，这就意味着利用这种测试工具对求职者进行筛选是有效的。

2）同时效度。预测效度存在一个明显的问题，就是组织必须等待很长时间才能得到考察效标效度所需的员工绩效数据。在这种情况下，还可以运用同时效度来考察一种测试的效标效度。在确定一种测试工具的同时效度时，并不像预测效度那样，要在两个不同时段分别考察求职者进入组织之前的甄选测试分数和进入组织之后的绩效分数，相反，尽管同时效度同样需要验证这两组数据之间的关系，却可以在同一时间获取两组数据，不需要等待很长时间。其主要做法是：直接选取那些已经在某种职位上工作的任职者，让他们来完成某种测试并得出测试分数，同时，由于他们已经在职位上工作了一段时间，他们的绩效数据也是可得的，这样就可以考察这两组数据之间是否存在相关关系。如果两组数据之间的相关度很高，也就是说，在这些已在岗的员工中，工作绩效好的人要比工作绩效较差的人在甄选测试中得到的分数高，则称这种测试工具具有较好的同时效度。

2. A。复本信度是指对同一组被试者进行某种测试时，使用两种功能等值但是表面内容并不相同的测试形式，然后考察在这两种功能等值的测试中被试者取得的分数之间的相关程度。

信度（reliability）是指一种测试手段不受随机误差干扰的程度，它反映了一个人在反复接受同一种测试或等值形式的测试时得到的分数所具有的一致性程度。信度又称为测试的内部一致性程度或稳定性程度，它是对任何一种测试工具的最基本要求。比如，同一位学生分别参加了难度基本相同的两套英文试卷的考试，结果一套试卷的得分为 60 分，而另一套试卷的得分为 90 分，则可以认为这种测试的信度比较差。信度的高低通常用信度系数来表示，信度系数介于 0～1 之间。0 表示信度最差，1 表示信度最好。一般情况下，信度系数不低于 0.7 的测试工具被视为信度较好。

在评估一项测试的信度（或一致性程度）时可以采用几种不同的方式。最常用的信度测量方式包括重测信度、复本信度、内部一致性信度和评价者信度等。

（1）重测信度。重测信度又称再测信度，是指用同一种测试工具在不同时间对同一群人进行多次测试所得到的结果的一致性程度。它可以用来考察一种测试工具在时间上的稳定性，具体信度系数用多次测试所得到的结果之间的相关系数来表示。在评估重测信度时，两次测试之间的时间间隔很重要。时间间隔太短，被试者可能还能记住上次的答案，因而产生较强的记忆效应和练习效应；时间间隔太长，又会有其他因素对被试者的答案产生影响，因此，时间间隔越长，两次测试之间的相关系数就越小。根据一般经验，两次测试之间的时间间隔为半个月到半年比较合适。

（2）复本信度。复本是指在测试结构、实际测试效果等方面与最初测试工具基本一致的高度相似的测试工具，这种工具常常作为最初测试工具的备用测试工具，比如在高考以及很多重要考试中经常使用的 A 卷和 B 卷。复本信度的高低反映了两种复本测试在功能上的等值程度。因此，在编制测试时必须确保两种测试的功能具有足够的等值性，测试的内容也应该是相当的。

（3）内部一致性信度。在甄选测试中经常会用多个题目来测试同一个问题，比如在对被试者的成就动机进行测试时，可能会使用 10 个题目。从理论上说，同一位被试者在所有这 10 个题目上的回答应当具有较高的一致性。内部一致性信度就是反映同一测试内容中各题目之间的得分的一致性程度。它考察了同一项测试中的若干题目是否都在测量同一内容或特质。一个很好的测试工具必须具有较高的内部一致性。

考察内部一致性信度的方式主要有两种，即分半信度和同质性信度。所谓分半信度，就是将一个测试中包含的题目一分为二，然后考察被试者在这两个半份测试内容上得到的分数之间的相关系数。最常见的分半方法是根据题目排列的奇偶数顺序来划分，即一半是奇数题，一半是偶数题。同质性信度则是指一种测试内部的所有题目考察同一内容的程度。在同质性信度较低时，即使各测试题目看起来测量的是同一特质，实际上也是异质的，即这种测试实际上测量了不止一种特质。表示同质性信度的一个常用参数是克龙巴赫（L. J. Cronbach）α 系数。

（4）评价者信度。在一些测试中，不同的评价者对于被试者表现出来的同样的行为或者给出的回答可能会得出不一样的判断和评价，这是因为每位评价者的阅历、看问题的视角甚至个人偏好都会影响他们的评价结果。这种情况在情景模拟测试、投射测验、面试、无领导小组讨论等需要由评价者来打分的测试中都有可能出现。此外，在对员工进行绩效评价时，同样可能出现不同的评价者给出不同的评价结果的现象。而评价者信度就是指不同的评价者在使用同一种测试工具时所给出的分数之间的一致性程度。

由于一项测试可能会受到很多因素的影响，因此，要想达到较高的信度，就需要注意以下几个问题：第一，测试过程要标准化，尽可能按照测量学的要求去做。第二，选取的样本要具有代表性，当在总体中抽样时，样本应尽可能具有异质性，而不是集中于某一类人。第三，要注意保持良好的测试环境，其中包括心理环境和物理环境，努力使被试者保持一种轻松自然的心态。第四，要注意测试的难度和长度。测试太难或太容易很可能会出现地板效应（得分普遍过低）或天花板效应（得分普遍偏高）的现象。此外，尽管测试的条目越多信度往往越高，但是用时太长的测试容易引起被试者的疲劳和厌倦，从而影响测试的质量。

3. D。T 是向应聘者描述需要完成的主要工作任务，选项 D 正确。S 是向应聘者描述他们可能会面临的典型情境；A 是询问应聘者实际上采取了何种行动；R 是让应聘者说明这种行动产生了怎样的结果。

4. A。智力测试或智商测试属于一般认知能力测试。

5. B。评价量表法是指首先提供一组描述人的个性或特质的词或句子，然后让其他人通过对被试者的观察，对被试者的人格或特质作出评价的方法。

6. D。效标效度是指一项测试或甄选技术对被试者的一种或多种工作行为或工作绩效进行预测的准确程度。

7. C。内容效度是指一项测试的内容与测试所要达到的目标之间的相关程度，即一项测试的内容能够代表它所要测量的主题或特质的程度。本题中，企业欲考察人际交往能力，测试题目却是专业技术方向，相关程度低，因此，其内容效度比较低。

8. D。由于工作样本测试是针对特定职位设计的，因此普遍适用性低，只能针对不同的职位来开发不同的测试。选项 D 错误。

9. B。投射法是指首先向被试者提供一些未经组织的刺激情境，然后让被试者自由地表现出自己的反应。

10. D。在情境化结构面试中，应聘者需要回答的问题并不是抽象的或者与未来的实际工作联系不那么紧密的问题，而是他们将来在实际工作中很可能会遇到的工作环境以及非常具体的工作任务、工作问题或难题。根据题干描述，这种问题属于情境化问题。

11. C。甄选对组织的价值和意义：（1）符合企业需要的优秀员工是确保组织战略目标达成的根本保障，卓越的组织必须拥有一流的员工，而要培养一流的员工，必须从一开始就选择正确的人；（2）弥补甄选决策失误的代价可能极高；（3）甄选决策失误可能会对员工本人造成伤害。

12. B。自陈量表法，即编制好一套人格测试问卷之后，由被试者本人根据自己的实际情况或感受来回答问卷中的全部问题，以此来测试一个人的人格类型。

13. A。工作样本测试是在一个对实际工作的一部分或全部进行模拟的环境中，让求职者完成某些具体的工作任务的一种测试方法。

14. D。集体面试指多位被面试者在同一时间和同一场合共同接受面试。

15. C。本题考查情境化结构面试。情境化结构面试通常需要遵循所谓的 STAR 原则，即首先向被面试者描述他们可能会面对的特定环境（situation）或需要完成的具体任务（task），然后询问他们实际上采取了何种行动和做法（action），最后让他们说明这种行动产生了怎样的结果（result）。

16. B。本题考查角色扮演。角色扮演能够衡量的能力包括：领导能力、问题解决能力、人际交往能力、压力承受能力。

二、多项选择题

1. 下列关于无领导小组讨论的说法，正确的有（　　　）。

　　A. 对面试官的评分技术要求低

　　B. 鼓励求职者自由发言

　　C. 可以使用两难性问题、多项选择题作为试题

　　D. 在讨论过程中面试官不事先指定领导者

　　E. 面试官不参与讨论过程

2. 关于甄选中使用公文筐测试的说法，正确的有（　　　）。

　　A. 适合对管理人员进行评价

　　B. 能够考察求职者的口头表达能力

　　C. 编制成本较高，评分也比较困难

　　D. 对实施场地的要求不高

　　E. 是一种情景模拟测试

3. 可以约定竞业限制的人员包括（　　　）。

　　A. 保洁员　　　　　　B. 高级管理人员　　　　C. 高级技术人员

　　D. 门卫　　　　　　　E. 负有保密义务的人员

4. 从测试的内容来看，心理测试可以分为（　　　）三大类。

　　A. 评价中心技术　　　B. 职业兴趣测试　　　　C. 成绩测试

　　D. 人格测试　　　　　E. 能力测试

5. 关于无领导小组讨论的说法，正确的有（　　　）。

　　A. 面试官并不参与讨论，而是在不干扰讨论的情况下进行观察

　　B. 通过无领导小组讨论可以考察求职者的口头表达以及人际交往等方面的能力

　　C. 无领导小组讨论让一开始没有领导者的一组人通过讨论选出一位领导者

　　D. 在无领导小组讨论中，求职者的地位是平等的

　　E. 无领导小组讨论使用的问题必须是两难性问题

6. 为了提高新员工招聘过程中的面试效果，企业可以采取的措施包括（　　　）。

　　A. 采用情境化结构面试

　　B. 要求面试官在面试前认真阅读职位说明书

　　C. 系统地对面试官进行面试技巧培训

　　D. 让用人部门自行选择面试官，人力资源部门不参与面试工作

　　E. 组织者在面试前做好各方面的准备工作

7. 考察内部一致性信度的方式包括（　　　）。

　　A. 同质性信度　　　　B. 重测信度　　　　　　C. 评价者信度

　　D. 副本信度　　　　　E. 分半信度

多项选择题参考答案

1. BCDE。无领导小组讨论存在的问题之一是对面试官的评分技术要求较高，选项A错误。

无领导小组讨论采用情景模拟的方式让一组求职者进行集体讨论，观察他们在讨论过程中的言行。所谓无领导小组，就是指在讨论过程中，组织者不会为该小组指定领导者，也不指定每一位求职者应当坐在什么位置，让大家自由发言。在具体操作中，通常是将一些求职者（通常为5～7人）组成一个小组，让他们就某个问题进行1小时左右的讨论。有些无领导小组讨论完全不指定每个人所扮演的角色，有些无领导小组讨论则会指定大家分别扮演的角色，无论哪一种，大家的地位都是平等的，没有人事先被指定为领导者。面试官会在讨论之前向该小组介绍需要讨论的问题、所要达到的目标以及总的时间限制。接下来，就让这一小组的全体求职者自行组织讨论。面试官不参与讨论过程，只对讨论过程进行观察，然后对求职者的表现进行打分或评价。通过这种无领导小组讨论，可以考察被试者的组织协调能力、口头表达能力、说服能力、领导能力、人际交往能力等能力以及自信程度、进取心、情绪稳定性、反应灵活性等个性特点。

（1）无领导小组讨论的评价依据。在无领导小组讨论中，面试官对求职者进行评价的主要依据是：参与有效发言的次数；是否随时注意调节争议，消除紧张气氛，创造一种使大家都能够有机会发言的气氛，并最终使众人达成一致意见；是否能够提出自己的见解和方案，敢于发表和坚持不同意见，同时又能支持或肯定别人的意见；能否倾听他人的意见，尊重他人，在别人发言的时候不强行打断或插话；语言表达、分析问题、概括或总结不同意见的能力；反应的灵敏性，概括的准确性，发言的主动性；等等。

（2）无领导小组讨论的优缺点。优点：能够测试出通过笔试和单一的面试所不能考察的综合能力或素质，有助于观察求职者之间的相互作用，能使求职者在无意中展示自己的特点，尤其有利于预测真实的团队行为。缺点：对测试题目要求较高，测试题目必须经过精心准备，同时要经过测试专家、行业专家等的认真讨论；对面试官的评分技术要求较高，要求他们必须接受过专门的观察以及评价培训，以免评价结果过多地受到个人的主观意见甚至偏见的影响；在有些情况下，求职者仍然有可能会有意识地表现或掩饰自己，以达到通过测试的目的，尤其是在无领导小组讨论被越来越多的求职者知晓的情况下。

2. ACDE。在公文筐测试中，求职者要对装在文件筐或者计算机文件夹里的报告、备忘录、来电记录、信函等资料作出正确处理，所以公文筐测试无法测试口头表达能力，选项B错误。

公文筐测试，又称公文处理测验，是评价中心技术中最常用和最核心的技术之一。公文筐测试是一种情景模拟测试，是对管理人员在实际工作中需要掌握和分析的资料、处理的信息以及作出的决策等所做的一种抽象和集中，测试中通常会涉及管理者案头可能出现的各种需要处理的文件。该测试在一种假定的情景下实施，组织者会向求职者提供假设的组织背景、发生的实际业务以及相对具体的管理环境。求职者先阅读文件材料，然后以某种管理者的身份模拟真实组织中的情境，在规定的条件和限定的时间（通常为1～3小时）内对每一份文件进行现场处理，即提出对各类文件进行处理或处置的办法。对这些文件可能作出的正确反应包括：回复函电、拟写指示、作出决定、安排会议、分派任务、转出文件等。在测试完成后，训练有素的专家会对求职者在处理文件过程中的行为表现和书面答案进行评估，从而评价他们的计划能力、授权能力、组织能力、预测能力、决策能力以及沟通能力等。

公文筐测试的优点是，非常适合对管理人员进行评价，具有较高的内容效度和效标效度。此外，操作比较简单，对场地没有过多的要求。最后，它的表面效度较高，容易得到求职者的理解并被接受。这种测试的缺点在于编制成本较高，而且评分比较困难，不同的专家由于自身的背景、工作经验、管理理念等不同，对不同的文件处理方式的看法也会有所不同。此外，由于这种测试是由求职者单独完成的，因此无法观察求职者的人际交往能力和团队工作能力。

3. BCE。竞业限制的人员限于用人单位的高级管理人员、高级技术人员和其他负有保密义务的人员。

4. BDE。心理测试可以分为能力测试、人格测试和职业兴趣测试。

5. ABD。无领导小组讨论，就是在讨论的过程中，面试官不会为该小组指定领导者，而是让大家自由发言，是评价中心技术中经常使用的一种测评技术，选项 C 错误。无领导小组讨论的试题形式包括开放式问题、两难性问题、操作性问题、资源争夺性问题等，选项 E 错误。

6. ABCE。提高面试效果的主要方法：（1）采用情境化结构面试。（2）面试前做好充分准备。如，安排好面试所需的时间、场地和资料；认真阅读简历材料和职位说明书，准备好相关的问题。（3）系统培训面试官。

7. AE。本题考查内部一致性信度。考察内部一致性信度的方式主要有两种，即分半信度和同质性信度。

三、综合题

1. 某公司招聘面试最初的效果不理想，几个面试官对同一求职者的打分差异大，录用人员中面试得分很高的人，入职后实际工作绩效不尽如人意。针对这种情况，公司人力资源部对面试官进行了集中培训，讲授面试技巧、面试中可能犯的错误。与此同时，还推广情境化结构面试。这次集中培训取得了较好的效果，在后来的面试中，面试官通过询问情境化题目，对求职者的工作经验和能力有了较为准确的判断，招聘的人员也比较符合职位的要求。

根据以上材料，回答下列问题：

（1）进行集中培训前，几个面试官对同一位求职者的打分差异很大，这说明面试的（　　）低。

  A. 复本信度   B. 评价者信度

  C. 重测信度   D. 内部一致性信度

（2）该公司招聘来的人员面试得分很高但入职后实际工作绩效不尽如人意，这说明（　　）低。

  A. 内容效度   B. 构想效度

  C. 同时效度   D. 预测效度

（3）该公司采用情境化结构面试，可选择的题目有（　　）。（多选）

  A. 你的优点是什么？

B. 你过去有没有遇到过带领团队实现具有挑战性目标的情况，你是如何做的？

C. 假设你的下属对你安排的工作不太满意，你该如何处理？

D. 你为什么愿意加入我们公司？

E. 你的缺点是什么？

（4）在对面试官的培训中，告诉面试官应尽量避免的错误有（　　）。（多选）

A. 提出和工作职责无关的问题

B. 对某求职者的评价受到其前后求职者表现的影响

C. 说话过多，影响求职者作答

D. 有意制造紧张气氛以考察求职者在压力状况下的表现

E. 对求职者的评价受自己情绪的影响

解析：

（1）B。在一些测试中，不同的评价者对于被试者表现出的同样的行为或者给出的回答可能会得出不一样的判断和评价，这是因为评价者本身的阅历、看问题的视角甚至个人偏好都会影响他们的评价结果。这种情况在情景模拟测试、投射测试、面试、无领导小组讨论等需要由评价者来打分的测试中都有可能出现。此外，在对员工进行绩效考核时，同样可能会出现不同的评价者给出不同的评价结果的现象。而评价者信度是指不同的评价者在使用同一种测试工具时所给出的分数之间的一致性程度。

（2）D。预测效度考察的是员工被雇用之前的测试分数与被雇用之后的实际工作绩效之间是否存在较强的相关关系。

（3）BC。情境化结构面试实际上属于结构化面试的一种，但是这种面试又有其特定的内涵。在这种面试中，被面试者需要回答的问题并不是一些抽象的或者与未来的实际工作联系不那么紧密的问题，而是他们将来在实际工作中很可能会遇到的工作情境以及非常具体的工作任务、工作问题或难题。情境化结构面试的题目可以划分为两类：一类是过去导向型问题，以过去的经验为依据，它要求被面试者回答他们在过去的工作中遇到的某种情形，以及他们当时是如何处理的；另一类则是未来导向型问题，它要求被面试者回答将来一旦遇到某种假设的情形他们将会采取怎样的处理措施。

（4）ABCE。有意制造紧张气氛以考察求职者在压力状况下的表现是压力面试，不是面试官应避免的错误，选项 D 错误。

2. 某公司过去的员工甄选工作比较简单，一般是人力资源部先筛选简历，重点看简历是否符合公司的任职资格要求，然后再将条件最好的几个人推荐给用人部门进行简单的笔试和面试。

最近几年，公司发现这种过于简单的员工甄选方法存在很多问题。问题一是陆续出现了一些管理人员侵占公司利益的问题。经过调查发现，公司录用的跳槽过来的个别员工在上家公司工作时就存在类似问题，因为被发现才不得不跳槽。问题二是公司采用的甄选测试方法缺乏有效性，一些测试得分较高的人被录用后，实际工作绩效却不如一些分数低的人。问题三是由于面试官没有受过系统培训，面试方法不够科学。问题四是公司在招录管理人员时只进行简单的笔试和面试，甄选方法过于单一，效果欠佳。

为此，公司人力资源部准备系统学习员工甄选工作的基本原理和相关规范，并在此基础上改进公司的员工甄选系统，包括引进评价中心技术、提高面试效果等。

根据以上材料，回答下列问题：

（1）一些测试得分较高的人被录用后，实际工作绩效却不如一些分数低的人，这说明该公司甄选测试的（　　）比较低。

  A. 内部一致性效度   B. 预测效度

  C. 同质性效度   D. 分半效度

（2）为了解决案例中的问题一，该公司可以采取的措施有（　　）。

  A. 对候选人进行履历分析以更好地了解其背景

  B. 对候选人进行知识测试以了解其专业知识能力

  C. 对候选人进行认知能力测试以了解其认知能力

  D. 对候选人进行职业兴趣测试以了解其职业兴趣

（3）为了解决案例中的问题三，公司决定对面试官进行系统的培训。这种系统培训应当让面试官掌握的要点包括（　　）。（多选）

  A. 为了更好地考核候选人的真实情况，应让候选人充分发挥，不要限制面试时间

  B. 如果在面试之初就对一位候选人很有把握，可尽快作出决定，不必浪费太多时间

  C. 了解面试中容易出现的偏差和相应的解决方法

  D. 为了更好地考察候选人，面试官应该在面试前留出时间看候选人的简历

  E. 每位被面试者的面试时间应相同

（4）为了解决案例中的问题四，该公司准备采用评价中心技术。关于评价中心技术的说法，正确的是（　　）。（多选）

  A. 评价中心技术能够有效考察候选人的管理能力和问题解决能力

  B. 评价中心技术通过要求候选人完成实际工作任务来进行测试

  C. 评价中心技术在甄选管理人员方面具有较高的效度

  D. 评价中心技术包括公文筐测试和角色扮演等

  E. 评价中心技术由一位评价者对求职者在一系列练习中的表现进行评价

解析：

（1）B。预测效度考察的是员工被雇用之前的测试分数与被雇用之后的实际工作绩效之间是否存在较强的相关关系。

（2）A。根据案例，问题一是陆续出现了一些管理人员违规侵占公司利益的问题。经过调查发现，公司录用的跳槽过来的个别人员在上家公司工作时就存在类似问题，因为被发现才不得不跳槽。可以得知该公司缺乏对候选人的履历分析。

（3）CD。面试中应该根据岗位的情况合理确定对每一位被面试者进行面试的时间长度，选项A、B、E错误。面试官需要认真阅读简历材料和职位说明书，准备好相关的问题。系统培训时应使面试官理解在进行面试评价时可能会出现的各种偏差，选项C、D正确。

（4）ACD。评价中心技术通过要求候选人完成模拟的工作任务来进行测试，选项B、

E 错误。

评价中心（assessment center）技术也称为管理评价中心技术，它是一个由多位评价者对求职者在一系列练习中的表现进行评价的过程。评价中心技术通过情景模拟的方法对求职者进行评价，它的一个重要基石是工作样本测试。两者之间的主要不同之处在于，工作样本测试是用实际的工作任务对求职者进行测试，而评价中心技术则是用模拟的工作任务对求职者进行测试。评价中心技术主要用于考察求职者是否具备从事管理类工作所需要的人格特征、管理技能以及人际技能。此外，评价中心技术也越来越多地用于考察个人是否具备在一个团队中工作所需要的技能。

第二次世界大战期间，评价中心技术在美国军队中很流行，他们运用小组讨论和情景模拟练习的方式来选拔情报人员。第二次世界大战结束后，这种方法被引入企业。最早大规模使用评价中心技术的企业是美国电话电报公司（AT&T），该公司在 1956—1960 年对数百名大学毕业生和非大学毕业生进行了评价，在评价完成 8 年后对比当初的评价报告和这些人的实际职业发展情况，结果显示，已晋升为中层管理职位的人中，80% 的人当初就已经被预见到了，而那些没有获得晋升的人中，90% 的人当初就已经被预见到了。其他实证研究也发现，评价中心技术在为管理类职位选拔人员方面确实具有较好的预测效度。

评价中心技术实际上是将不同的测试手段综合运用于管理类职位候选人的甄选过程，其中可能会用到面试、心理测试、主题演讲、角色扮演、公文筐测试以及无领导小组讨论等多种甄选方法。正是由于评价中心技术采用的甄选方法有多种，所以它的效标效度一般都很高。测评维度与相匹配的评价中心技术对照表见表 4-2。

表4-2 测评维度与评价中心技术对照表

测评维度	需要的评价中心技术
经营管理技巧	公文筐测试
人际关系技巧	无领导小组讨论、角色扮演
智力水平	笔试
解决问题的能力	公文筐测试、无领导小组讨论、角色扮演
工作动机	想象能力测验、面试、模拟面谈
职业发展方向	想象能力测验、面试、性格考察
依赖他人的程度	想象能力测验

3. 最近，某公司人力资源部对员工甄选效果进行了评估，发现了一些不太理想的情况：

第一，公司很多管理人员甚至高层管理人员不重视员工甄选工作，参与面试时存在"应付差事""走过场"的情况，向求职者提出的问题天马行空，比较随意。

第二，有些已经录用的员工与公司文化不相匹配。例如有些人沟通能力较差，缺乏团队合作精神，无法融入集体。

第三，尽管公司在甄选过程中采用了履历分析、成就测试、认知能力测试等方法，但在实际工作中发现，一些当时测试得分较高的人，实际工作绩效反而不如一些测试分数较低的人。

人力资源部就这些情况咨询了相关专家。专家建议针对第一种情况实施情境化结构面试并建立题库，针对第二种情况增加无领导小组讨论方法。

根据以上资料，回答下列问题：

（1）根据第一种情况描述的现象，关于该公司的招聘面试的说法，正确的是（　　　）。（多选）

    A. 这家公司的面试标准化程度比较高

    B. 这家公司的面试官可能对应聘相同职位的不同求职者提出不同的问题

    C. 这家公司的面试过程很容易受到面试官个人主观意识的影响

    D. 提高这家公司的面试效果的方法之一是对参与面试的管理者进行面试培训

    E. 这家公司的面试有助于考察被面试者在一个群体当中的思维方式及行为方式

（2）第三种情况表明，该公司员工甄选体系的（　　　）比较低。

    A. 预测效度   B. 构想效度   C. 内部一致性信度   D. 重测信度

（3）关于无领导小组讨论的说法，正确的是（　　　）。（多选）

    A. 无领导小组讨论能够考察被面试者的人际交往能力、口头表达能力和领导能力

    B. 在无领导小组讨论中，每个人的地位都是平等的

    C. 在无领导小组讨论中，面试官不参与讨论过程

    D. 无领导小组讨论对面试官的评价技术要求比较低

    E. 对测试题目的要求较低

（4）履历分析时主要分析什么？

（5）成就测试有哪些类型？

（6）甄选决策的参考依据有哪些？

解析：

（1）CD。根据案例，公司很多管理人员甚至高层管理人员不重视员工甄选工作，参与面试时存在"应付差事""走过场"的情况，向求职者提出的问题天马行空，比较随意。所以这家公司的面试过程很容易受到面试官个人主观意识的影响，对参与面试的管理者进行面试培训是提高这家公司面试效果的方法之一。

（2）A。预测效度考察的是员工被雇佣之前的测试分数与被雇佣之后的实际工作绩效之间是否存在较强的相关关系。根据案例，尽管公司在甄选过程中采用了多种测试方法，但在实际工作中发现，一些当时测试得分较高的人，其实际工作绩效反而不如一些测试分数较低的人。所以应为预测效度低。

（3）ABC。无领导小组讨论存在的问题包括：1）对测试题目的要求较高；2）对评价者的评分技术要求较高；3）有些情况下，被试者仍然有可能有意识地表现或掩饰自己。选项D、E错误。

（4）履历分析又称资历分析，是指通过对一个人的基本背景以及学习、工作、生活

经历甚至个人习惯等与工作相关的履历性信息进行收集和分析，判断一个人对未来工作职位的适应性以及预测其未来工作绩效、任职年限和流动性等特征的一种人才测评方法。近年来，无论是在企业界还是在政府中，这一测评方法日益受到重视，广泛应用于人员选拔等人力资源管理活动之中。履历分析技术的最基本假设是一个人的行为具有一致性，即一个人过去的行为是对其未来行为进行预测的最佳依据。因此，履历分析的对象不仅包括一个人的基本信息、学习经历、工作经历、培训经历以及奖惩情况等静态信息，而且包括能够反映一个人的人格特质、态度、工作经验、兴趣、技能以及能力的各种相关历史事件和历史行为。

履历分析技术对作为分析对象的履历有以下三个方面的要求：第一，履历信息必须真实。尽管大部分履历信息比较客观且可查证，但仍然会有一部分人篡改甚至伪造个人的履历信息，因此，在对履历信息进行分析时，首先要保证这些信息是真实、准确的。第二，履历信息必须全面。在分析一个人的履历时，应当尽可能地收集与工作相关的所有履历信息，履历信息越全面，越有助于对一个人与职位之间的匹配性作出判断，同时预测其未来的工作绩效。根据情况的不同，履历分析条目少则 10 项，多则可达数百项。第三，履历信息必须相关。也就是说，尽管履历信息非常多，但应当将收集的信息集中在与工作有关的方面，尤其是那些被证明能够有效地预测一个人未来在某种工作职位上取得的总体工作绩效的信息。

很多企业会在筛选求职者简历的阶段首先进行履历分析，这样可以帮助企业迅速排除那些明显不合格的求职者，同时找出需要在面试阶段进一步确认的履历信息。有些企业甚至会根据一些重要的综合性履历信息对求职者进行初步排序。但复杂的履历分析还要在这种静态的履历资料分析基础之上，对当事人经历过的一些重要历史事件以及在具体场景下的历史行为进行考察。

（5）成就测试又称熟练性测试或学绩测验，它通常是对一个人在接受了一定的教育或训练之后获得的成果进行测试，测试目的是考察一个人在多大程度上掌握了那些对于从事某种具体的工作而言非常重要的知识或技能。成就测试和认知能力测试（智力测试、能力倾向测试）的测量对象都属于认知性测试，它们测量的都是一个人从与环境间的相互作用中发展出来的能力。但认知能力测试的主要功能是预测一个人在未来的教育、训练或工作中的可能表现，通常是在接受教育或训练之前进行的测试，用来考察一个人是否有能力接受某种课程或专业技能训练。而成就测试则是要评估一个人在接受教育或训练之后获得的学习成果，它往往是一种事后的评估。成就测试注重内容效度，而认知能力测试必须有较高的预测效度。成就测试通常包括知识测试和工作样本测试两种类型。

1）知识测试。知识测试就是通常所说的考试，考察的是一个人在一定的领域中掌握的知识的广度和深度。知识测试又可以分为综合知识测试、专业知识测试、外语测试等不同类型。知识测试通常是以笔试的方式完成，但并非所有的笔试都属于知识测试。比如，在我国公务员考试中，"申论"部分以笔试的方式来考察报考者的价值观、知识水平、分析判断能力以及文字表达能力等多种能力。

2）工作样本测试。工作样本测试就是用实际工作任务对求职者进行测试，让求职者实地完成某些具体的工作任务的一种测试方法，通过观察求职者完成这些任务的过程，可以了解求职者是否具备未来的职位所需要的知识、技能和能力。研究表明，这种测试的效度要远远高于认知能力测试和人格测试，它对于求职者未来的工作绩效有很高的预测效度。

工作样本测试在现实中有广泛的运用，比如，很多企业在招收熟练工人（如电焊工、机械师、木工等）的时候经常采用这种测试方式。其他工作样本测试的例子包括：对计算机编程人员实施的编程测试；对物流货运人员实施的标准驾驶测试；对秘书和职员实施的电子文档和电子表格标准化测试；对管理人员实施的公文处理测试；在交响乐团和芭蕾舞团中实施的试听测试；等等。

工作样本测试的优点和缺点一样突出。优点：测试所要求的行为与实际工作所要求的行为之间具有高度的一致性，它和工作绩效之间存在直接且明显的联系，所以这种测试工具的效标效度和内容效度都很高。缺点：工作样本测试是专门针对特定职位设计的，它的普遍适用性低，只能针对不同的职位来开发不同的测试；不仅要针对每一种职位设计新的测试，而且这种测试的模式是非标准化的，所以它的开发成本相对较高。从成本有效性的角度来看，企业更倾向于直接购买能够适用于组织中各种不同类型职位的商业化认知能力测试。

（6）甄选决策的参考依据。无论组织采用何种甄选体系，都需要依靠某些标准或参照系来对求职者加以区分和排序，最终选择最合适的候选人。除了组织的价值观和文化对求职者提出的要求，最主要的参考依据显然是空缺职位的要求。组织一般根据职位对于任职者的知识、技能、能力以及其他特征方面的要求来对求职者进行筛选，其中一些标准可能在职位说明书中已经明确了，而一些更为细致的内在标准和要求则可能需要通过建立胜任素质模型才能最终确定。就一般情况而言，可以把组织在制定甄选决策时经常使用的标准概括为受教育程度、工作经验、身体特征及个人特征与人格类型。

1）受教育程度。当一个组织要在众多的求职者中进行甄选时，总是希望选到那些具备成功完成工作所需知识、能力和态度的人。而一个人在认知、动机、体能以及人际交往方面的大多数特征，都是通过先天的基因遗传以及在家庭、学校、工作单位等地方的后天学习获得的。因此，在对众多求职者的个人能力进行筛选时，一种常见的、成本有效性较高的方法就是把候选人的受教育程度作为上述各种能力的集中体现或者替代指标。

尽管过于注重学历的做法受到了很多批评，但是根据学历进行甄选的做法仍有一定的道理。尽管在某些职位上，少数没有大学学历的人的工作绩效可能并不比有些大学毕业生差，甚至反而更好，但从总体情况来看，有大学学历的人达成高绩效的比例比高中学历的人更大。在这种情况下，企业从大学毕业生中挑选员工显然是一种理性的做法。不过，为了确保甄选的合法性，组织在受教育程度方面设置的甄选标准必须与在职位上取得的成功确实相关，并且不能超出职位的实际需要，否则，组织不仅会支付过高的薪酬，而且会在今后的管理中遇到很多问题。

2）工作经验。求职者的工作经验是另一个非常有用的甄选标准。很多组织都认为，过去在类似职位上工作过，尤其是曾经取得过良好的绩效，是对求职者未来的绩效进行预测的最佳指标之一。此外，组织通常还认为，工作经验也是对求职者的工作能力和工作态度进行预测的一个良好指标。因为求职者以前从事过类似的工作，现在还来申请，可以说明此人比较喜欢这份工作,并且有能力把它做好。大量的研究也发现,工作经验和工作绩效之间是相关的。

能力指的是个体能够顺利完成某种活动所需具备的心理特征。例如,外交官需要具备较强的语言表达能力、随机应变能力。能力分为一般能力(又称智力)、特殊能力和创造力。比如,挑选空军飞行员时往往并不要求申请者具备实际飞行经验,而是特别关注候选人的空间关系能力。微软在甄选求职者时最为注重的是求职者的总体智力水平或者认知能力,而不是工作经验。它最青睐的求职者往往不是学习计算机且有很多编程经验的人,而是那些刚刚从物理系和数学系毕业的大学生。其中的一个潜在假设就是,编程工作需要的不是丰富的经验带来的原有工作方式基础上的"轻车熟路",恰恰相反,它最需要的是真正的创造性和创新性。

3)身体特征。在甄选过程中,有的组织会把一些身体特征(包括求职者的相貌、身高、体重等)作为甄选标准。比如,航空公司在选择空乘人员以及一些公司在雇用前台接待人员时,往往会比较注重个人形象。

但从各国的法律规定来说,除非一个组织能够证明求职者的某种身体特征确实与优秀绩效的达成有紧密联系,否则,就不能以此作为甄选标准,因为这样做会构成对少数族裔、女性以及残疾人等的歧视。例如,在甄选飞行员时,视力可以作为甄选标准,但当航空公司需要雇用的是办公室文员时,就不能再使用同样的标准。

4)个人特征与人格类型。个人特征包括婚姻状况、性别、年龄等。比如,有些企业倾向于选择已婚的求职者,而不是到了婚嫁年龄依然单身的求职者,因为它们假定已婚人士往往比较稳定,流动率会比较低。有些企业在为某些职位挑选人员时,更为青睐单身员工,因为它们假定单身员工更容易接受工作调动,或者可以长时间在外地工作。年龄有时也会作为一种甄选标准。比如,有些企业不愿意雇用一定年龄以上的求职者,它们担心年龄较大者因为体力下降或知识老化而导致生产率较低或者创造性不足等。对于有些组织来说,某种人格类型的人在特定职位上的表现往往更好,因而更愿意雇用这种人格类型的人。比如,对于销售人员、社会工作者以及其他一些需要与公众广泛接触的工作来说,外向的人格特征可能就十分重要。

4.某大型国有制造企业想要在高校招聘一批应届毕业生。以销售岗位为例,人力资源部门经过职位分析确定了一些核心素质,主要包括成就动机、分析能力、影响力、沟通能力、自我管理能力以及积极乐观的个性。请根据这些核心素质为该公司人力资源部经理确定销售岗位应届毕业生的标准化面试问题。

解析:

问题一:你能简单介绍一下你自己吗?

本题主要考察应聘者的语言表达能力,表达是否流畅且有的放矢,同时考察应聘者自我介绍的内容中是否存在不适合销售岗位的信息,例如应聘者喜欢独处,不擅于交际,或者喜欢安定的生活,不喜欢挑战等。如有这样的迹象,面试官应该详细追问加以确认。

这个问题还有助于缓解应聘者的紧张心理。

问题二:我们提供的岗位这么多,你为什么选择这个岗位呢?

本题考察应聘者对应聘岗位和自身特点的了解程度,看应聘者如何从自身特点出发分析岗位和自身的匹配度；同时还考察应聘者是否善于从别人的角度考虑问题，选好说服面试官的理由和角度。

问题三：你的简历显示你曾参加过很多学生活动，这些活动中有没有一些属于竞争性活动？能够详细描述一下吗？

本题通过让应聘者分析他所经历过的竞争活动来考察他对竞争的适应程度。不能承受竞争压力或者不善于与人合作的应聘者都是不合适的。此外，描述的详细程度也很重要，面试官应追问应聘者在 STAR 原则之下的具体情形，同时观察应聘者在描述时是否有情感流露，描述细节是否真实合理。

问题四：你怎样影响其他人接受你的看法？

本题从三个角度考察应聘者的影响力：第一个角度是应聘者是否有影响他人的意愿；第二个角度是应聘者影响他人的能力有多大；第三个角度是应聘者能否很快地举出具体的实例来证明。通常有意识影响他人的应聘者都能够列举出实例，通过实例面试官可以看出应聘者说服他人的自信和技巧。

问题五：在口头表达方面你有哪些经验？

本题考察应聘者的自信心和口头表达能力。如果应聘者有相当多的演讲经验并且擅长此道，则是最好的。还有一些可能天资不够好，但是能够意识到这项能力的重要性，做过很多尝试，并且不断进步的应聘者也是合适的，这样的应聘者能够很诚实地描述曾经的失败经历。如果应聘者觉得这方面不重要或者经验不够，则不太适合销售岗位。

问题六：你觉得自己在口头表达能力和写作能力上哪一方面比较强呢？

由于这个岗位的要求不仅仅是销售，还包括根据业绩报表作出市场分析、参与重大投标项目的策划等，因此应聘者的口头表达能力和写作能力同样重要。应聘者若作出倾向性的回答，肯定一方面而否定另一方面，是不太合适的。

问题七：在大学期间，你做过的最让你骄傲的事情是什么？

这个问题主要考察应聘者的动机，根据应聘者的回答来判断他们的价值观。关键是看他们是否有克服困难取得成功的经历，至于获得的是什么样的成功反而不重要，每个应聘者都应该有自己的特点。

应聘者若回答对自己不满意，没有值得骄傲的事情，是不太合适的。

问题八：如果入职后你的上司对你很不友好，你应该怎么办？

本题主要考察应聘者能否适应企业的等级结构，是否具有良好的心态和必备的技巧来处理工作中的冲突。如果应聘者对此没有思想准备，可能会盲目乐观，相信自己可以和上司成为好朋友，而成熟的应聘者能够从工作的要求出发，正确面对工作中的冲突，注重如何与上司沟通并解决问题。

5.为测评综合分析能力，有面试官设计结构化面试问题为"现在大城市道路拥堵比较严重，你用什么对策来解决这个问题？"请设计评分标准，分成高、中、低三个等级描述。

解析：

高。见解独到，能从问题产生的背景、原因、过程、后果、危害等方面来分析；提出多种可行的针对性措施。

中。能看到某个方面的问题和原因，分析不够深入、不够透彻、不够全面；提出的措施比较单一。

低。就事论事，观点偏激，没有分析；无可行的解决措施。

6. 面试点评。

（1）面试官：请给出一个你从失败的工作经历中得到的教训。

求职者：我所得到的一个教训就是要合理分配自己的精力，在自己不能完成工作时决不勉强接受。我在××公司工作的第一年，有段时间我同时参与了三个项目，一开始我觉得虽然自己的精力不够，但是三个项目都很重要，可以学到不同的东西，也都难以拒绝，所以考虑之后还是把三个项目都接下来了。但在项目执行过程中，我常常忙不过来，到最后无论是在项目质量上还是在时间期限上都不尽如人意。通过这件事，我学到在以后的工作中要合理安排自己的时间和精力，当不能兼顾的时候，要分清任务的优先级。甚至在一开始，当自己觉得不能合理分配足够的时间和精力在某项工作上时，我完全可以向别人说不，而不是一口答应，以至于最后不能按时、保质、保量地完成。

根据以上材料，点评该求职者的回答。

解析：该求职者的回答的最佳之处在于表明了失败后对于经验教训的总结和吸收能力，并表明自己将在以后的工作中改进，避免再犯过去的错误，说明他是一个善于总结经验、善于学习的人。

该求职者详细描述了当时的情况，没有令面试官感觉该求职者与所应聘的职位有任何技能差距，反而强调了自己的学习经验，淡化了失败的印象，是十分巧妙的。

（2）面试官：你认为怎样的沟通才是有效的沟通？

求职者：我认为有效的沟通必须具备三点。第一点是要有理有据。也就是说在和别人沟通之前要收集合理的事实和数据来支持自己，并且要进行合理准确的沟通，态度不能咄咄逼人。第二点是要因人而异。每个人的性格脾气都不同，要根据他们的特点采取不同的沟通手段和方式方法。只有一种沟通方式是远远不够的。第三点是要学会换位思考。人们往往站在自己的立场上去看待问题，只考虑自己的得失而忽视了别人的感受。我们需要学会站在别人的立场上看待问题，以达到双赢的效果。

根据以上材料，点评该求职者的回答。

解析：该求职者思路清晰、富有逻辑，从三个方面抓住了有效沟通的要点，充分体现出自己了解沟通的内涵并擅长与人沟通。这样能够非常有效地让面试官了解求职者在沟通方面的能力。

（3）面试官：很多人认为大学专业教育的内容对未来的工作没有什么帮助，你怎么看待这个问题？

求职者：在我看来，这个问题没有绝对的答案，应该从两个方面来分析。对于一些特定的工作，例如信息技术、工程管理、研发等，大学专业教育的内容不但有帮助，而且是必需的，因为所学内容是未来工作的基础。对于一些管理等非技术类的工作而言，例如市场、销售、人力资源等方面的工作，大学专业教育最重要的作用在于培养学生思考问题、解决问题、学习知识以及运用知识的能力。只要学生通过专业学习培养了这方面的能力，无论学习什么专业都可以从事这类工作。

根据以上材料，点评该求职者的回答。

解析：对此类问题应根据应聘的具体职位来回答。如是专业技术性强的工作，应突出自己的专业背景和技术能力；对于一些专业壁垒不强的岗位，例如管理、销售等工作岗位，可以突出自己的能力素质如思维能力及学习能力。该求职者的回答思路很清晰。

（4）面试官：如果你的亲人患病住院，需要你的陪护，而此时公司有一项紧急任务需要你及时完成，你将如何处理？

求职者：我会毫不犹豫地将工作放在第一位。

面试官：如果你的亲人患的是急性病，比如心脏病、脑血栓，你也会丢下亲人不管而去完成工作吗？

求职者：（略加思索）这种情况我没有遇到过，如果遇到了，我会先选择工作，以工作为重，先做完工作再说。

面试官：假如患病的是你的至亲呢？比如你的父亲、母亲或孩子？

应聘者：对不起，我认为我已经回答了您的问题。

根据以上材料，判断该面试官是否具备充分的面试技巧？如果让你来做面试官，同样的问题，你会如何询问？

解析：很显然，面试官提这样的问题是为了测评应聘者如何看待家庭与工作之间的矛盾，从而体现出应聘者对工作的重视程度。毫不犹豫地说把工作放在第一位其实是不现实的。如果自己的至亲突患重疾，在没有其他亲人可帮忙照顾的情况下，丢下手头的工作是可以理解的。在这里，面试官步步追问，试图将求职者的真实想法问出来，但由于缺乏技巧未能如愿，反而使面试陷入僵局。所以，追问需要技巧。针对前面这个案例，下面的做法是值得肯定的。

面试官：如果你的亲人患病住院，需要你的陪护。而此时公司有一项紧急任务需要你及时完成。你将如何处理？

应聘者：我会毫不犹豫地把工作放在第一位。

面试官：请问，你周围的同事有这样想法的多吗？

应聘者：不清楚，（略停顿）可能不太多吧。

面试官：那么，你认为多数人会怎么做呢？

…………

应聘者说的是他认为比较合理的一种做法。在这里，面试官其实是用了"投射"的原理。当面试问题比较敏感时，面试官应该适当适用投射原理。

（5）以下是某公司的招聘面试经过：

当面试官得知应聘者来自同行业一家倒闭的单位就很感兴趣，马上问："你认为你原来单位倒闭的原因是什么？"应聘者迟疑了一下说"原因很复杂"，心里却思索着，不管是说原单位的业务定位不准，还是说经营策略不当，似乎都不妥，不回答明显也是不可能的。就在这一秒的迟疑中，面试官口气生硬地说："你不说我们怎么知道？"应聘者尽力回答了这个问题。接下来，面试官抓住这个问题继续问："你们单位倒闭后人员去向如何？"应聘者说："单位会为老员工安排去处，新员工自找出路。"面试官沉着声音说："那么说，你是被辞退的喽？"应聘者不知所措。面试官紧接着问："那你这些天都在做什么？"应聘者说自己这两个月一直待业在家。随后面试官说："看来你挺内向的，非得我们问你一句你才答一句。我们的面试到此结束。"

根据以上材料，对面试官的面试技巧作出评价。

解析：案例中的面试官缺乏恰当的面试技巧，表现在以下几方面。1）问题随意性强，没有事先准备；2）没有尽量创建和谐的气氛，咄咄逼人；3）面试目的不明确，作出结论性意见；4）面试问题与要考察的能力素质关系不清晰；5）没有掌握恰当的面试进程；6）对应聘者带有个人偏见。

7. 某外资企业需要招聘一名财会人员。该职位在本企业的月薪酬水平为 12 000 元，企业要求的任职资格是：接受过正规财会教育，有会计证；至少有 1 年以上的相关工作经验；英语口语流利，熟悉专业外语；为人诚实可靠；一周内就可以到岗就职。表 4-3 列出了 4 位求职者的基本情况。

表4-3 求职者基本情况汇总表

姓名	A	B	C	D
性别	女	男	男	女
学历与证书情况	大学本科，注册会计师	大学本科，具有会计证	大学本科，具有会计证	大学专科，具有会计证
工作经历和能力	4年涉外财会业务工作经验，知识丰富，工作能力强	2年涉外酒店财会工作经验，熟悉财会业务	应届毕业生，在大型国有企业实习半年以上，工作能力较强	3年国有企业财会工作经验，工作能力较强
个性特征	老练、灵活	诚实、稳重	诚实、稳重	文静、细心
应聘动机	与现公司同事有矛盾	寻求更好的发展	认同企业文化，认为企业有发展前途	现工作单位离家较远
预测未来发展	能较快适应本公司的财会业务	能较快胜任本公司的财会业务，极具潜力	经过一周的培训后可以上岗，对企业的归属感强	可以立即上岗，能够胜任工作，但是很难获得晋升
最低薪资	15 000 元/月	11 500 元/月	8 000 元/月	6 000 元/月

根据以上材料，回答下列问题：

（1）该企业在人员甄选时应该注意哪些事项。

（2）对应聘者的条件进行分析，说明谁是最佳候选人。

解析：

（1）分析企业的特点和企业提出的任职要求。该企业属于外资企业，因而对英语的口头表达能力和专业英语的熟悉程度的要求比较高。另外，由于企业急于用人，所以最好是能够立即投入工作、经验比较丰富的人员。

根据空缺职位分析所需人员的知识和技能要求。作为财会人员需要具有一定的专业知识和操作技能，而且应该具有较高的职业操守，最好具有诚实、稳重、耐心、细心等特点。此外，财会部门要与各部门沟通，因而要善于与人相处及合作。

（2）具体分析4位应聘者的情况。A与他人不能和谐相处，薪酬要求与企业提供的薪酬水平存在差距，而且可能存在人才高消费，不适宜聘用。C缺乏实操经验，与企业迫切需要用人的要求不符合，不宜聘用。D没有涉外企业的工作经验，对专业英语不熟悉，因而也不宜聘用。B过去虽任职于酒店，但也是涉外工作，且B的求职意愿比较积极。因此，相比之下，最佳候选人应该是B。

8.根据表4-4回答相关问题。

表4-4　某公司招聘活动相关数据

	招聘会	员工推荐	招聘广告	网络招聘
应聘人数（人）	250	50	500	400
接受面试的求职者人数（人）	150	45	400	160
合格的应聘人数（人）	120	40	100	40
实际录用人数（人）	100	30	40	15
总成本（元）	300 000	120 000	200 000	150 000

（1）请计算各种招聘渠道实际录用人员的单位招聘成本。

（2）以上四种招聘方法各有什么特点？

（3）对此次招聘可以得出什么结论？

解析：根据题意整理，见表4-5。

表4-5　该公司各招聘渠道的特点、录用比及单位成本

	招聘会	员工推荐	招聘广告	网络招聘
特点	要做好充分的准备，成本比较低，能充分发挥宣传的作用	可节约成本，而且由于员工了解被推荐人，成功率比较高，可保证应聘人员的质量和可信任度，但可能容易形成裙带关系	影响力大，能够吸引大量求职者，但求职者不一定符合要求。时间效率高，信息发布迅速	成本低，方便迅速，不受时空的限制，方便对求职材料进行管理
录用比	100/250＝40%	30/50＝60%	40/500＝8%	15/400＝3.75%
单位招聘成本	300 000/100＝3 000	120 000/30＝4 000	200 000/40＝5 000	150 000/15＝10 000

结论：不同的招聘方法，其录用比是有差异的，通常录用比越低，所录用人员的质量就越高。此外，单位招聘成本也有区别。在本题中，网络招聘的录用比最低，这说明网络招聘最容易招到高质量的人才。举办招聘会的成本是最低的，但是录用人员的质量不见得很理想。因此，公司在招聘不同人员的情况下应该采用不同的招聘渠道。

9.A计算机网络技术有限公司是一家专门从事软件开发、电子商务、系统集成、计算机产品代理销售的IT高新企业。最近，A公司准备招聘客户经理，主要从事网络产品的推广工作，工作中需要与客户进行沟通。该公司准备采用面试法对应聘者进行甄选。

面试分两轮进行。第一轮是初试，由一位 HR 招聘专员对求职者进行面试，每人面试时间为 10～15 分钟，测评指标如下：仪表良好、言谈举止得体、具有亲和力、普通话标准、性格开朗、对职位了解、表达条理清晰。第二轮是复试，采用结构化面试，面试官根据求职者的应答表现，对其相关胜任素质作出相应的评价。该职位有一个重要的能力指标，即沟通能力，该指标的说明见表 4-6。

表4-6　沟通能力指标说明

能力指标	指标说明
沟通能力	语言简洁，能准确地表达自己的思想；能根据表述内容和沟通对象的特点采取适当的表达方式；在人际交往中，能通过各种途径和线索准确地把握和理解对方的意图，并使别人接受自己的建议和想法

根据以上材料，回答下列问题：

（1）在面试过程中，面试官应注意掌握哪些技巧？

（2）根据上述资料，为"沟通能力"指标设计一个面试问题和评分标准。

解析：

（1）面试官应注意掌握的面试技巧：准备充分；灵活提问；多听少说；善于提取要点；进行阶段性总结；排除各种干扰；不带有个人偏见；在倾听时注意思考；注意肢体语言信息；营造和谐的面试气氛。

（2）评分标准。提出的问题是行为性问题。所设计的问题应针对沟通能力，与指标说明的内容密切相关。所设计的评分标准应针对沟通能力的指标内容，评分等级数量不少于 3 个。各评分等级之间要有明显的区别，易于评定。每个评分等级要有相应的分值。限定回答问题的时间。问题与评分标准示例见表 4-7。

表4-7　问题与评分标准示例

问题： 在与他人的交往中，你遇到过令你感到非常尴尬的事情吗？你通常如何处理？回答时间为 5 分钟		
等级	评分标准	分值
A 级	例子真实，处理得当，化尴尬于无形，沟通能力强	10
B 级	例子真实，勉强处理好，沟通能力较强	8
C 级	善于避免尴尬环境，沟通能力一般	6
D 级	难以处理该类事情，沟通能力弱	4

10. 某年 4 月，某公司因生产经营需要向社会公开招聘下列人员：管理人员 60 名、销售人员 200 名、生产工人 240 名，共计 500 名。根据有关部门预测，新招的员工将为公司创造 40 050 000 元的收入。招聘相关资料见表 4-8。

表4-8 人员招聘相关资料统计表

指标	人员分类（人）		
	管理人员	销售人员	生产工人
应聘人数	245	500	300
录用人数	60	200	240
	招聘费用（元）		
实际招募费用	24 000	24 600	22 500
实际甄选费用	20 400	26 400	22 300
实际录用费用	6 000	6 000	8 000

（1）计算招聘管理人员、销售人员、生产工人的单位成本，并进行比较分析。

（2）计算招聘收益成本比，并进行招聘收益与成本分析。

解析：

（1）招聘的单位成本＝实际招聘费用／录用人数

招聘管理人员的单位成本＝（24 000＋20 400＋6 000）/60 ＝ 840（元／人）

招聘销售人员的单位成本＝（24 600＋26 400＋6 000）/200 ＝ 285（元／人）

招聘生产工人的单位成本＝（22 500＋22 300＋8 000）/240 ＝ 220（元／人）

其中，招聘管理人员的单位成本最高，为840元／人；招聘生产工人的单位成本最低，为220元／人。

（2）招聘收益成本比＝所有新员工为公司创造的总价值／招聘总成本

＝ 40 050 000 ／［（24 000＋20 400＋6 000）＋（24 600
＋26 400＋6 000）＋（22 500＋22 300＋8 000）］

＝ 40 050 000/160 200 ＝ 250

由以上计算结果可以看出，所有新员工为公司创造的价值是招聘总成本的250倍，说明本次招聘工作比较成功。

第五章　培训与开发

第一部分　知识点回顾

一、培训概述

（一）培训中的学习原理

1. 学习与学习迁移

从行为的角度界定，学习是指通过经历体验而导致的持续的行为改变。学习迁移是指学习会在其他场合通过行为表现出来。有效的学习或者培训不仅能提高学员的学习效果，而且能把学习效果迁移到工作中去，对工作行为和工作绩效产生积极影响。

学习迁移有正迁移和负迁移之分。正迁移是指一种学习对另一种学习起到积极的促进作用。比如幼儿教育中，父母在陪孩子拼装玩具车的过程中培养孩子的专注力、抗挫折能力，在孩子学习文化知识时能发挥作用。负迁移是指一种学习对另一种学习的阻碍效果。

知识点考核方式

学习正迁移对培训有促进效果；学习负迁移对培训有阻碍效果。

答题思路：可利用学习正迁移理论，把培训项目设计得有趣且简单易行。

例题

【综合题】新兵军训的训练内容比较简单：整理内务（叠被子、把东西摆放整齐）、齐步走、向右转等。试运用学习迁移理论解释这种训练的深刻用意。

解析：新兵军训是运用正迁移原理设计的典型培训项目。

整理内务、齐步走、向右转等新兵日常生活琐事和简单指令，被要求按规定每日做好。经3个月的重复训练，新兵遵守纪律的品质就会在潜移默化中培养出来。而这种遵守纪律的品质在军事战斗中是衡量战斗力的一项重要指标。

2. 学习立方体模型

学习立方体模型是欧洲学者费奥和博迈森提出的，是学习和培训过程中广泛应用的学习理论。在如图 5-1 所示的三维模型中，横轴代表学习（培训）内容的实践性，越接近原点，表明学习内容越抽象化和理论化；反之越具体化，实践性越强。纵轴代表学习进程的交互性，越接近原点，表明越少与他人交流、切磋、讨论，更多的是个人独立钻研；反之则表明学习时与他人交流、切磋、讨论得越多。立轴代表学习的自主性，越接近原点，表明学习中外界的指导与讲授越多；反之则表明学习主要通过个人探索进行。图中 D 点的学习效果最佳。

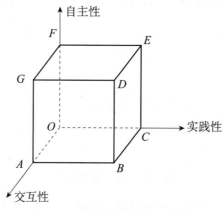

图 5-1 学习立方体模型示意图

依据学习立方体模型原理，为提升学习效果，人们在学习、设计教学、设计培训时要理论联系实际、注重练习和实践，以提升实践性；要加强师生之间、学员之间的互动及讨论，以增强学习的交互性；要运用各种教学方法激发学习者的积极性和学习兴趣，以提升学习者学习的自主性。

知识点考核方式

依据学习立方体模型原理设计培训项目以提升培训效果。

答题思路：深刻领会学习立方体模型原理，要想提升培训效果，应尽可能提升培训项目的实践性、交互性、自主性。

例题

【综合题】企业培训中会有一些约定俗成的惯例，比如：（1）企业培训一般不会长篇大论地只讲理论，而是在培训过程中结合适当的实践、应用等环节；（2）除了新员工职前培训宣讲公司相关制度以及企业发展史等内容时采用大教室座次，其他大多数培训都是按组来安排座次，一张圆桌或方桌四周摆放座椅；（3）精心挑选甚至培训培训师（train the trainer，TTT），或从企业外部高薪聘请培训师。试分析这些培训惯例蕴含着什么学习理论。

解析：这些培训惯例蕴含着学习立方体模型原理。按照学习立方体模型原理，实践性、交互性、自主性都强的培训活动或者学习活动，效果最佳。上例中（1）是为了提升实践性；（2）是为了提升交互性，按桌来坐方便组内成员互动；（3）是为了提升自主性，优秀的培训师有培训技巧，能够激发被培训者主动学习的积极性。

3.学习高原现象

学习高原现象是指学员在学习的初期会因掌握并运用新的知识与技能而表现出明显的进步，但随后的一段时间常常表现为停滞不前，如图 5-2 所示。

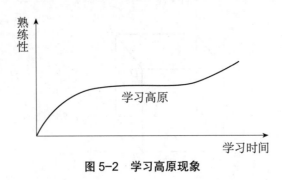

图 5-2　学习高原现象

有研究认为，已经学会如何学习的人有两个特点：一是能够控制自己的学习进程；二是具有一些关键的学习能力。

具有自我控制能力的人，将学习看作基于内在需要的自觉行为。通常，他会有个人的学习和培训计划，并严格执行。在学习中，他懂得如何学才能学得最好，才能达到预先设定的学习目标。

在学习进程中，为避免停滞不前的学习高原现象，在具有自我控制能力的同时，还要具有关键的学习能力。这些能力包括渴望学习的习惯，自我激励，使用信息资源的能力，交流沟通能力，解决问题的能力，抽象思维的能力，为学习作出计划、制定目标的能力，知道自己如何能学得更好的能力。

知识点考核方式

学习高原现象理论对舒缓被培训者瓶颈期遇到的心理压力、增强信心有益。
答题思路：
（1）当我们学习某项技能或接受某项培训时，随着时间的推移，会出现瓶颈期。
（2）当组织培训时，如果发现学员遇到瓶颈期而有心理压力，也可以据此疏导。

例题

【综合题】企业在组织培训时经常会发现学员学到一定程度遇到瓶颈，此时，被培训者失去信心，情绪不佳。遇到这种情况时企业该怎么办？

解析：从理论上说明这是学习高原现象，是正常的，鼓励学员挺过这段时期。

（二）培训与开发

培训与开发是向新员工或现有员工传授成功完成本职工作所需的基础知识、技能和工作态度的过程。

培训与开发通过提高员工的能力来提升员工的绩效，进而提高企业的整体绩效；实施主体都是企业，接受者都是企业内部的员工；两者使用的一些方法也是一样的。但二者也存在一定的区别（见表5-1）。

表5-1　培训与开发的区别

项目	培训	开发
侧重点	当前	将来
工作经验的应用程度	低	高
目标	着眼于当前工作	着眼于未来变化
参与	强制	自愿

资料来源：雷蒙德·诺伊.雇员培训与开发：第6版.北京：中国人民大学出版社，2015.

在现实中，大部分组织不会刻意区分培训与开发这两个概念，往往使用广义的培训概念，即在讨论培训问题时把开发的内容也涵盖进去。

在现代市场环境中，培训活动对于企业赢得竞争优势和保持长期可持续发展都有至关重要的作用。这些作用主要表现在：（1）培训有助于改善组织绩效，帮助组织赢得竞争优势；（2）培训有助于塑造良好的组织文化；（3）培训是吸引、保留和激励员工的一种重要手段。

近年来，国内企业对培训工作日益重视，资金和人力投入逐年增加，培训管理工作的专业化水平日益提高。很多企业建立了自己的培训机构，通过面授、认证考试、虚拟课堂或网上学习、基于智能手机或平板电脑等移动设备的移动学习等多种方式提供种类繁多的培训课程。

二、培训的过程

培训应按照一定的程序开展，如图5-3所示。

（一）培训需求分析

1.培训需求分析的目的

培训需求分析旨在了解企业需要什么样的培训，哪些人需要接受培训，并建立培训标准，以便评估培训效果。

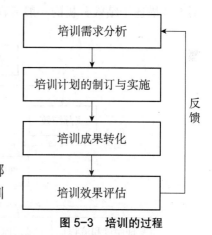

图5-3　培训的过程

2.培训需求分析的层面

可从组织层面、任务层面、个人层面分析培训需求：（1）组织分析是了解组织特性，从而确定培训的重点以及培训实施的过程；（2）任务分析是指系统地收集特定职位的相关资料，确定为达到理想的工作绩效员工应该接受的培训内容；（3）人员分析的主要目的之一就是判断员工绩效不佳到底是因为知识、技能或能力不足，还是由于工作动力不够，抑或是职位设计或其他方面存在问题，即培训是不是解决员工绩效不佳的有效手段。人员分析还有另外两项重要内容，即确认哪些员工需要接受培训，这些员工是否做好了接受培训的准备。

3. 培训需求分析的方法

（1）观察法。观察法是通过到工作现场观察员工工作表现，发现问题，获取信息数据。进行现场观察时不应干扰工作者的正常工作，注意隐蔽。观察法不适合对技术要求高的复杂工作。

（2）访谈法。访谈法是通过与被访者面对面地交谈来获取培训需求的信息。访谈法需要专门的技巧，在访谈之前，一般要对访谈人员进行培训，准备全面的访谈提纲；访谈时要营造融洽、相互信任的访谈气氛。

（3）问卷调查法。问卷调查法是以标准化的问卷形式列出一组问题，要求被访者就问题打分或作出选择。当需要进行培训需求分析的人员较多且时间较为紧张时，可以精心准备一份问卷，发放给被访者填写，也可以在进行面谈和电话访谈时由访谈人员填写。

（4）关键事件法。关键事件是指那些对实现组织目标起关键性积极作用或消极作用的事件，如获取重要大客户、重要客户流失、产品交货期延迟、事故数量过多等。关键事件的记录为培训项目分析提供了方便和有意义的消息来源。关键事件法要求管理人员记录员工工作行为中的关键事件，包括导致事件发生的原因和背景、员工特别有效或失败的行为、关键行为的后果，以及员工能否控制行为后果等。

（5）经验预计法。有些培训需求具有一定的通用性或规律性，可以凭借丰富的管理经验预计。对于预见到的培训需求，可在需求发生之前采取对策，这样既避免了当需求临时出现时给培训工作带来的压力，又防止了可能由于缺乏培训而带来的损失。

（6）绩效分析法。培训的最终目的是改进工作绩效，缩小或消除实际绩效与期望绩效之间的差距，因此对个人或集体的绩效进行考核可以作为分析潜在需求的一种方法。图 5-4 描述了绩效分析的一般流程。运用绩效分析法需要集中把握以下四个方面：将明

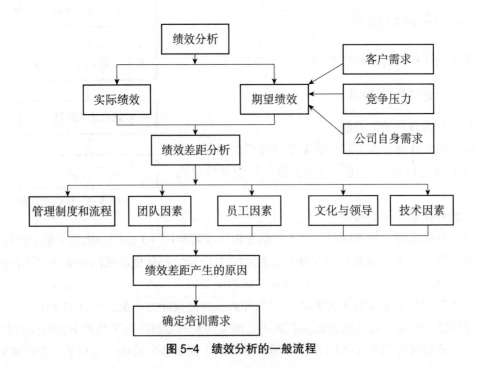

图 5-4　绩效分析的一般流程

确规定并得到一致同意的标准作为考核的基线；重点关注期望达到的绩效；确定未达到理想绩效水平的原因；确定通过培训是否能够达到理想的绩效水平。

（7）头脑风暴法。在实施一项新的项目、工程或推出新产品之前需要进行培训需求分析，这时可将一群合适的人员集中在一起共同工作、思考和分析。在公司内部寻找那些具有很强分析能力的人作为头脑风暴小组的成员。公司外部的有关人员，如客户或供应商，也可以参加。组员以5～7人为宜，讨论时间通常为1～2小时，在讨论过程中不允许对任何意见或观点提出批评。

（8）基于胜任素质模型的培训需求分析法。胜任素质模型是区分卓越绩效和一般绩效的知识、态度、技能的组合。通过对照该职位的胜任素质模型，可以确定培训要达到的目标。

（二）培训计划的制订与实施

1. 培训计划的制订

培训计划的内容一般需要涵盖6W2H，如图5-5所示。

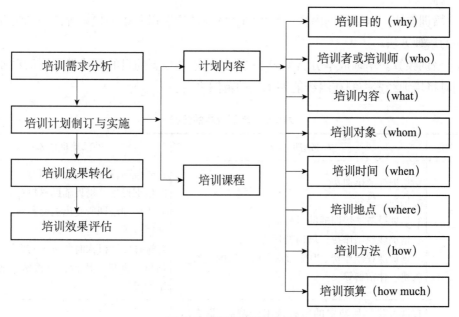

图5-5　培训计划的内容

（1）培训计划的类型。从培训的时间跨度来看，培训计划可以分为中长期培训计划、年度培训计划和单项培训计划。一般而言，中长期培训计划主要阐明一个组织的培训理念、培训政策、培训方针或原则以及培训工作的发展方向。年度培训计划则是对整个组织在一年当中的主要培训活动安排和培训开支计划。单项培训计划主要是针对某次培训活动或某个培训项目所做的规划，可操作性很强。

（2）培训计划的内容。

1）培训目的。培训目的和目标指明了培训工作或培训活动需要达到的总体效果和具体效果，目的越清晰，目标越具体，对于培训效果评估工作的开展就越有利，有些组织甚至直接在培训计划中列明培训所要达成的可衡量的效果。

2）培训者或培训师。为了确保培训的有效性，一方面，培训者必须在培训主题方面具有足够的知识，同时具有丰富的培训经验并掌握一定的培训技巧；另一方面，培训者必须具有良好的个人品质和人格特点，同时具有出色的沟通、协调等方面的能力。很多组织非常重视建立内部专职和兼职的培训师队伍，并且开设专门的培训课程。

3）培训对象。培训计划的一项重要内容是确定被培训者。

4）培训时间。培训时间主要取决于一个组织经营活动的特点和其他具体情况。比如，很多企业会选择在生产淡季实施培训计划，有些组织则采取定期集中的方式对管理人员进行培训。

5）培训地点。培训地点的选择主要服从于培训的目的、培训方法的要求等。比如，一些组织为了避免在公司办公地点对管理人员进行培训可能对被培训者造成干扰，会将培训地点选择在远离工作场所的郊区度假村或会议中心。如果培训要使用公司的某种机器设备，则培训必须在公司举行。

6）培训内容。明确被培训者到底需要培训什么，是知识缺乏还是技能欠缺，或者是工作行为需要修正。

7）培训方法。依据培训内容、被培训者的具体情况以及培训预算等方面的情况，选择合适的培训方法。

8）培训预算。培训成本分类见表5-2。做好培训预算的目的是确保培训活动顺利进行，同时将培训经费控制在组织能够承受的范围之内。

表5-2　培训成本的分类

成本分类	内部培训成本	外部培训成本
直接成本	1. 培训师的培训费 2. 场地租赁费 3. 培训设备、培训辅助材料费 4. 培训课程制作费、培训教材费、资料费 5. 培训课程制作费，为参加培训所支出的交通费、餐费、住宿费等	1. 外包项目合同约定费用 2. 培训设备、培训辅助材料费 3. 为参加培训所支出的交通费、餐费、住宿费等 4. 选择培训机构时所发生的费用，包括估价、询价、比价、议价费、通信联络费等
间接成本	1. 课程设计所花费的所有费用，包括工资支出、资料费及其他费用 2. 学员的工资福利等 3. 因参加培训而减少日常在岗工作造成的机会成本 4. 培训管理人员及办事人员的工资、交通费、通信费等 5. 一般培训设备的折旧和保养费	1. 学员、辅助培训人员的工资 2. 培训的管理、监督费 3. 其他相关费用

资料来源：刘正君，温辉. 员工培训与开发. 北京：中国人民大学出版社，2018.

2.培训计划的实施

培训计划实施的整个过程都需要跟踪和监控，以及时发现并解决培训计划 6W2H 中出现的问题。比如，发现外聘培训师方言很重，被培训者听不清授课内容，此时就需要培训组织者及时终止培训，另外选择普通话比较标准的培训师。

此外，为保证培训效果，培训计划实施过程中还需做好以下几项工作：

（1）必须为被培训者提供有意义的培训内容和材料以及多样化的培训方法。

（2）必须使被培训者在培训过程中有练习的机会。

（3）必须使被培训者在学习中有获得反馈和强化的机会。

（三）培训成果转化

培训成果转化是指将在培训中学到的知识、技能和行为应用到实际工作中的过程。

1.培训成果转化的模型

图 5-6 展示了一个培训成果转化过程的模型。在该模型中，培训成果转化包括将培训内容推广到工作中，也包括对所学内容的维持。推广是指被培训者将所学技能应用于现实工作中的过程；维持是指长时间应用新获得的技能的过程。

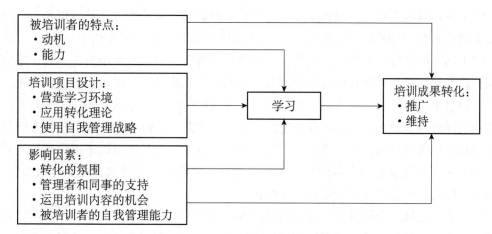

图 5-6　培训成果转化过程的模型

资料来源：雷蒙德·诺伊.雇员培训与开发：第 6 版.北京：中国人民大学出版社，2015.

2.培训成果转化的工作环境

被培训者的培训成果转化水平会受到培训成果转化的氛围、管理者的支持、同事的支持、运用培训内容的机会以及被培训者的自我管理能力等多方面因素的影响。

（1）培训成果转化的氛围。表 5-3 列举了一些有利于培训成果转化的环境特征。

表5-3　有利于培训成果转化的环境特征

环境特征	举例
主管和同事鼓励被培训者使用培训中获得的新技能和行为方式，并为其设定目标	刚接受过培训的员工与主管和其他员工共同讨论如何将培训成果应用到工作中

续表

环境特征	举例
任务提示：被培训者所从事的工作的特点推动或者提醒被培训者运用在培训中获得的新技能和行为方式	对被培训者的工作进行重新设计，使他们能够将培训中所学到的技能应用到工作中
反馈结果：主管支持被培训者运用培训中获得的新技能和行为方式	主管关注那些在实际工作中运用新技能的员工，并针对他们的工作表现提供反馈
免受惩罚：不能因被培训者运用了在培训中所学到的新技能和行为方式而受到打击	刚刚接受完培训的员工运用培训中学到的新技能失败时，不责备他们
外在强化结果：被培训者因为运用了在培训中所学到的新技能和行为方式而得到外在奖励	刚刚接受完培训的被培训者如果能够成功地将培训内容加以运用，会得到加薪奖励
内在强化结果：被培训者因为运用了在培训中所学到的新技能和行为方式而得到内在奖励	对那些在工作中按照培训要求去做的被培训者予以表扬

资料来源：雷蒙德·诺伊.雇员培训与开发：第6版.北京：中国人民大学出版社，2015.

（2）管理者的支持。管理者的支持是指被培训者的上级管理者能够认识到让下属参加培训的重要性，同时重视督促员工将培训内容运用到他们的实际工作中。

（3）同事的支持。由两名或两名以上的被培训者自愿组成一个小群体，通过定期会面来讨论在培训成果转化方面取得的进展。会面的方式既可以是面对面的会议讨论，也可以是通过电子邮件进行的沟通。组织还可以通过编印时事通讯的方式让大家知道被培训者是怎样处理各种培训成果转化问题的，比如，刊载对某位在培训成果转化方面较为成功的被培训者进行的访谈，将其分发给其他被培训者。组织还可以考虑让参加过同样的培训并且工作经验更为丰富的员工给被培训者做导师，向被培训者提供建议和支持，告诉他们应当怎样将培训成果成功地应用于工作中。

（4）运用培训内容的机会。运用培训内容的机会受工作环境和被培训者的动机两方面因素的影响。要想让被培训者运用培训中所学习到的内容，途径之一是安排他们从事那些需要运用所学内容的工作或解决相关问题。在这方面，被培训者的上级通常起关键作用。此外，运用培训内容的机会还取决于被培训者是否愿意承担培训成果转化的责任，即是否愿意积极承担能够运用刚刚获得的新技能的工作任务。

（5）被培训者的自我管理能力。组织的培训系统还应该为被培训者在工作中运用新技能和采取新行为方式做好自我管理方面的准备。在培训过程中就应当让被培训者制定在工作中运用培训内容的目标，明确在何种条件下可能无法达到既定目标，说明运用新技能和采取新行为方式的积极后果和消极后果，确定监督新技能和新行为方式运用过程的方案。此外，被培训者本人也应当明白，在运用培训内容的过程中难免会遇到一些困难，不能轻易放弃转化培训成果的努力。在很多时候，由于被培训者的同事或上级不能对被培训者运用培训内容的行为给予奖励或提供反馈，被培训者就需要创建一个自我奖励系统，并请同事和上级提供反馈。

（四）培训效果评估

1. 培训效果的衡量

最为人所知和广泛应用的培训效果评估模型，是美国人力资源管理专家唐纳德·柯克帕特里克于 1959 年在其博士论文中提出的四个层次的评估模型，这个模型也称为柯氏评估模型。四个层次的培训效果评估如下：

（1）反应层培训效果评估，指评估被培训人员对培训的印象，对培训是否满意。可以采用问卷调查法、访谈法、座谈法等方式，培训结束后即可进行。

（2）学习层培训效果评估，指评估被培训人员对培训内容的掌握程度，他们在接受培训以后知识和技能是否有所提高以及有多大程度的提高。学习层培训效果的评估可以采取考试法、演讲法、讨论法、角色扮演法、实际操作等方式，培训结束后即可进行。

（3）行为层培训效果评估，指评估被培训人员在接受培训后工作行为的变化，也可以看作对学习成果的运用，在工作中是否改进了以前的行为，是否运用了培训的内容。行为层培训效果评估实际上评估的是知识、技能、态度的迁移，可以采用 360 度反馈的方法，即让同事、下属、上级共同评估其行为。下属评估参加过领导力培训的上级的行为所运用的评估例表见表 5-4。

表5-4　行为评估例表

和半年前比	5. 非常符合	4. 比较符合	3. 一般	2. 有些不符合	1. 一点也不符合
经理对我的工作有了更多的了解	5	4	3	2	1
经理明显注意到我的工作成绩	5	4	3	2	1
经理更多地安排能发挥我特长的工作	5	4	3	2	1
经理让我更多地了解他对我的工作期望	5	4	3	2	1
经理更加频繁地和我讨论我的工作表现	5	4	3	2	1
经理更多地让我表达我的想法和意见	5	4	3	2	1
经理更加关注我的发展	5	4	3	2	1
经理更能帮助我提高	5	4	3	2	1

（4）结果层培训效果评估，指评估被培训人员行为方式的改变或者企业绩效的改善，即经过培训，员工和企业的绩效是否得到了改善和提高。常用的评估指标见表 5-5。

在柯氏评估模型中，四个层次的培训效果评估在评估侧重点、评估方法、评估时间和评估负责人等方面皆有不同（见表 5-6）。

表5-5 结果层培训效果评估项目及评估指标

主管/管理培训	销售培训	客户关系培训
产量的增加 缺勤和怠工的减少 成本的下降 离职率的降低 员工建议数的增加 士气和员工态度的改变	销售量 平均销售规模 销售累计	订单的准确性 订单大小 每日交易数目 失去的顾客数 顾客投诉

表5-6 四个层次培训效果评估的比较

层次	评估侧重点	评估方法	评估时间	评估负责人
反应层	衡量学员对具体培训课程、讲师与培训组织的满意度	问卷调查、面谈观察、综合座谈	课程结束时	培训单位
学习层	衡量学员对培训内容、技巧、概念的吸收与掌握程度	提问法、笔试法、口试法、模拟练习与演示、角色扮演、演讲、心得报告与文章发表	课程进行时课程结束时	培训单位
行为层	衡量学员在培训后的行为改变是否由培训所致	问卷调查、行为观察、访谈法、绩效评估、管理能力评鉴、任务项目法、360度评估	三个月或半年后	直接主管
结果层	衡量培训给公司的绩效带来的影响	个人与组织绩效指标、生产率、缺勤率、离职率、成本-收益分析等；客户与市场调查；360度满意度调查	半年或一年后	单位主管

资料来源：任康磊.培训管理实操：从入门到精通.北京：人民邮电出版社，2019.

2.培训效果的评估方案

为了对培训效果进行评估，可以采用以下几种评估方案。

（1）事后评估。在这种评估方案中，评估者只需在培训完成之后收集培训效果方面的信息即可，在培训之前并不进行相关的评估。这种评估方式简单易行，但缺点也非常明显，即无法判断培训到底对员工的知识、技能、行为以及组织层面的绩效产生了多大的影响，无法反映相关绩效的改进程度。当然，如果能加上一些与被培训者高度相似但是没有参加培训的员工作为对照组或控制组，就能够通过对比被培训员工和未参加培训员工的行为、技能或绩效对培训的效果作出判断。

（2）事前-事后评估（有对照组）。这种方法是对一组被培训员工（即实验组）与另外一组没有接受培训的员工（即对照组）的绩效进行对比。为了收集培训效果方面的信息，需要在培训之前和培训之后分别对这两个小组进行测试。如果评估结果表明，实验组中的成员在绩效改进方面所取得的进步明显大于对照组中的成员，则说明培训确实促进了被培训者绩效的改进。

（3）事前－事后评估（无对照组）。这种评估方案的设计与第二种方法类似，但是存在一个显著的区别，那就是它没有使用对照组。这种不使用对照组的做法会导致评估者很难排除外部条件或其他非培训因素对被培训者的绩效所产生的影响。当一个组织想对某一培训项目进行评价，但是又不愿意让一部分员工被排除在培训项目之外时，往往采用这种评估方案。这是因为如果要设置一个对照组，就必须使一部分员工不参加培训。另外，当组织仅需要对一小部分员工进行培训时，也可能使用这种简单的培训效果评估方案。

（4）时间序列法。在时间序列法中，评价者要在培训之前以及培训之后的一段时间里，按照一个既定的时间间隔来收集培训效果方面的信息。在进行时间序列评价时，同样可以使用对照组。这种培训效果评估方案的优点之一是：它使得评估者能够分析培训效果在一段时间内的稳定性。在评估一些会随着时间发生变化的可观察的结果（比如事故率、生产率以及缺勤率）时，经常会用到这种评估方案。

知识点考核方式

辨析企业培训案例中出现的问题并给出改进对策和建议。

答题思路：

（1）掌握培训过程的四个步骤：培训需求分析、培训计划的制订与实施、培训成果转化、培训效果评估。

（2）了解每个步骤对应的一些知识点，提纲如下：

1）培训需求分析要从组织、任务、个人这三个层面，运用诸如头脑风暴法、问卷调查法、访谈法等多种方法确认真实客观的培训需求；

2）制订培训计划时看 6W2H 是否出现了问题，要对培训实施过程实时监控，及时发现问题并及时解决；

3）培训成果转化会受到培训成果转化的氛围、管理者和同事的支持、运用培训内容的机会、被培训者的自我管理能力等因素的影响；

4）培训效果评估可以按照柯氏评估模型中的反应层、学习层、行为层、结果层这四个层次来进行。

例题

【案例分析题】两家企业中层管理人员的培训比较

材料 1　A 企业是山西某煤矿集团，坐落于一个地级市内。虽然集团发展势头和效益都不错，但中层管理人员亟须接受管理培训。因为多数中层管理人员是从普通工人提拔上来的，他们虽有一定的管理经验和业务能力，但学历低，没接触过现代管理理论与方法，在管理工作中常常力不从心。公司高层领导决定对这些管理人员进行管理培训，遂与天津一家知名高校签署了合作协议，由该高校挑选优秀教师在校内对 A 企业的中层管理人员分批培训，被培训人员培训期间住在合作高校（天津市）内，进行全日制学习，为期1年。但第一批结束时，几乎所有被培训人员都留在天津工作，不再回山西A公司工作。

被培训人员在培训前与公司签署了培训协议，但他们宁愿违约赔偿也要留在天津，天津聘用他们的公司开出了优厚的条件，诸如：帮助偿还需支付给A公司的违约金、解决天津市户口、解决子女在天津市中小学的入学问题、薪酬比原来高出数倍等等。因为这些有着丰富管理经验的人才在接受了一年的脱产管理培训后相当于货真价实的MBA，有猎头公司和多家用人单位抛来橄榄枝也是正常的。有些被培训人员反馈说，自己对A公司是很有感情的，并不想离开，但主要是为了孩子将来在天津就学、高考，而高薪并不是违约离职的最主要原因。

对A企业来说，这无疑是个失败的培训项目，正所谓"赔了夫人又折兵"。

材料2 河北移动公司早年从河北邮政剥离出来时经历了快速发展阶段，很多县市级经理都是从基层提拔上来的，学历低，但经验丰富。当时，河北移动公司亟待对这些中层管理人员进行管理理论和方法的培训。河北移动公司从北京选择了一家合作高校，利用周末把全省需要培训的县市级经理集中在保定某酒店，北京某高校的培训教师前来做培训。每学完一门课，经考核合格就可修得相应学分，待所有课程考核及格并通过论文答辩后，被培训人员可以获得该高校颁发的在职MBA学位证书。此外，河北移动公司还不定期为这些被培训人员聘请知名培训师来保定培训。

对河北移动公司来说，中层管理人员的管理技能培训项目达到了预期的培训目标。

思考题：相较于河北移动公司来说，A企业培训项目失败的原因是什么？

解析：从培训过程的四个步骤来看，问题主要出在第二步培训计划的制订与实施，具体体现在6W2H中的1个W（Where）和1个H（How）上。一个W（Where）指地点不该设在天津，而应该像河北移动公司那样，把天津合作高校的老师接到山西，就能规避被培训人员流失的问题；一个H（How）指是指培训的方式方法，对A公司的被培训人员来说，不该采用长期脱产培训，而应采用类似于河北移动公司的周末班等短期集中授课形式，这样既不耽误工作，又不必过分担心培训后被培训人员会跳槽。

三、职业生涯概述及职业测评工具介绍

（一）职业的定义

职业是指人们在社会生活中所从事的，利用专门的知识和技能，为社会创造财富，同时获得物质报酬作为自己主要物质生活来源的工作。

（二）职业生涯的定义

格林豪斯认为职业生涯是贯穿一个人整个生命周期的与工作相关的经历的组合。中国职业规划师协会认为，所谓职业生涯，是指人的一生中的职业历程。职业生涯分为两个方面：外职业生涯（对外在职场而言）和内职业生涯（对个人自身而言）。

（三）职业生涯阶段的划分

职业生涯阶段尚无统一的划分方式，表5-7列出了大多数人认可的职业生涯四个阶段。

表5-7 职业生涯阶段

	探索期	建立期	维持期	衰退期
发展任务	确定兴趣、能力，让自己与工作匹配	晋升、成长、安全感，生涯类型的确立	维持成就感，更新技能	退休安排，改变工作与非工作之间的平衡
活动	协助、学习、遵循方向	独自作出贡献	训练、帮助、政策制定	退出工作
身份	学徒	同事	导师	顾问
年龄	30岁以下	30～45岁	45～60岁	60岁以上
专业资历	2年以下	2～10年	超过10年	超过10年

（四）职业测评工具

职业测评工具主要有两类：一类是人格测试，也称个性测试，主要用于测量个人在一定条件下经常表现出的相对稳定的性格特征，如兴趣、爱好、态度、价值观等。常用的人格测试工具有：艾森克人格问卷（EPQ）、迈尔斯－布里格斯类型指标（MBTI）等。另一类是职业兴趣测试，主要测量个体对某种特定事物或从事某种特定活动的心理态度和情绪。常用的职业兴趣测试工具有：库德职业兴趣调查表（Kuder Occupational Interest Survey，KOIS）、霍兰德职业偏好量表（Holland Vocational Preference Inventory）、斯特朗－坎贝尔兴趣量表（Strong-Campbell Interest Inventory，SCII）等。

第二部分 习 题

一、单项选择题

1.关于管理能力型职业生涯锚的说法，错误的是（　　　）。

　　A.追求一般性的管理工作，且责任越大越好

　　B.强调实际技术／职能等业务工作

　　C.具有强烈的晋升动机

　　D.具有分析能力、人际沟通能力和情绪控制能力的强强组合等特点

2. MBTI 人格类型测试从四个两极性的维度来测试人的行为风格，其中反映获取信息的方式的维度是（　　）。

    A. 外倾－内倾　　　　B.感觉－直觉　　　　C.理性－情感　　　　D.判断－感知

3. 霍兰德的职业兴趣理论认为，有一类人的基本人格倾向是：冒险、乐观、自信、精力充沛、有野心，看重政治和经济方面的成就，喜欢追求财富、权力和地位，喜欢与人争辩，喜欢说服别人接受自己的观点。这类人的职业兴趣类型属于（　　）。

    A. 研究型　　　　　B. 企业型　　　　　C. 艺术型　　　　　D. 现实型

4. 关于在职培训对企业和员工产生的影响的说法，错误的是（　　）。

    A. 接受特殊在职培训较多的员工通常离职动机更强

    B. 企业在衰退时期也会尽可能避免解雇受过大量特殊在职培训的员工

    C. 接受一般在职培训较多的员工更容易在其他企业中找到工作，因为流动更容易

    D. 劳动者年纪越大，对在职培训进行投资的意愿往往越弱

5. 具有分析能力、人际沟通能力和情绪控制能力的强强组合特点的职业锚，属于（　　）。

    A. 自主／独立型　　　　　　　　B. 创造／创业型

    C. 管理型　　　　　　　　　　　D. 技术／职能型

6. 关于在职培训的说法，错误的是（　　）。

    A. 企业承担在职培训的全部成本，并获得全部收益

    B. 在职培训属于人力资本投资的一种

    C. 在职培训对企业和劳动者的行为都会产生影响

    D. 大多数在职培训都是以非正式的形式完成的

7. 关于学习型组织的说法，错误的是（　　）。

    A. 要求员工只获取与本职工作有关的知识和技能

    B. 要求员工持续获取知识，致力于持续学习和终身学习

    C. 鼓励员工共享知识

    D. 重视每一位员工的潜能开发及身心健康

8. 企业与员工约定 5 年的培训服务期，培训费用实际支出为 5 万元，该员工在服务 3 年之后辞职，则员工支付的经济补偿最多不超过（　　）。

    A.1 万元　　　　　B.2 万元　　　　　C.3 万元　　　　　D.5 万元

9. 对企业和员工双方都有约束，又能使双方共同获利，能够满足这种要求的是（　　）。

    A. 特殊培训，成本和收益都由企业承担

    B. 企业承担培训成本，员工获得培训收益

    C. 一般培训，成本和收益都由员工承担

    D. 企业和员工共同分担培训成本，分享培训收益

10. 关于培训与开发效果评估的结果评估的说法，错误的是（　　）。

    A. 它是培训与开发效果评估中组织高管层最关心的内容

    B. 它是培训与开发效果评估中最重要的内容

    C. 它重点评估被培训人员对培训与开发的主观感受和看法

D. 它是最具有说服力的培训与开发效果评估指标

11. 根据霍兰德职业兴趣理论,具有聪明、理性、细致、喜欢批评等特点,偏好对各种现象进行观察、分析和推理的人属于（　　　　）人格。

    A. 现实型   B. 常规型   C. 研究型   D. 社会型

单项选择题参考答案

1. B。管理能力型的特征包括追求一般性的管理工作,且责任越大越好;具有强烈的晋升动机,以提升等级和收入作为衡量成功的标准;具有分析能力、人际沟通能力和情绪控制能力的强强组合等特点;对组织有很大的依赖性。选项 B 是技术 / 职能能力型的特点。

2. B。MBTI 人格类型测试（Myers-Briggs Type Indicator）从四个两极性的维度（外倾－内倾、感觉－直觉、理性－情感、判断－感知）对人的行为风格进行测试,四个维度分别反映了一个人注意力的集中方向（外部世界还是内部世界）、获取信息的方式（通过感觉和经验,还是通过想象和抽象性思维）、处理信息和作出决策的方式（主要依赖逻辑关系,还是事物对自己和他人的价值和重要性）、通常表现出来的对待外界的方式（是判断性的、有计划的、有目的的,还是灵活的、好奇的、容易冲动的、适应性强的）。

MBTI 是由美国心理学家凯瑟琳·库克·布里格斯和她同为心理学家的女儿伊莎贝尔·布里格斯·迈尔斯,根据瑞士著名心理分析学家荣格的心理类型理论和她们对人类性格差异的长期观察及研究编制而成的人格测试问卷。经过几十年的研究和发展,MBTI 已经成为应用较为广泛的人格测试问卷,应用领域包括自我了解和发展、职业发展和规划、组织发展、团队建设、管理和领导力开发等多个方面。

MBTI 的理论基础是心理类型理论。按照荣格的理论,由于人格类型的不同,每个个体都从自己的人格类型出发来看待与认识事物,形成对事物的不同看法与观点,从而导致不同的行为。荣格通过临床观察和心理分析得出个体间差异的三个维度:精神能量指向,外倾（extraversion）－内倾（introversion）;信息获取方式,感觉（sensing）－直觉（intuition）;决策方式,理性（thinking）－情感（feeling）。基于荣格的理论体系,布里格斯和迈尔斯在这三个维度的基础上补充了一个新的维度——与外界互动的方式,判断（judging）－感知（perceiving）。基于这样的理论基础,人格测量工具 MBTI 诞生了。

外倾（E）－内倾（I）维度定义了表达及获得心理能量的方向。外倾型的人会因外界需要而精力充沛,或者因他人的鼓舞而充满活力,他们倾向于探索外部世界。相反,内倾型的人喜欢独处和自省,并从思想、经验、自我意识等内部世界获得心理能量,他们相对保守、文静,可以很好地控制自己的情感。

感觉（S）－直觉（N）维度涉及人们获取信息的方式。感觉型的人倾向于通过视觉、听觉、触觉、味觉、嗅觉五种方式获取信息,更重视事件中的事实与细节,他们不喜欢没有事实根据的推论或假设。直觉型的人倾向于通过第六感或预感获取信息,他们更关注概念、主意、意见、理论以及对信息的不同方面的推论进而探讨未来的可能性。

理性（T）－情感（F）维度定义了决策时内心斗争所侧重的方向。情感型的人倾向于根据个人的主观评价作出决策,他们会更多地基于情感来做决定。理性型的人通过逻辑分析和思考作出决策,他们倾向于从局外人的角度来看待、分析问题。

判断（J）-感知（P）维度是就生活方式而言的，它表明个体是以有计划的还是随意的方式适应外部环境，是信息获取维度和决策维度的综合效应在个人生活方式中的体现。判断型的人更喜欢决定性的、有计划的、有组织的生活方式，他们喜欢有序的生活。感知型的人喜欢灵活、自由的生活方式，他们更倾向于保持一种灵活的生活方式，很少制订长远的计划。

由以上四个维度可以确定16种人格类型，每一种人格类型都有相适应的职业。比如，INFP型比较适合的职业有记者、演员、作家、诗人、大学教师、心理学家、教育顾问、雇员发展专家、人力资源开发人员等。

3. B。根据霍兰德职业兴趣理论，企业型的特点是冒险、乐观、自信、精力充沛、有野心、喜欢从事有领导责任的工作，看重政治和经济方面的成就，追求财富、权力和地位，喜欢与人争辩，喜欢说服别人接受自己的观点，适合担任企业领导或行政管理人员。

霍兰德职业兴趣测试由美国著名职业指导专家霍兰德编制，主要用于确定被试者的职业兴趣倾向，进而用于指导被试者选择适合自身职业兴趣的专业发展方向和职业发展方向。霍兰德认为兴趣是人们活动的巨大动力，人们对感兴趣的职业充满热情，可以积极、愉快地从事该职业，并且兴趣有助于在职业上取得成功。霍兰德认为人的职业兴趣可分为现实型（R）、研究型（I）、艺术型（A）、社会型（S）、管理型（E）、常规型（C）。这六种职业兴趣的特征如下：

（1）现实型（R）。愿意使用工具从事操作性工作，动手能力强，做事灵活，动作协调。偏好于具体任务，不善言辞，做事保守，较为谦虚。较少参与社交活动，通常喜欢独立做事。他们的性格往往是顺应、朴实的，社交能力比较弱。

（2）研究型（I）。其基本的倾向是分析型的、智慧的、善于探究的和内省的，喜欢通过观察对物理的、生物的、文化的现象进行抽象的、有创造性的研究活动。因此，这类人的偏好是从事智力的、抽象的、分析的、独立的、带有研究性质的职业活动，这类人多为科学家、医生、工程师等。

（3）艺术型（A）。其基本的倾向是具有想象力、冲动、依靠直觉、无秩序、情绪化、理想化、有创意、不注重实际等，他们喜欢艺术性的职业环境，也具备语言、美术、音乐、演艺等方面的艺术能力，擅长以形态和语言来创作艺术作品，难以胜任事务性的工作。文学创作、音乐、美术、演艺等职业特别适合他们。

（4）社会型（S）。其基本的倾向是合作、友善、助人、负责任、成熟、善于言谈、善解人意等。他们喜欢社会交往，关心社会问题，具有教育能力，善于与人相处，适合这一类人的典型职业有教师、公务员、咨询员、社会工作者等以与人接触为中心的社会服务型的工作。

（5）管理型（E）。其基本的倾向是喜欢冒险、精力充沛、善于社交、自信心强。他们强烈关注目标，喜欢从事为获得利益而领导、带动他人的活动。由于具备优秀的主导性和说服他人的能力，这一类型的人特别适合从事领导工作或企业的经营管理工作。

（6）常规型（C）。其基本的倾向是顺从、谨慎、保守、实际、稳重、有效率、善于自我控制。他们喜欢从事记录、整理档案资料、操作办公机械、处理数据资料等系统、有条理的工作，具备文书处理、算术等能力，适合他们从事的典型职业包括文员、会计师、银行职员等。

人们通常倾向于选择与自我兴趣类型相匹配的职业环境，如具有现实型兴趣的人希望在现实型的职业环境中工作，这样可以最大限度地发挥个人的潜能。但在具体职业选择中，个体并非一定要选择与自己兴趣完全对应的职业环境，这主要是因为个体通常是多种兴趣类型的综合体，明显属于单一类型的情况不多。因此个体的兴趣类型常由其在六大类型中得分居前三位的类型组合而成，组合时根据每个类型得分高低依次排列字母，构成其兴趣类型，如 EIS 等。

4. A。大多数接受过特殊培训的员工可能愿意在本企业中工作较长的时间，他们的流动倾向会被削弱，选项 A 错误。

5. C。管理型的特征包括追求一般性管理工作，且责任越大越好；具有强烈的晋升动机，以提升等级和收入作为衡量成功的标准；具有分析能力、人际沟通能力和情绪控制能力的强强组合特点；对组织有很大的依赖性。

美国哈佛大学心理学博士沙因最早提出职业锚理论。他认为，职业生涯发展实际上是一个持续不断的探索过程。在这个过程中，每个人都在根据自己的天资、能力、动机、需要、态度和价值观等慢慢形成较为明晰的与职业相关的自我概念。随着对自己越来越了解，这个人就会越来越明显地形成占主导地位的职业锚。

职业锚是指当个人不得不作出选择的时候，无论如何都不会放弃的职业生涯中至关重要的东西或价值观。

职业锚是个体与工作情境之间早期相互作用的产物，只有经过若干年的实际工作体验后才能被发现。职业锚的内容包括：自省的才干与能力；自省的动机与需要；自省的态度与价值观。

职业锚具有以下特点：以个体习得的工作经验为基础；强调个人能力、动机和价值观三方面的相互作用与整合；不可能根据各种测试提前进行预测。

沙因通过面谈、问卷、人才测评等多种方式对麻省理工学院斯隆管理学院的 44 名 MBA 毕业生进行了为期 12 年的职业生涯研究，经过分析总结提出了职业锚理论。沙因提出了 11 种职业锚，即技术 / 职能型职业锚、管理型职业锚、自主 / 独立型职业锚、安全 / 稳定型职业锚、创造 / 创业型职业锚、服务型职业锚、挑战型职业锚以及生活型职业锚。沙因认为这 11 种职业锚可以涵盖大部分人的事业追求。一个人只能拥有一种职业锚。个人的内心渴望和追求可能是多种多样的，但总会有一个才能、动机、价值观的组合排序，而职业锚在这种组合排序中处于最优先的位置。如果一个人的职业锚不清晰，很可能是由于他缺乏足够的社会经验来判断自己最需要什么。

（1）技术 / 职能型职业锚。拥有技术 / 职能型职业锚的人，其工作动机来自有机会充分发挥自己的技术才能，并乐于享受成为某方面的专家带来的满足感。

（2）管理型职业锚。拥有管理型职业锚的人有非常强烈的愿望成为管理人员，并将此作为进步的标准。

（3）自主 / 独立型职业锚。拥有自主 / 独立型职业锚的人追求自主与独立，不愿意受别人的约束，也不愿意受程序、工作时间、着装方式以及在任何组织中都不可避免的标准规范的制约。

（4）安全／稳定型职业锚。拥有安全／稳定型职业锚的人选择职业最基本、最重要的需求是安全与稳定。只要有条件，他们就会选择提供终身雇佣、很少辞退员工、有良好的退休金计划和薪酬福利体系、看上去强大可靠的公司。

（5）创造／创业型职业锚。拥有创造／创业型职业锚的人认为最重要的是建立或设计某种完全属于自己的东西。他们有强烈的内驱力向别人证明这一点，希望通过自己的努力创建新的企业、产品或服务。

（6）服务型职业锚。对于拥有服务型职业锚的人来说，钱不是他们追求的根本。他们希望能够体现个人的价值，他们关注工作带来的价值，而不在意是否发挥了自己的能力。

（7）挑战型职业锚。拥有挑战型职业锚的人认为成功就是克服难以超越的障碍、解决难以解决的问题、战胜强有力的竞争对手。他们认为自己可以征服任何事情和任何人。

（8）生活型职业锚。拥有生活型职业锚的人不追求事业的成功，而是寻求合适的方式来平衡职业、家庭和个人的需要。他们最看重弹性和灵活性，比如他们会选择包括在家办公、在家庭条件允许的情况下出差、在生活需要的时候非全职工作等。

6. A。在职培训分为一般在职培训和特殊在职培训。一般在职培训的成本由员工承担，特殊在职培训的成本由企业承担。选项 A 错误。

7. A。学习型组织（learning organization）指组织成员能够有意识、系统、持续地以个体、团队和组织的方式进行学习，以不断获得新的知识、技能、信念与思维方式，改善个体、团队与组织的行为，实现个体、团队与组织的共同进步，共同实现组织目标。

学习型组织的特征见表 5-8。

表5-8　学习型组织的特征

特征	具体描述
持续学习	员工共享学习成果并把工作视为知识应用和创造的基础
知识创造与共享	开发创造、获取和共享知识的系统
严格的系统化思维	鼓励员工用新的方式思考，找出联系和反馈渠道，并验证假设
学习文化	公司及管理人员有明确的目标，支持、促进和奖励学习活动
鼓励灵活性和实践性	员工可自由承担风险，不断革新，开创新思路，尝试新过程，并开发新产品和服务
重视员工	注重对每一位员工的潜能的开发，同时保持员工的身心健康

资料来源：雷蒙德·诺伊. 雇员培训与开发：第 6 版. 北京：中国人民大学出版社，2015.

8. B。本题考查培训服务期。用人单位为劳动者提供专项培训费用，对其进行专业技术培训的，可以与该劳动者订立协议，约定服务期。若劳动者违反服务期约定，应当按照约定向用人单位支付违约金。违约金数额不得超过用人单位提供的培训费用。用人单位要求劳动者支付的违约金不得超过服务期尚未履行部分所应分摊的培训费用。

9. D。本题考查特殊培训的成本和收益安排。在管理实践中，企业所进行的一般培训和特殊培训实际上是很难完全区分开的，因此，在企业的各种在职培训活动中，普遍运用先分摊成本再分享收益这种双赢的方式。

10. C。本题考查结果评估。结果评估的目标是评估被培训人员工作行为的改变对其所服务的组织或部门绩效的影响。结果反映了培训与开发活动对组织的影响效果，体现了组织进行培训与开发的最终目的。结果如何是培训与开发效果评估中最重要的内容，是最具有说服力的评估指标，也是组织高管层最关心的评估内容。

11. C。本题考查职业兴趣测试。研究型人格的基本人格倾向是：聪明、理性、细致、喜欢批评，喜欢抽象的、分析性的、独立的工作，愿意进行系统的创造性探究，偏好对各种现象进行观察、分析和推理，以理解和把握这些现象。

二、多项选择题

1. 关于培训与开发效果评估中的结果评估的说法，正确的有（　　　　）。

A. 它的评估软指标包括工作满意度、时间与成本等

B. 它是组织高管层最关心的评估内容

C. 它的评估硬指标包括产出、质量等

D. 它是培训与开发效果评估中最具有说服力的评估指标

E. 它是培训与开发效果评估中最重要的内容

2. 在对培训与开发效果进行评估时，属于结果评估指标中的硬指标的有（　　　　）。

A. 质量　　　　　　B. 产出　　　　　　C. 工作习惯

D. 成本　　　　　　E. 时间

多项选择题参考答案

1. BCDE。时间和成本属于硬指标，选项 A 错误。

2. ABDE。结果评估的硬指标包括产出、质量、成本、时间等四大类，易被衡量和量化，容易转化为货币价值，而且评估也更为客观。软指标包括工作习惯、工作满意度、主动性、顾客服务等方面，难以被衡量和量化，也难以转化为货币价值，而且评估具有主观性。

三、综合题

1. 小马是一家私营企业的人力资源部经理，他在努力说服总经理增加员工培训预算，但总经理谈了几个看法：一是不要把眼光仅仅放在正式培训项目上，很多培训可以通过非正式的形式来完成；二是正式的培训看起来只产生直接支出的经费，但实际上还有很多隐性成本或机会成本；三是要考虑培训的收益问题；四是一旦接受过培训的员工离职，公司的培训费就等于白花了，应该想办法把这个问题解决好。根据以上材料，回答下列问题：

（1）总经理在第一点中提到的非正式培训可以采取的形式包括（　　　　）。（多选）

A. 员工通过边干边学的方式积累工作经验

B. 老员工在工作中手把手地指导新员工完成工作

    C. 安排员工在上班时间去旁听一场免费的技术讲座

    D. 老员工在工休时间以聊天的方式向其他员工传授工作技巧

    E. 组织员工听有偿的技术讲座

（2）下列属于总经理谈到的培训中的隐性成本的是（　　　）。（多选）

    A. 师傅带徒弟的过程中效率降低

    B. 被培训员工培训期间不能全力工作

    C. 企业设备用于培训不能参与生产活动

    D. 支付的培训费用

    E. 花费的培训时间

（3）下列关于总经理在第三点中提到的培训收益的说法，正确的有（　　　）。（多选）

    A. 操作性技能培训的收益比其他培训的收益更高

    B. 培训的收益可以在培训后马上测量出来

    C. 培训的收益有可能在长期中才能表现出来

    D. 培训的收益主要表现在员工的生产率提高方面

    E. 文化培训的结果在短期内很明显

（4）针对总经理指出的第四个问题，为降低因员工离职导致公司培训投资失败的风险，可以采取的对策包括（　　　）。（多选）

    A. 要求员工分担部分培训成本

    B. 对接受培训后绩效突出的员工进行奖励

    C. 选择性价比更高的培训项目

    D. 要求员工通过签订书面合同承诺在受训后继续工作一定的年限

    E. 要求员工承担全部培训成本

解析：

（1）AD。边干边学和在工休时间以聊天的方式向其他员工传授工作技巧属于非正式的培训。

（2）ABC。隐性成本也可以理解为机会成本，包括：被培训者参加培训的机会成本；利用机器或安排有经验的员工从事培训活动的机会成本。选项 D、E 属于直接成本。

（3）CD。在职培训的收益主要表现在被培训者生产率的提高上。然而这种收益有时是比较明显的，如各种操作性技术培训；有时要经过一段时间才能表现出来，如一些技术操作性不太强的培训，如机械工作原理的培训、文化培训等。这些培训计划的结果在短期内往往不太明显，但被培训者的生产率还是可以通过工作思路的开阔、思维能力的增强而逐步得到提高。

（4）AD。在企业的各种在职培训活动中，普遍运用先分摊成本再共享收益的双赢方式，选项 A 正确。约定培训服务期是降低培训风险的最主要的方法之一，选项 D 正确。

    2. 某高科技公司为了留住优秀人才，计划加大培训与开发的投入，完善公司的培训与开发体系，在职业生涯管理方面，突出"事业留人"的理念。为此，公司人力资源部制定了职业生涯管理措施与实施方案，包括成立公司后备人才的潜能评价中心、实施工作轮换、与大学联合举办高级管理人员培训项目等。

同时，公司聘请了专业测评公司对员工的职业兴趣、优势才能、职业锚等进行科学的测评，发现员工之间确实存在明显差异。例如，小张等员工来自技术部门和财务部门，他们期望在专业方面发展，不愿意承担一般性的管理工作，而小李等员工却喜欢管理工作，并愿意承担更大的责任，在分析能力、人际沟通能力、情商等方面的测评分数高。

人力资源部经理根据测评结果与这些员工进行了充分交流，帮助员工制订了自己的职业生涯发展计划，提供职业生涯手册，同时，为这些员工设置了有针对性的培训与开发项目，并通过多个渠道来进行效果评估，评估他们在知识、技能或态度方面是否有明显的提高或改变，重点评估他们"学到了什么"。

根据以上材料，回答下列问题：

（1）小张等员工的职业锚类型是（　　　　）。

  A. 创造 / 创业型   B. 技术 / 职能型

  C. 管理型   D. 自主 / 独立型

（2）小李等员工的职业锚类型是（　　　　）。

  A. 技术 / 职能型   B. 自主 / 独立型

  C. 管理型   D. 创造 / 创业型

（3）在该公司所采用的方法中，属于组织层次的职业生涯管理方法的有（　　　　）。（多选）

  A. 工作轮换

  B. 提供职业生涯咨询

  C. 与大学联合举办高级管理人员培训项目

  D. 成立潜能评价中心

  E. 提供职业生涯指导

（4）该公司实施的培训与开发效果评估属于（　　　　）。

  A. 结果评估 B. 反应评估 C. 工作行为评估 D. 学习评估

解析：

（1）B。技术 / 职能型的特点是：拒绝一般性管理工作，但愿意在技术 / 职能领域管理他人。根据案例中"期望在专业方面发展，不愿意承担一般性的管理工作"可知，小张等员工的职业锚类型是技术 / 职能型。

（2）C。管理型的特点是：追求一般性管理工作，且责任越大越好；有强烈的晋升动机，以提升等级和收入作为衡量成功的标准；具有分析能力、人际沟通能力和情绪控制能力的强强组合特点；对组织有极大的依赖性。根据案例中"喜欢管理工作，并愿意承担更大的责任，在分析能力、人际沟通能力、情商等方面的测评分数高"可知，小李等员工的职业锚类型是管理型。

（3）ACD。组织层次的职业生涯管理方法包括：提供职业生涯信息；成立潜能评价中心；实施培训与发展项目（包括工作轮换）。选项 B 和 E 属于个人层次的职业生涯管理方法。

职业生涯管理是指组织为了更好地实现员工的职业理想和职业追求，寻求组织利益和个人职业成功最大限度的一致化，而对员工的职业历程和职业发展所进行的计划、组织、领导、控制等，如图 5-7 所示。

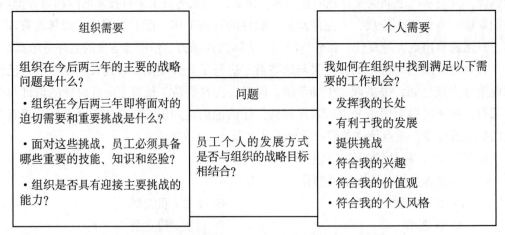

图 5-7 职业发展体系：组织需要和个人需要的联结

资料来源：Gutteridge T G, Leibowitz Z B, Shore J E.Organizational career development: benchmarks for building a world-class workforce. San Francisco: Jossey-Bass，1993.

职业生涯管理包含了个人职业渴望和企业提供机会的匹配问题。图 5-8 展示了职业生涯管理过程。企业可以给员工提供大量的机会，以实现员工的职业发展。

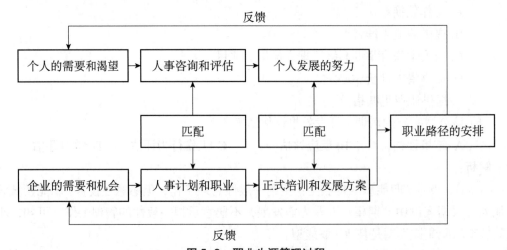

图 5-8 职业生涯管理过程

资料来源：Alpin J C，Gerster D K. Career development: an integration of individual and organizational needs. Personnel, 1978（55）.

（4）D。学习评估是评估被培训人员"学到了什么"，培训与开发结束后，被培训人员在知识、技能或态度方面是否有了提高或改变，这是学习评估的主要内容。根据案例中"评估他们在知识、技能或态度方面是否有明显的提高或改变，重点评估他们'学到了什么'"可知，选项 D 正确。

3.某公司是一家处于行业领先地位的技术研发公司，公司员工的受教育水平较高，年龄结构也较为合理。公司高层重视员工培训，并制定了规范化的培训与开发效果评估体系，主要评估被培训人员将所学知识、技能等运用到工作中的程度。同时，公司还特别重视员工的职业发展，让员工通过专业测评来了解自己的职业锚。公司在人员调配、晋升等方面也会考虑员工的特点和个人职业生涯目标，员工对自己在公司的职业生涯发展满怀期待，并为此积极努力。例如，张某今年 27 岁，打算去考非全日制研究生；王某在软件研发岗位已经工作了 6 年，打算去外地的子公司管理一个小团队；宋某通过测评发现自己的分析能力、人际沟通能力和情绪控制能力都比较强，准备去迎接新的工作挑战。

根据以上资料，回答下列问题：

（1）该公司王某处于职业生涯发展的（　　　）。

    A. 衰退期　　　　　B. 探索期　　　　　C. 建立期　　　　　D. 维持期

（2）根据培训与开发效果评估理论，该公司进行的评估包括（　　　）。

    A. 学习评估　　　　B. 结果评估　　　　C. 工作行为评估　　D. 投资效益评估

（3）该公司张某处于职业生涯发展的（　　　）。

    A. 衰退期　　　　　B. 探索期　　　　　C. 建立期　　　　　D. 维持期

（4）该公司宋某的职业锚是（　　　）。

    A. 管理型　　　　　　　　　　　　　B. 安全 / 稳定型

    C. 技术 / 职能型　　　　　　　　　　D. 生活型

解析：

（1）C。本题考查职业生涯阶段的划分。王某在软件研发岗位已经工作了 6 年，打算去外地的子公司管理一个小团队。由此可以看出王某处于职业生涯的建立期。

（2）C。本题考查培训与开发效果评估。工作行为评估的重点是评价培训与开发是否带来了被培训人员行为上的改变，以及被培训人员把所学内容运用到工作中的程度。

（3）B。本题考查职业生涯阶段的划分。由"张某今年 27 岁，打算去考非全日制研究生"可以看出，张某处于职业生涯的探索期。

（4）A。本题考查职业锚。管理型的特点是追求一般性工作，且责任越大越好；具有强烈的晋升动机，以提升等级和收入作为衡量成功的标准；具有分析能力、人际沟通能力和情绪控制能力的强强组合特点，但对组织有很强的依赖性。

4. A 公司是一家非常注重培训的企业，现将该企业为 60 名员工实施的一项为期 10 天的培训项目的费用罗列如下：培训使用的教材每人 60 元，培训后的自学材料每人 25 元，培训教室和视听设备租赁费 7 000 元，每人每天餐费 20 元，培训管理人员的工资和福利 6 000 元，被培训员工的工资每人每天 150 元，企业内部培训教师的培训费用 1 200 元，培训教师的课时补贴 2 000 元，管理费用占已支付总培训费用的 10%。经过培训后，企业新增收益为 300 万元，其中由培训产生的收益为 150 万元，由技术改造产生的收益为 90 万元，其他原因产生的收益为 60 万元。

试分析：A 公司的培训是否值得？本培训项目的投资回报率为多少？

解析：

（1）已支付总培训费用 ＝（60 ＋ 25）× 60 ＋ 7 000 ＋ 20 × 10 × 60 ＋ 6 000 ＋ 150

$$× 10 × 60 ＋ 1 200 ＋ 2 000$$

$$＝ 5 100 ＋ 7 000 ＋ 12 000 6 000 ＋ 90 000 ＋ 1 200 ＋ 2 000$$

$$= 123\ 300\ (元)$$

总的培训成本 $= 123\ 300 \times 10\% + 123\ 300 = 135\ 630\ (元)$

每个被培训者的成本 $= 135\ 630 \div 60 = 2\ 260.5\ (元)$

投资回报率 $= (1\ 500\ 000 \div 135\ 630) \times 100\% = 1\ 105.95\%$

（2）该公司的培训值得。本题意在使读者通过计算从观念层面意识到培训是值得的。

5. 为了打造学习型组织，T公司规定公司每年的培训经费为公司毛利的3%，并将其是否使用到位作为考核人力资源部的一项指标。某年年初公司估计全年的毛利为5 000万元，因此其培训费用预算为150万元。公司人力资源部认真做好培训需求分析并据此制订了年度培训计划。但到10月底，公司的经营状况非常好，毛利已经达到了6 700万元，预计全年毛利可达7 000万元左右。公司总经理指示人力资源部将培训费用调整为210万元。为了完成考核指标，人力资源部经理把这项任务交给了负责培训工作的小王。由于时间紧，小王就到网上搜索培训广告，凡是与本公司业务有关的一律报名，然后要求各部门必须派人参加培训。由于年底工作任务比较重，各部门在派人参加培训时都是将非关键职位上的人员派出去，而这些人虽然觉得课上得不错，但由于和自己的工作关联不大，因此参加培训的人员都不太重视。到12月28日，小王终于把增加的60万元的培训经费用完了。

根据以上材料，回答下列问题：

（1）T公司的培训工作有何可取之处？

（2）T公司的培训工作存在哪些问题？

（3）T公司年底的补充培训属于在职培训还是脱产培训？列举在职培训有哪些方式？脱产培训有哪些方法？

解析：

（1）可取之处包括：T公司重视和强调培训，投入的培训经费较多，并能在年初做好培训计划，在这点上可以看出T公司具有战略眼光。

（2）存在的问题：1）在实际操作中，把培训经费与毛利挂钩并作为一项硬指标，由于经营状况是变化的，而培训必须做需求分析，必须做计划，到了11月才调整培训总经费，导致无法有效地制订计划。2）T公司人力资源部在接到调整培训总经费通知后的做法违背了按需施教、学以致用的原则，未做需求分析；培训计划的制订也存在问题，比如随意派人参加培训，或者指派非关键岗位人员参加培训。3）T公司没有实时监控培训过程，未能及时发现并解决问题。比如，有些被培训员工觉得课虽然不错，但因为跟自己的工作关联度不大而不重视。4）未能切实保证培训成果的转化，也未能在培训结束后进行良好的培训效果评估以吸取培训经验和教训。

本题的答题思路是根据培训过程的框架，从培训需求分析、培训计划制订、培训实施、培训成果转化、培训效果评估等层面逐一分析T公司在培训中存在的问题。

（3）属于脱产培训。

1）脱产培训及其方式。脱产培训（off-the-job training，OFFJT）是指离开工作和工作现场，由企业内外的专家和培训师对企业内各类人员进行集中培训。脱产培训是在职培训的一种有力的补充，已成为一种必不可少的培训方式。

脱产培训分为全脱产和半脱产两种，它不同于在职培训，在职培训注重企业职工实际操作能力的提高，脱产培训则更注重员工素质和能力的提高。培训对象以全天的时间脱产参加培训为全脱产培训，如一些研究机构、行业协会、咨询机构和培训机构举办的短期研讨会。如果培训需要相当长的时间，为了避免影响工作，可以采用半脱产的形式，即非连续性地进行培训，培训对象每天或一周只接受几个小时的培训，其余时间仍然返回工作岗位工作，如现在较为流行的半脱产的 MBA 培训。

2）脱产培训的方法。

• 演讲法。演讲法是指培训师用语言将要传授给培训对象的内容表达出来的一种培训方式。在这种培训中，培训对象是信息的被动接受者，培训师与培训对象之间的沟通在大多数时候是一种单向沟通，即从培训师到培训对象。这种培训方式的成本比较低，有较强的针对性，同时时间安排紧凑，能集中教授新的研究成果，可使培训对象在较短的时间内接受大量有用的信息。因此，演讲法历来是一种使用广泛的培训方法，其典型形式是讲课。

• 案例研究法。案例研究法是指为被培训者提供如何处理棘手问题的书面描述，让被培训者分析和评价案例，提出解决问题的建议和方案的一种培训方法。案例研究法由美国哈佛大学商学院推出，起初用于培养工商管理硕士。案例分析法不仅应用于对管理人员的培训，也广泛用于对其他人员的培训。案例分析法针对某个特定的问题，向被培训者提供一个描述组织运转过程中可能存在的问题和情景的案例，其中会包含大量的背景材料，被培训者组成小组完成对案例的分析，作出判断，提出解决问题的方法。随后在集中讨论中发表自己小组的看法，同时听取别的小组的意见。案例研究法旨在给被培训者提供一种体验，一个认识和分析实际管理情景并提出管理对策的模拟实战机会，从而培养被培训者分析、解决实际问题的能力。

• 工作模拟法。工作模拟法就是利用被培训者在工作过程中实际使用的设备或者模拟设备，根据实际环境来对他们进行培训的一种方法。这种方法的好处在于：由于和实际工作比较接近，因此培训效果比较好；能够对培训过程进行有效的控制；可以避免因在实际工作中进行培训而造成的损失。缺点是：培训的费用比较高；不可能做到与真实的工作过程完全一样；存在培训成果的转化问题。这种培训特别适用于那些出现错误的代价和风险比较高的工作，例如飞行员的培训、管理决策者的培训等。

• 管理游戏法。也称商业游戏法，是仿照商业竞争的规则采用游戏方式开发学员管理技能的一种培训方法。具体包括市场竞争模拟、经营决策模拟以及对抗赛等。代表性的游戏是经营决策模拟，这种模拟通常使用计算机软件模拟企业的真实经营状况，将被培训者分成若干小组，每一个小组代表组织的一个决策团体（如董事会、经理会议等），针对计算机软件模拟的特定情况中的一些企业环境因素，由各小组人员站在各自的立场上研究讨论问题并确定施行办法。这种方法的优点在于情况逼真且富有竞争性，成本低廉。小组中的每个人均须积极参与活动，通过团体合作，检讨所选策略与办法的得失来相互学习。使用这种方法可以增进被培训者对所制定决策的认识，开发其领导能力、决策能力、合作及团队精神。商业游戏法有两点不足：其一，游戏设计和实施的费用比较高；其二，在游戏中，决策者往往在受限制的条件下制定决策，这会影响决策者的创新或革新能力的充分发挥。

• 角色扮演法。角色扮演（role playing）法是指在一个模拟的工作环境中，让被培训者扮演其中的某个人物，承担某个角色的工作职责的一种培训方法。通过这种方法，被培训者能较快地熟悉新的工作环境，了解新的工作业务，掌握必需的工作技能，尽快适应实际工作。角色扮演法的关键问题是排除被培训者的心理障碍，让被培训者意识到角色扮演的主要意义，减轻其心理压力。角色扮演法主要运用询问、电话应对等方式，帮助被培训者实现销售、业务会谈等方面的基本技能的提高。

• 行为示范法。行为示范法是指让被培训者观摩行为标准样例或录像等，并进行实际操练的一种培训方法。比如可以将面试、绩效考评面谈、企业例会、客户服务现场的情景制成录像，提供给被培训者观摩并讨论，使其从中学到好的做法和经验，或者发现一些应改善的方面或问题；也可以通过实地参观，直接接触和学习真实的业务等。在国外，行为示范法作为最受欢迎的人际交往与管理技能培训方法得到广泛应用。简单来说，这种培训方法就是让被培训者观察一个范例，记住这个范例做了些什么，然后做这个范例做过的事，最终在工作中应用他们所学到的东西。

6. N公司是一家位于华北某省的箱包制造公司，拥有近300名工人。大约在一年前，公司因产品有过多的缺陷而失去两个较大的客户。N公司领导研究之后一致认为，公司的技术还是很可靠的，问题出在生产线上的工人、质量检查员以及管理部门缺乏质量管理意识。于是公司决定通过开设一套质量管理课程来解决这个问题。质量管理课程安排在每周五晚上6:30～8:30，历时8周，公司不给来听课的员工支付额外的工资，员工可以自愿听课，但是公司的主管表示，如果员工积极参加培训，那么这个事实将被记录在个人档案里，以后在涉及加薪或晋升时，公司将优先考虑。课程由质管部的王工程师主讲，主要采取讲座形式，有时还会播放有关质量管理的录像，课程内容包括质量管理的必要性、影响质量管理的客观条件、质量检验标准、检查的程序和方法、抽样检查以及程序控制等。公司所有对此感兴趣的员工都可以去听课。课程刚开始时，听课人数平均在50人左右。在课程快要结束时，听课的人数已经减少到20人左右。而且，因为课程是安排在周五晚上，所以听课的人员都显得心不在焉，有一部分离家远的人课听到一半就回家了。在总结这一课程培训的时候，人力资源部经理说："王工程师的课讲得不错，内容充实，知识系统，而且他很幽默，他的课引人入胜。听课人数的减少不是他的过错。"

根据以上材料，回答下列问题：

（1）你认为这次培训在组织和管理上有哪些不合理的地方？

（2）如果你是N公司的人力资源部经理，你会怎样安排这个培训项目？

解析：本题的答题思路是根据培训过程的框架，从培训需求分析、培训计划制订与实施、培训成果转化、培训效果评估等层面逐一分析其培训中存在的问题。

（1）N公司培训的不合理之处主要表现在以下几方面：1）没有对员工进行培训需求调查与分析，使得培训工作的目标不明确，也不了解员工对培训项目的认知情况；2）培训时间安排不合理，在周五晚上进行培训使学员心不在焉，影响培训效果；3）没有对培训过程进行监控，不能及时发现问题、解决问题；4）培训成果的转化没有得到保证，对培训工作的总结不够，没有对培训的效果进行评估；5）没有详细的培训计划，具体表现在没有制度性的规定，不利于激发被培训员工的学习积极性。

（2）作为 N 公司的人力资源部经理，在此次培训工作中应该做到以下几点。1）首先进行培训需求分析，了解员工对质量监管培训的认识，了解员工的需求；2）对培训做总体的规划，包括合理的培训时间、地点，培训经费预算，培训讲师的安排甚至对讲师的培训等；3）选派合适的人对培训的全过程进行监控，及时发现问题、解决问题；4）注重培训成果的转化，在培训结束时对被培训人员进行培训考核，以了解培训工作的效果；5）对培训的总过程以及结果进行总结，保留优点，改正缺点，为下一次的培训积累经验。

7. 杨某是某软件公司的工程师，工作绩效一直很好。但是最近几个月情况发生了变化，杨某的绩效明显下降。杨某所在开发部的新任经理苑某根据经验判断，导致杨某绩效下降的原因是知识结构老化，不能胜任现在的工作职位。她立即向人力资源部经理提交了《关于部门人员培训需求的申请》，希望人力资源部能尽快安排杨某参加相关的业务知识培训。人力资源部接到申请后，在当月即安排杨某参加了一个为期一周的关于编程方面的研讨会。培训结束回到公司后，杨某的状况没有发生任何改变。人力资源部经理主动与杨某进行了面对面的沟通，发现了问题。杨某绩效下降的关键是对新上任的苑经理的领导方法不满意，而且杨某认为自己是公司的老员工，熟悉部门的情况，一贯表现又很优秀，原以为公司会把当部门经理的机会给自己，没想到公司却外聘了苑某。

根据以上材料，回答下列问题：

（1）这次培训失败的主要原因是什么？

（2）你从这个培训无效的案例中得到了什么启示？

解析：根据案例信息，该公司培训的主要问题出在培训需求分析上，改进对策和建议也是围绕着如何科学分析出客观的培训需求。

（1）这次培训无效的原因是没有抓好培训需求分析这个环节。

（2）启示如下：1）当组织绩效出现问题时，不能简单地认为是缺乏培训导致的，应该深入了解真正的原因；2）当寻找真正的培训需求时，应从多个渠道收集信息；3）收集培训需求的相关信息时，应使用多种方法，并进行科学的分析；4）确认真正的需求，据此设计出相应的课程，满足相应的需求，进而协助企业达到预期的目标。

8. 某公司年底考评工作刚刚结束，人力资源部对销售部员工的绩效差距进行了分析。该部门共有 25 名员工，其中销售员 22 名，销售主管 3 名，其人员使用效果如图 5-9 所示，部分员工的工作情况和绩效表现见表 5-9。

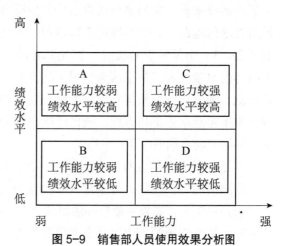

图 5-9　销售部人员使用效果分析图

表5-9　部分员工的工作情况和绩效表现

员工姓名	职位	工作情况	绩效表现
王波	销售员	应届大学毕业生，工作时间不长，业务较为生疏，在工作中频频出现小失误，但勤奋好学，工作态度很积极	刚刚签了一个52万元的销售合同，销售业绩（销售员排名）从第19名跃升为第3名，综合考评结果为良好
张蕊	销售员	公司的老员工，工作表现一直很优秀，有很强的计划能力和执行能力，市场开拓能力很强，愿意将自己的销售技巧与同事分享	销售业绩为该部门销售员的第1名，连续3年的综合考评结果为优秀
李勇	销售主管	猎头公司推荐的资深销售人员，在面试过程中获得了一致好评，但进入公司10年以来，经常迟到早退，有离职倾向，不愿意和其他同事合作	销售业绩几乎为零，综合考评结果为不合格

根据以上材料，回答下列问题：

（1）一般来讲，企业最需要培训的是哪些人员？

（2）表5-9中的3位员工分别属于图5-9中的哪类人？在为他们制订培训与开发方案时应分别注意哪些问题？

解析：

（1）企业最需要培训的人员有以下几种。1）通过必备技能缺项测评，确实需要培训单项技能的人。2）因组织需要，要提拔、转岗、晋升的人，或因新技术、新工艺、新设备、新流程的推广和使用而需要培训的人。3）因组织需要或因个人长远发展需要而需要培训的人。

（2）1）王波属于A类人。对王波的培训与开发计划应重点放在培训必备的技能缺项。在为其制订培训和开发方案时，要充分考虑如何减少工作失误，提高业务能力，保持较高的销售业绩。2）张蕊属于C类人。对张蕊的培训与开发计划应重点放在后备力量的培养和晋升需求上。张蕊有很强的工作能力，绩效表现也一贯优秀，具备了提升为管理者的部分素质，应当是公司重点培养的后备力量。可以分析其目前能力状况与新职位能力要求的差距，有针对性地进行培训。鼓励其向同事宣讲自己的成果，分享销售经验和体会。3）李勇属于D类人。首先要弄清李勇工作积极性不高的原因并对症下药，提出具体的对策。若该员工认为公司不能为其提供良好的个人发展空间，或现有的岗位不适合他，则公司可以根据实际情况做相应的调整。如果是不愿意对工作投入精力，经过沟通也不愿意端正工作态度，或已经决定离开公司，则应停止对该员工的培训投入，并做好解除劳动合同的准备。

本题意在考查学生对本章相关内容领会理解基础上的综合运用能力以及分析问题、解决问题的能力。比如，对张蕊，应考虑把其往管理人员层面培养并尽量让其多分享成功经验；对李勇，如果不能想办法使其产生高绩效，应该考虑与其解除劳动合同等。

9.某知名连锁酒店为提升企业的竞争力，针对部分前台接待人员进行了为期5天的商务礼仪培训，希望通过培训使被培训者能够运用规范的商务礼仪接待入住的旅客，塑造良好的企业形象。培训结束后，人力资源部为了解被培训者对培训项目的感性认识，同时为将来课程的改进收集信息，要求被培训者填写培训调查表。

根据以上材料，为该企业设计一份培训调查表。具体要求：（1）符合题意，要点清晰，内容充实；（2）语言精练，层次清晰，逻辑性强；（3）开放式问题与封闭式问题相结合。

解析：培训调查表（或问卷）的设计有其固定的格式。首先要清楚进行培训调查是为了获取客观真实的相关信息，所以设计时务必要从填写者的角度出发。培训调查表一般包括导语、范例、问题、其他信息四部分（见表5-10）。

（1）导语，又称填写说明。简要向填写者交代填写表格的初衷以及注意事项，如果是培训之后要求被培训者立即填写，导语部分可以直接由培训组织者口头陈述，不必体现在表格中。

（2）范例。如果担心被培训者在听到或者看到填写说明后仍不知道怎么填写，可以给出一个范例。比如：如果您对本次培训的整体评价为非常满意，请在非常满意前面的小方框内画钩。

（3）问题。问题应该以封闭式问题为主，封闭式问题可以围绕培训师、被培训者、课程内容等来进行设计，一般不少于6个。开放式问题不多于2个，因为太多会使被培训者因不耐烦而无法认真填写。

（4）其他信息。比如，课程名称、培训地点、被培训者姓名、被培训者所在部门等。

表5-10　培训调查表[①]

课程名称				
日　　期				
讲　　师				
您是否在课前对本培训的内容有清楚的了解？			是□　　否□	
分项评估				
课程内容				
1.课程结构	好	较好	一般	差
2.气氛营造	好	较好	一般	差
3.练习活动	好	较好	一般	差
讲师表现				
1.专业能力	好	较好	一般	差
2.讲授技巧	好	较好	一般	差
学员参与度				
1.本人参与度	好	较好	一般	差

---

① 表5-10中导语为口头陈述，未体现在表格中。范例同。

续表

2.其他学员参与度	好	较好	一般	差
请您为此次培训打分（总分为100分）：　　分				
培训在哪些方面为您的工作提供了帮助？				
请您对此次培训提出意见或建议：				

姓名：　　　　　　　　　部门：

10.【案例分析】　　　麦当劳的"副总裁"是如何炼成的？

16年前，一个小伙子去厦门当时唯一的一家麦当劳餐厅面试。他要应聘管理组的一个职位，然而面试人员告诉他管理组的所有职位均已招满。

小伙子毫不犹豫地说："普通员工我也愿意做。"

就这样，他从拖地板开始，在麦当劳一干就是16年，其间从未换过公司。

有谁能想到，这个当年在麦当劳拖地板的小伙子成为今天麦当劳（中国）有限公司的副总裁和北区总经理。在麦当劳的历史上，从未有过中国员工晋升为主管某个大区市场的副总裁和总经理的先例。他是第一个，他就是缪钦。

从当年拖地板的普通员工，到今天在麦当劳拥有举足轻重地位的副总裁，是什么成就了缪钦？

"后继计划"

一年前，缪钦就从东北地区营运总监的职位被调任北京，这不是一次普通的调任，而是在为他能胜任如今的角色"预热"，这在麦当劳被称为"后继计划"。

在这一年中，缪钦被纳入了一个紧张的培训计划，开始逐步接触和了解各个部门的工作，并参与决策，帮助部门设立目标。

"我知道我该在什么时候接什么部门，我更知道在我背后永远有一个老师在帮助我。"缪钦所说的老师就是他的前任——新加坡籍陈麒亦女士。

在这一年中，陈女士的主要职责就是把北区的工作教给缪钦，就像一位教练一样，向缪钦介绍麦当劳北区的实际运营状况以及人员状况，教他胜任总经理职位的要义，并对缪钦在培训期间的表现进行评分。经过一年的教练式培训，缪钦很快熟悉了北区的整体工作，并正式走上麦当劳中国区副总裁和北区总经理的职位。

麦当劳的"后继计划"要求所有管理者在被调到其他部门或晋升时，都要确保有下属可以接任。

十分幸运的是，在麦当劳每上升一步，缪钦都是其上司的"继任者"。毫无疑问，本地经理人最了解本地消费者和本地员工，对他们的大胆起用将会给跨国公司带来意想不到的收益。

在以前，当麦当劳认为其强大的管理流程可以胜任当时中国三四百家单店的管理时，人力资源本地化的意识也许还不那么强烈，但现在麦当劳在中国已经开设了更多的餐厅，它们需要更加强大的本地管理团队来支持公司的发展。

在此思路下，麦当劳设立了以前从未有过的副总裁职位，与公司总裁、COO 和 CFO 等共同组成高管团队，并将三个大区的总经理也纳入其中。

"我们不把本地人做到多高的职位作为本地化程度的标志，在我以前，有很多中国同事被派往欧洲和美国工作，甚至在汉堡大学执教国际部学员。"在缪钦看来，他的前任意识到，经过近 20 年的发展，中国已经有一大批人逐渐成熟，有足够的能力在跨国公司的系统下进行有效的管理，而这些人在未来将更多地面对中国消费者，担任更重要的角色。

"在很久以前，我接受餐厅经理培训时，当时的亚洲区总裁就对我们说，你们要多去学习，你们的使命是取代我，麦当劳以后要靠你们。"

缪钦介绍，麦当劳能够建立强大的学习系统，鼓励员工不断进步和学习，就表明了其对中国人成长的期望，"只要能力达标，职位不是障碍"。

"中国发展太快了，当年我被晋升为营运督导去美国参加培训时，我发现与我同等级别的人，他们已经在麦当劳做了二三十年了。"

"副总裁"是这样炼成的

"我无法用一个确切的数字来说明 16 年来我都接受了哪些培训，太多了，包括直接的和间接的，以及公司允许犯错并给予改正的机会，这些都是培训。"

缪钦坦言，在一路走来的每个职位上，他都犯过错，做过错误的决定，也给公司带来过经济上的损失，但公司都给予了他足够的信任，相信他通过学习可以做得更好。

"我在麦当劳工作了 16 年，培训从来没有间断过，我也一直在培训别人。"

"很多人说麦当劳是一个餐厅，我曾经也这么认为，但现在我更认为麦当劳是一所大学，麦当劳的系统教会了我很多东西。"

在缪钦刚刚进入麦当劳时，当知道成长为餐厅经理需要学习四五本很厚的书，而且还要通过考试时，他的头都大了，"好不容易走出校门，现在还要学习和考试，真是一件痛苦的事"。

但当和大家一起上课，听公司高层分享管理和工作心得时，他的态度很快发生了转变。"和我想象的完全不一样，我所学到的麦当劳的管理实践妙趣横生。"

现在，当缪钦拿起培训餐厅经理的课本，发现与十几年前已经不一样了。现在他们要学习基本管理与操作，学习餐厅管理和跨部门管理课程。做到营运督导时还要走入"国际人"中，与全世界的同事分享管理经验。

"这时你会发现，大家都在用同一个理念和模式来管理，你会学到很多以前没有想过的东西。"

正是基于公司强大的学习平台，更多像缪钦一样的本地人才得以快速成长。在麦当劳中国公司，有为数众多的人被晋升为总监、总经理。

除了跟随公司的系统学习，作为三个大区中最年轻的副总裁和总经理，缪钦还向其他两个区的副总裁和总经理学习。"作为麦当劳的老员工，他们都有二三十年的管理经验，我需要不断向他们请教，加强与他们的沟通。"

"学习这个词对中国人来说并不陌生，很幸运公司提供了学习平台，但我更注重自我学习，并很快把学到的东西予以运用，不断在实际工作中纠正错误。"缪钦的信条是"成败皆需付出代价，与其随大流不如去带头"，这是他的价值观。他一直记得麦当劳创始人说过的一句话："当你觉得自己成熟的时候，就是要腐烂的时候。"也正是秉承这种学习精神，缪钦改变了别人对他的看法。

"十多年前我去美国汉堡大学学习，别人见到我都会问我是不是日本人，而现在他们不再这样问了，因为他们都知道我是中国人。"缪钦认为，中国市场潜力巨大，中国经理人需要有上进心去参与管理，因为重用本地经理人并不是一厢情愿的事，需要本地经理人非常勤奋地学习，以备将来胜任重要角色。

"我常跟美国的同事说，你们的经验比我们多，但我们每天都在学习，在不断想办法鞭策自己，这时就不是跨国企业是否给你机会的问题了。"

麦当劳的层级培训体系

（1）从新入职员工到餐厅管理层。麦当劳为新入职的见习经理到餐厅经理等不同级别的管理人员设计了几门课程，分别从管理、营运以及领导技能等方面进行培训。这几门课程包括面向见习经理的基本值班管理课程和高级值班管理课程，面向第二副经理的有效实务管理课程、专业的地区机器课程，面向第一副经理的餐厅领导实务管理课程、面向餐厅经理的企业领导实务管理课程。

（2）快速成长体系。快速成长体系旨在帮助表现非常优异的员工，从见习经理晋升为餐厅经理通常只需要 2～3 年的时间。

（3）督导培训课程。营运顾问课程面向在麦当劳工作 0～12 个月的营运督导。该课程的目的在于通过有效沟通、领导力技能和督导技能的培训，帮助营运督导发展与餐厅经理之间的相互信任和尊重的关系，有助于督导们提升领导和指导多家门店的能力。

（4）高级管理层课程。组织管理课程为部门经理所设，领导基础课程则面向营运总监和高级部门经理，这两门课程旨在提高他们在制定战略决策方面的组织管理能力。

将麦当劳文化尽快融入本地，让国内人才快速成长，是缪钦上任后的重要使命。

资料来源：刘春晖．麦当劳如何培养副总裁．（2010-03-22）.http：//www.linkshop.com/news/2010 130804.shtml.

思考题：分析麦当劳的培训体系有何可取之处？

解析：这是一道综合题，考查学生在理解本章内容的基础上分析培训案例实际问题的能力。主要从培训观、培训设计是否符合学习原理、培训过程三个层面入手来分析。

（1）麦当劳有正确的培训观，管理层认为培训是值得的，肯花费精力和财力来实施培训。麦当劳建立了学习型组织，有自己的企业大学，这符合培训的发展趋势。

（2）麦当劳培训体系的设计符合学习立方体模型原理，能够保证培训收到良好的效果。学习立方体模型原理是指提升影响培训效果的三个维度（实践性、交互性、自主性）能够提升培训的学习效果。麦当劳推出的继任计划、一对一的教练式培训都增强了实践性；被培训者与教练上级和同事有密切的沟通和互动，这增加了交互性；麦当劳把被培训者原本以为很枯燥的培训设计得非常有趣，提升了被培训者学习的自主性。

（3）从培训过程来看，麦当劳的培训需求分析客观、科学、真实；培训计划编制合理，在案例中分别能找到体现培训计划内容的 6W2H；麦当劳在培训实施中能及时发现问题、及时解决问题，即便出现损失，也由公司层面承担；麦当劳在培训成果转化方面有保证，比如如果继任者能力素质各方面未达标，就不准晋升；麦当劳在培训效果评估环节也分别从反应层、学习层、行为层、结果层进行评估，以便积累培训经验。

第六章　绩效管理

第一部分　知识点回顾

一、绩效管理与绩效考核

　　绩效有多因性、多维性、动态性三个特点。绩效管理是指确定员工的绩效目标，收集与绩效相关的信息，持续关注和反馈员工的工作行为表现，并定期对员工的绩效目标完成情况作出评价和反馈，以保证组织实现其目标的管理过程。绩效管理的最终目的是持续提升个人、部门、组织的绩效。绩效管理并不等同于绩效考核，绩效考核只是绩效管理的一个核心组成部分；绩效管理侧重于信息的沟通和绩效的提高，绩效考核则侧重于绩效的识别、判断和评估。

知识点考核方式

辨析绩效管理与绩效考核的区别。
答题思路：绩效考核是绩效管理的一个环节。

例题

【选择题】关于绩效管理与绩效考核的陈述，下面选项中正确的有（　　　）。（多选）
A. 企业绩效管理实践中，绩效管理与绩效考核经常混用，不加区分
B. 绩效考核内涵上等同于绩效管理
C. 绩效考核是绩效管理的一个环节
D. 绩效管理侧重于信息的沟通和绩效的提高，绩效考核则侧重于绩效的识别、判断和评估。
E. 绩效管理的最终目的是持续提升组织的绩效，不包含提升个人的绩效
解析：企业绩效管理实践中，绩效管理与绩效考核经常混用，不加区分；绩效考核是绩效管理的一个环节；绩效管理侧重于信息的沟通和绩效的提高，绩效考核则侧重于绩效的识别、判断和评估。故本题选 A、C、D。

二、绩效指标与绩效标准

　　绩效指标是指对员工绩效（态度、行为、能力和业绩等因素）进行考核与评价时使用的项目。在对员工绩效进行考核时，会对某些方面的情况进行评价，而指向这些方面的概念或项目就是绩效指标。绩效标准是指在各个指标上员工绩效应该达到什么样的水

平，是一种期望达到的水平。

辨析绩效指标与绩效标准的区别。

答题思路：绩效指标是指从哪些方面来对工作绩效进行衡量或考核；绩效标准描述绩效指标需要完成到什么程度或状态。理解绩效指标与绩效标准的含义，在此基础上对问题进行判断。

例题

【选择题】下列选项中属于绩效标准的陈述有（　　）。（多选）

A. 销售额提高 8%

B. 全员劳动生产率

C. 销售额达到 3 亿元

D. 产品合格率为 98%

E. 工作时间

解析：

（1）理解绩效指标。绩效指标有多种分类方式，常见的分类有三种：1）结果指标（如产品合格率）和行为指标（如爱国爱企、团队合作）。2）硬指标（如销售量、出勤率）和软指标（如沟通协调能力、解决复杂问题的能力）。3）特质类、行为类、结果类指标，此类指标的常用考核项目见表 6-1。

表6-1　物质类、行为类、结果类指标的常用考核项目

特质类指标	行为类指标	结果类指标
专业知识	完成任务	销售额
力气	服从指令	生产水平
眼手协调能力	报告难题	生产质量
证书	维护设备	浪费
商业知识	维护记录	事故
成就欲	遵守规则	设备修理
社会需要	按时出勤	服务的客户数量
可靠性	提建议	客户满意度
忠诚		
诚实		
创造性		
领导能力		

（2）理解绩效标准。绩效标准可分为量化标准和描述性标准。量化标准又分为三种类型：1）数值型标准，如顾客投诉数量少于100。2）百分比型标准，如产品合格率为99%。3）时间型标准，如一个工作日内回复应聘者的求职申请。描述性标准是指对不可量化或量化成本较高的绩效指标给出具体的描述，如对"沟通协调能力很强"的绩效标准可描述为"缺乏沟通技巧，不善于交流，难以准确表达自己的想法"。

故本题选A、C、D。

三、绩效考核方法

绩效考核方法包括图尺度评价法、行为锚定法、行为观察量表法、目标管理法、关键绩效指标法等。每种考核方法有各自的特点并适用于不同的职位。

知识点考核方式

理解图尺度评价法。
答题思路：理解绩效考核的各种方法，依据材料信息准确识别运用的是何种考核方法。

例题

【**选择题**】表6-2为某公司行政秘书职位的绩效考核表，其使用的绩效考核方法为（　　）。

A. 图尺度评价法　　　　B. 问卷调查法
C. 关键绩效指标法　　　D. 目标与关键成果法

表6-2　某公司行政秘书职位绩效考核表

被考核者姓名				所属部门			职位名称	
绩效考核期限	从	年	月	日到	年 月 日		考核者	
1代表未达到要求；2代表基本达到要求；3代表全面达到要求；4代表很好地达到要求；5代表超过要求								
被考核职位：行政秘书								
A. 打字速度（权重：30%）							评价等级 1 2 3 4 5	
以每分钟60个单词的速度按照适当格式准确地将来自各个方面的指令打印成文件；打印通知、会议议程、工作日程和其他内部材料；打印商业协会调查报告；汇总和打印经营报告和其他各种报告，包括文本和表格；整理和打印信件、备忘录、文件副本以及其他要求打印的文件							评述：	

续表

B. 接待（权重：25%）	评价等级 1 2 3 4 5
当面或通过电话核实已签订的合同，热心地帮助来电话者和来访者；接听电话，转达消息、提供信息或将电话例行转给某人；接待来访者，提供信息或直接将客人引导到相应的办公室或个人处；在客人等待期间提供接待服务；操控自动应答设施；对来电话者及来访者保持合作态度	评述：
C. 计划安排（权重：20%）	评价等级 1 2 3 4 5
对工作日程进行有效管理，包括对约见、会议、出差以及其他此类活动的安排；为总经理、董事会成员和其他人员约见会面人员；协助进行年度会议的安排；为保证在职培训计划的实施，提供必要的服务；对组织各项设施的使用进行计划安排；为外部来访的咨询专家等安排好交通、行程以及做好费用报销等事宜	评述：
D. 文件与资料管理（权重：15%）	评价等级 1 2 3 4 5
创建并维护文件管理系统，能够按照要求迅速地归置和删除文件；制定文件空间分配计划，分别在文件管理系统中为回函、会议记录、报告、规定以及其他相关文件作出妥当的安排；将资料放进文件夹的适当地方；从文件夹中查找并取出需要的资料；对纸质文件进行挑选、装订和剔除，在必要时进行文件汇总或销毁；保存和保护某些重要文件；将文件资料整理成可直接使用的形式	评述：
E. 办公室一般事务（权重：10%）	评价等级 1 2 3 4 5
以一种受欢迎的方式和既定的程序履行相关的办公室职责；通过邮递中心处理邮件、寄送文件和邮品；拆阅外来邮件并分送；对文件进行复制；掌管一定的现金；从相关的报刊中摘取与组织有关的文章；负责公告栏的相关工作，完成其他预定的工作	评述：

考核者总评述：
总评分： 考核者签字： 日期：
被考核者自述：
被考核者签字： 日期：
上下级双方所达成的共识、异议与其他需补充说明的问题： 主管签字： 下属签字：
审核者意见 审核者签字： 日期：

资料来源：加里·德斯勒.人力资源管理：第14版.北京：中国人民大学出版社，2017.

解析： 图尺度评价法是一种最简单和运用最普遍的绩效考核方法。图尺度评价法首先给出不同的等级并对等级进行明确的定义和描述，然后由考核者针对每一个绩效指标、管理要项和绩效标准，按照给定的等级进行评估，最后给出总的评价。故本题选 A。

知识点考核方式

理解行为锚定法。

答题思路：理解绩效考核的各种方法，依据材料信息准确识别运用的是何种考核方法。

例题

【选择题】图 6-1 为某公司的员工行为表现考核表，其使用的绩效考核方法为（　　）。

A. 图尺度评价法　　　　　　　　　B. 行为锚定法

C. 关键绩效指标法　　　　　　　　D. 行为观察量表法

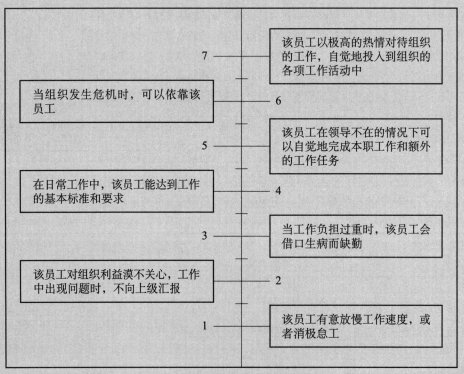

图 6-1　某公司的员工行为表现考核表

解析：行为锚定法将每项工作的特定行为用一张等级表来反映，该等级表将工作中可能发生的各种典型行为划分为不同的级别（从最积极的行为到最消极的行为），考核时考核者只需将员工的行为对号入座即可。故本题选 B。

知识点考核方式

设计行为观察量表。

答题思路：

（1）行为观察量表法观察的是行为发生的频次而非行为本身。

（2）设定表示频次的几个维度，如"从不、偶尔、有时、经常、总是"或者用百分数表示。

（3）设计每个行为的权重。

知识点考核方式

运用目标管理法对员工进行绩效考核时，如何有效提升考核效果？

答题思路： 深刻理解目标管理法的实施要点，针对每个要点提出有效的措施。

例题

【综合题】企业在运用目标管理法进行绩效考核时，常有效果不佳的状况发生。阐述如何有效实施目标管理法。

解析： 有效实施目标管理法，必须抓住三个要点：目标、管理、沟通。

（1）目标。企业需把握目标设定的原则及步骤。

1）目标设定遵循 SMART 原则。具体来说，包括：目标明确具体原则（specific）；目标可测量原则（measurable）；目标可达成原则（attainable），即目标必须是可实现的，同时应当具有一定的挑战性；目标相关原则（relevant），即目标必须与其他目标具有相关性，而且必须与各个职位职责密切相关；目标时间原则（time-bound），即绩效目标的完成必须有明确的时间要求。

2）目标设定的步骤。员工层面绩效考核目标的设定步骤：被考核者的上级当面告知被考核者制定绩效考核目标的方针和原则；被考核者依据该原则拟定本职位的绩效考核目标；被考核者和上级充分沟通被考核者的绩效目标；由上级最终确定被考核者的绩效目标。

（2）管理。管理既指过程管理，也包括结果管理。

1）过程管理。目标管理绝不意味着只是在期初确定目标后，到期末按照目标对员工进行考核而不理会中间过程。目标管理非常注重过程管理，管理者必须在整个绩效管理期间关注和监控下属的工作表现，发现问题及时沟通并解决，以保证绩效目标的实现。

2）结果管理。结果管理主要体现为奖惩安排：对绩效目标完成好的员工给予奖励，对绩效目标完成差的员工给予惩罚，激励员工改进绩效。

（3）沟通。整个目标管理过程中都需要上下级之间有充分的沟通。无论是在确定绩效目标之时，还是在整个绩效管理期间或者是完成绩效之后的考核与总结过程中，都伴随着密集、双向、主动的沟通。沟通是目标管理法得以有效实施的不可或缺的工具。

简言之，上述三个要点中每个环节出现纰漏都会影响目标管理法的实施效果。管理者需要在实施目标管理法的过程中认真把握每个要点。

知识点考核方式

辨析常见职位应该用何种绩效考核方法。

答题思路： 选择绩效考核方法时可依据以下几个原则：（1）对于成果产出可以有效测量的职位，采用结果导向型考核方法，如目标管理法、关键绩效指标法、图尺度评价法（对结果可以测量的考核指标赋予较高的权重）；（2）考核者有机会、有时间观察被考核者需要考核的行为时，采用行为导向型考核方法，如行为锚定法、行为观察量表法、关键事件法。

例题

【综合题】 列出下列职位分别适合采用哪种绩效考核方法：销售人员、生产工人、超市负责退换货的员工。

解析：

（1）适合采用结果导向型考核方法的职位：销售人员、生产工人。对销售人员可以采用目标管理法或者关键绩效指标法；对生产工人也可以采用关键绩效指标法。

（2）适合采用行为导向型考核方法的职位：超市负责退换货的员工。对超市负责退换货的员工可以采用行为观察量表法，即观察某个行为发生的频次，如对于负责退换货的员工，如果观察100次他们有90次以上能做到微笑服务且使用礼貌用语就可记为绩效优秀。

知识点考核方式

运用绩效管理理论与方法初步分析绩效管理实践问题。

答题思路： 以绩效管理过程为主线，从绩效计划、绩效监控与绩效辅导、绩效考核、绩效反馈几个层面来分析绩效管理实践问题。

例题

【综合题】 某公司对销售部门的员工进行绩效考核，每项打分最高6分，最低1分，某位销售员的考核结果见表6-3。但实践证明该考核表的考核结果不准确，考核表设计得不合理。试着重新设计考核指标及其权重、考核者及其权重。

表6-3　某公司销售人员绩效考核表

考核指标		权重（%）	考核得分					
			上级考核（10%）	同事考核（20%）	下级考核（15%）	自我考核（25%）	客户考核（30%）	本项得分
个人特质	事业心	20	4	5	4	5	5	
	主动性	20	3	4	4	5	4	
工作行为	合作能力	20	4	5	4	4	5	
	服务水平	20	4	4	4	5	4	
工作成果	合同维持	10	3	3	4	4	4	
	业务开拓	10	4	4	5	5	4	
总分＝								

考核尺度与分数：杰出，6分；优秀，5分；良好，4分；一般，3分；较差，2分；极差，1分

解析：答案不唯一，下面只列举三种，分别见表6-4、表6-5、表6-6。

（1）考核指标。销售人员职位的特点适合用结果导向型考核方法。考核指标中的工作成果的权重（合同维持与业务开拓两个子指标合计）至少要占到60%（含）以上；工作行为的两个子指标（合作能力和服务水平）与个人特质的两个子指标（事业心和主动性）的权重合计不可超过40%。个人特质考核指标、工作行为考核指标的权重都可为0。

（2）考核者及其权重。考核者可以来自五个不同的层面，即上级、同事、下级、自己、外部人员。具体来说，上级考核的权重需占60%（含）以上（可以达到100%），自我考核、同事考核、下级考核、外部考核的权重都不能超过10%，因为多一层考核者就会多一些误差及考核成本，故可以酌情把次要指标的权重设定为0。详细分析如下：

1）上级考核。被考核者的上级主管对被考核者承担着领导管理与监督的责任，对下属人员是否完成了工作任务，是否达到了预定的绩效目标等实际情况比较熟悉了解，而且能较客观地进行考核，所以在绩效管理过程中，一般以上级主管的考核为主，主管给出的考核分数对被考核者的考核结果影响很大，占60%（含）以上。

2）同事考核。同事通常与被考核者共同工作，联系密切，相互协作，相互配合，被考核者的同事比上级更清楚地了解被考核者，对其潜质、工作态度、工作能力和工作业绩比较了解。但他们在参与考核时常受人际关系状况的影响，所以在绩效管理中，同事考核应占10%（含）以下。

3）下级考核。被考核者的下级与前两类考核者不同，作为被考核者的下属，他们对被考核者的工作作风、行为方式、实际工作成果有比较深入的了解，对其一言一行有亲身的感受，而且有着独特的观察视角。但他们对被考核者又容易心存顾虑，

致使考核结果缺乏客观公正性，所以其考核结果的权重一般控制在10%（含）以下。

4）自我考核。自我考核容易受到个人的多种因素的影响，具有一定的局限性，所以其考核结果的权重一般控制在10%（含）以下。

5）外部人员考核。外部人员即被考核者所在部门或小组以外的人员，如直接服务的客户，他们虽能较客观公正地参与绩效考核，但很可能不太了解被考核者的能力、行为和实际工作情况，其考核结果的准确性和可靠性大打折扣。在实际考核中，采用外部人员考核时，其考核结果的权重一般控制在10%（含）以下。

表6-4　某公司销售人员绩效考核表（一）

考核尺度与分数：杰出，6分；优秀，5分；良好，4分；一般，3分；较差，2分；极差，1分

考核指标		权重（%）	考核得分					
			上级考核（70%）	同事考核（10%）	下级考核（10%）	自我考核（5%）	客户考核（5%）	本项得分
个人特质	事业心	10						
	主动性	10						
工作行为	合作能力	10						
	服务水平	10						
工作成果	合同维持	30						
	业务开拓	30						
总分＝								

表6-5　某公司销售人员绩效考核表（二）

考核尺度与分数：杰出，6分；优秀，5分；良好，4分；一般，3分；较差，2分；极差，1分

考核指标		权重（%）	考核得分					
			上级考核（100%）	同事考核（0）	下级考核（0）	自我考核（0）	客户考核（0）	本项得分
个人特质	事业心	0						
	主动性	0						
工作行为	合作能力	0						
	服务水平	0						
工作成果	合同维持	50						
	业务开拓	50						
总分＝								

表6-6 某公司销售人员绩效考核表（三）

考核尺度与分数：杰出，6分；优秀，5分；良好，4分；一般，3分；较差，2分；极差，1分								
考核指标		权重（%）	考核得分					
			上级考核（90%）	同事考核（0）	下级考核（0）	自我考核（0）	客户考核（10%）	本项得分
个人特质	事业心	0						
	主动性	0						
工作行为	合作能力	10						
	服务水平	10						
工作成果	合同维持	40						
	业务开拓	40						
总分=								

第二部分 习 题

一、单项选择题

1. 下列关于绩效管理与绩效考核的说法，正确的是（ ）。

  A. 绩效考核侧重于信息的沟通和绩效的提高

  B. 绩效管理有助于组织战略目标的实现

  C. 绩效管理是绩效考核的重要组成部分

  D. 绩效考核有助于建设和谐的组织文化

2. "不同考核者对同一员工的评价基本相同"体现的有效绩效管理的特征是（ ）。

  A. 敏感性   B. 可靠性   C. 实用性   D. 可接受性

3. 下列关于绩效监控和绩效辅导的说法，正确的是（ ）。

  A. 绩效辅导是管理者为掌握下属的工作绩效情况进行的一系列活动

  B. 绩效辅导是绩效监控的基础

  C. 绩效监控是在已经掌握下属工作绩效的前提下，为提高绩效水平进行的一系列活动

  D. 绩效辅导贯穿绩效实施的整个过程

4. 知识型团队的绩效考核指标中，用来判断工作产出结果的是（ ）。

  A. 效益型指标   B. 风险型指标   C. 效率型指标   D. 递延型指标

5. 关于企业不同竞争战略下的绩效管理策略的说法，正确的是（ ）。

  A. 采用低成本战略的企业，应尽量使绩效考核主体多元化

  B. 采用差异化战略的企业，应尽量缩短绩效考核周期

C. 采用差异化战略的企业，应尽量使绩效考核主体简单化

D. 采用低成本战略的企业，应选取以结果为导向的绩效考核方法

6. 关于绩效考核方法的说法，正确的是（　　　）。

　　A. 根据某项绩效标准，将每位员工逐一与其他员工进行比较以选出优胜者，最后根据每位员工获胜的次数进行绩效排序，这种绩效考核方法是配对比较法

　　B. 列出绩效指标，要求考核者在观察的基础上将员工的工作行为与绩效标准进行对照，以判断该行为出现的频率或绩效的完成程度，这种绩效考核方法是交替排序法

　　C. 将每项工作的特定行为用一张等级表（从最积极的行为到最消极的行为）进行反映，考核者只需将员工的行为对号入座，这种绩效考核方法是行为观察量表法

　　D. 采取"掐头去尾"和"逐级评价"的方法最终获得员工的绩效排序，这种绩效考核方法是行为锚定法

7. 关于绩效管理工具的说法，正确的是（　　　）。

　　A. 目标管理法倾向于聚焦企业长期目标

　　B. 标杆超越法中的标杆企业主要为其他行业的优秀企业

　　C. 关键绩效指标的数量应该尽量多一些，以更加全面地评价绩效

　　D. 平衡计分卡法从战略层面揭示了四个绩效角度之间的因果关系

8. 对一个人进行评价时，往往会因为对他的某一特质强烈而清晰的感知掩盖了对其他方面品质的感知，这属于评价误区中的（　　　）。

　　A. 晕轮效应　　　　　B. 刻板印象　　　　　C. 首因效应　　　　　D. 近因效应

9. 关于绩效管理工具的说法，正确的是（　　　）。

　　A. 目标管理法的假设之一是员工是愿意工作的，而不是逃避工作

　　B. 目标管理法比关键绩效指标法更适用于企业战略调整期

　　C. 标杆超越法强调标杆企业应该与本企业高度相似并且属于同一行业

　　D. 关键绩效指标必须是数量类指标

10. 关于绩效评价误区的说法，正确的是（　　　）。

　　A. 上级根据过宽或过严的绩效标准对员工进行绩效评价的误区，称为趋中效应

　　B. 上级根据对员工的最初印象做出绩效评价的误区，称为晕轮效应

　　C. 上级根据对员工的最终印象做出绩效评价的误区，称为近因效应

　　D. 上级对员工的某种强烈而清晰的特质感知导致其忽略了员工在其他方面的表现，这种评价误区称为盲点效应

11. 关于绩效面谈技巧的说法，正确的是（　　　）。

　　A. 在绩效面谈中，主管人员应将重点放在对员工进行批评和教育上

　　B. 主管人员应该主导绩效面谈，可以随时打断员工的陈述

　　C. 主管人员可以利用在公司食堂吃午餐的时间与员工进行绩效面谈

　　D. 在绩效面谈时，主管人员应当以积极的方式结束谈话

12. 关于绩效考核和绩效管理的说法，正确的是（　　　）。

　　A. 绩效管理与绩效考核是等价的

B. 绩效管理是一个完整的管理过程

C. 绩效管理侧重于绩效的识别、判断和评估

D. 绩效考核侧重于信息沟通和绩效提高

13. 关于绩效评价误区的说法，正确的是（　　　）。

A. 上级根据最初印象对员工做出绩效评价，因此产生的评价误区称为刻板印象

B. 上级对员工的某一特质产生了强烈、清晰的感知，导致其忽略了此员工其他方面的品质，因此产生的评价误区称为晕轮效应

C. 上级不恰当地给自己喜欢的下属较高的绩效评价分数，因此产生的评价误区称为盲点效应

D. 上级对员工的绩效评价结果受到员工所属群体的影响，因此产生的评价误区称为首因效应

14. 关于绩效管理与绩效考核的说法，错误的是（　　　）。

A. 绩效管理有助于企业战略目标的实现

B. 绩效管理的有效性在一定程度上取决于绩效考核的科学性

C. 绩效考核侧重绩效的识别

D. 绩效管理侧重绩效的判断

15. 关于绩效管理工具中平衡计分卡法的说法，错误的是（　　　）。

A. 这种方法的实施成本很高

B. 这种方法避免了仅仅关注财务指标的弊端

C. 这种方法实现了评估系统与控制系统的结合

D. 这种方法着眼于企业的短期目标实现

16. 绩效计划的制订原则，不包括（　　　）。

A. 全员参与原则　　　　　　　　　B. 战略相关性原则

C. 多职位通用原则　　　　　　　　D. 系统化原则

17. 关于绩效管理工具的说法，错误的是（　　　）。

A. 目标管理法在考核过程中存在大量的主观偏见

B. 标杆超越法容易导致企业失去自身特色

C. 目标管理法可能会牺牲企业的长远利益

D. 标杆超越法中的标杆指的是最佳实践或最佳标准

单项选择题参考答案

1. B。绩效管理侧重于信息的沟通和绩效的提高，选项 A 错误。绩效管理是一个完整的管理过程，而绩效考核只是绩效管理中的一个环节，选项 C 错误。绩效管理有助于建设和谐的组织文化，选项 D 错误。

2. B。有效绩效管理的特征包括：敏感性（明确区分高绩效员工和低绩效员工）；可靠性（不同考核者对同一个员工所做的评价基本相同）；准确性（把工作标准和组织目标联系起来确定绩效的好坏）；可接受性（组织上下共同支持绩效工作）；实用性（成本小于收益）。

3. D。绩效辅导指的是在掌握了下属工作绩效的前提下，为提高员工绩效水平和自

我效能感而进行的一系列活动，选项 A 错误。绩效监控是绩效辅导的基础，选项 B 错误。绩效监控是在绩效考核期间管理者为掌握下属的工作绩效情况进行的一系列活动，选项 C 错误。

4. A。知识型团队的绩效考核应综合应用下列四个角度的指标：效益型指标（可以直接用来判断知识型团队的工作产出结果，即团队的工作产出满足客户需求的程度）；效率型指标（知识型团队为获得效益指标所付出的成本和投入产出的比例）；递延型指标（团队的工作过程和工作结果对客户、投资者、团队成员的长远影响）；风险型指标（判断不确定性风险的大小及其对团队和团队成员的危害程度）。

5. D。低成本战略：选择以结果为导向、成本较低的绩效考核方法（如目标管理法）；使用客观的财务指标；只选择直接上级为绩效考核主体；考核周期不宜过短。差异化战略：弱化员工工作的直接结果，鼓励员工多进行创新活动；选择以行为为导向的绩效考核方法；绩效考核主体多元化；考核周期不宜过短。

6. A。选项 B 属于行为观察量表法，选项 C 属于行为锚定法，选项 D 属于强制分布法。

7. D。目标管理法倾向于聚焦企业短期目标，选项 A 错误；标杆企业与本企业有相似的特点，选项 B 错误；关键绩效指标的数量不宜过多，选项 C 错误。

8. A。晕轮效应是指对一个人进行评价时，往往会因为对他的某一特质强烈而清晰的感知而掩盖了对其他方面品质的感知。

9. A。关键绩效指标法将企业绩效指标与企业的战略目标紧密联系在一起，将企业目标和个人目标很好地整合在一起，更适合用企业战略调整期，选项 B 错误。标杆企业的寻找范围并不局限在同行业，应该有更广阔的视角，选项 C 错误。关键绩效指标包括数量类、质量类、成本类、时限类，选项 D 错误。

10. C。选项 A 应为过宽或过严倾向；选项 B 应为首因效应；选项 D 应为晕轮效应。

11. D。主管人员应当采取赞扬与建设性批评相结合的方式，在肯定员工表现的同时，指出其可改进之处，避免员工产生抵触情绪，选项 A 错误。面谈中最忌讳主管人员喋喋不休，时常打断员工的陈述，选项 B 错误。主管人员在确定面谈时间时，要尽量避开上下班、开会等让人分心的时段，选项 C 错误。

12. B。绩效管理是一个完整的管理过程，侧重于信息的沟通和绩效的提高；而绩效考核是绩效管理中的一个环节，侧重于绩效的识别、判断和评估。

13. B。首因效应是指人们在相互交往的过程中，往往根据最初的印象去判断一个人，选项 A 错误。晕轮效应指对一个人进行评价时，往往会因为对被评价者的某一特质的强烈的清晰的感知而掩盖了对其他方面品质的感知。在这种效应下，主管给自己喜欢的下属较高的分数，给不喜欢的下属较低的分数，选项 C 错误。刻板印象指个人对他人的看法，往往受到他人所属群体的影响，选项 D 错误。

14. D。本题考查绩效管理与绩效考核的概念及关系。绩效管理侧重于信息的沟通和绩效的提高，绩效考核则侧重于绩效的识别、判断和评估。

15. D。本题考查平衡计分卡法。平衡计分卡法是一种新型的战略性绩效管理的工具和方法，也比较适用于企业战略进行重大调整的时期，它着眼于公司的长远发展，从四个角度关注企业绩效，即客户角度、内部流程角度、学习与发展角度、财务角度。平衡计分卡法实现了评估系统与控制系统的结合。

16. C。本题考查绩效计划的制订原则。绩效计划的制订原则包括：价值驱动原则、战略相关性原则、系统化原则、职位特色原则、突出重点原则、可测量性原则、全员参与原则。

17. A。本题考核绩效管理工具。目标管理法设定的指标通常是可量化的客观标准，因此，在考核过程中很少存在主观偏见。

二、多项选择题

1. 下列关于绩效管理工具中标杆超越法的说法，正确的有（　　）。

 A. 标杆企业可以没有卓越的绩效

 B. 标杆企业的寻找范围应局限在同行业

 C. 标杆超越的实质是企业的变革

 D. 标杆企业被瞄准的领域应与本企业有相似的特点

 E. 标杆超越法更加重视比较和衡量

2. 下列关于绩效管理工具中目标管理法的说法，正确的有（　　）。

 A. 它的假设之一是员工是不愿意工作的

 B. 它聚焦于短期目标

 C. 它较为公平

 D. 它适用于企业战略在一定时期内相对稳定的企业

 E. 它可能增加企业的管理成本

3. 目标管理的要素包括（　　）。

 A. 技能薪酬   B. 不限期完成   C. 参与决策

 D. 绩效反馈   E. 目标具体化

4. 绩效目标中的发展目标强调的是与组织目标相一致的（　　）。

 A. 部门目标   B. 个人目标   C. 价值观

 D. 能力   E. 核心行为

5. 关于知识型团队的绩效考核的说法，正确的有（　　）。

 A. 知识型团队的绩效考核应该以结果为导向

 B. 绩效型指标可以用来判断知识型团队的工作产出结果

 C. 效益型指标能够反映知识型团队付出的成本以及投入产出的比例

 D. 递延型指标能够反映知识型团队的工作过程和工作结果对客户、投资者、团队成员产生的长远影响

 E. 风险型指标能够用来判断不确定性风险的大小及其对团队和团队成员产生的危害程度

6. 下列关于绩效考核方法的说法，正确的有（　　）。

 A. 行为锚定法具有较低的信度

 B. 行为锚定法的开发成本较低

 C. 图尺度评价法无法为员工改进工作提供具体指导

D. 图尺度评价法往往只有模糊的绩效标准

E. 行为观察量表法的内部一致性较好

多项选择题参考答案

1. CDE。选择标杆企业应遵循两个标准：一是标杆企业要有卓越的绩效，二是标杆企业被瞄准的领域与本企业有相似的特点，选项 A 错误。标杆企业的寻找范围并不局限于同行业，应该有更广阔的视角，选项 B 错误。

2. BCDE。目标管理法的假设之一是认为员工是乐于工作的，选项 A 错误。

3. CDE。目标管理四要素包括目标具体化、参与决策、限期完成和绩效反馈。

4. CDE。绩效计划目标的种类包括：（1）绩效目标。指来源于组织目标、部门目标和个人目标，主要用于描述员工应执行的职位职责和应完成的量化产出指标。（2）发展目标。指支持员工实现绩效目标、促进员工自身发展的能力标准，主要强调与组织目标相一致的价值观、能力和核心行为。

5. ADE。知识型团队的绩效考核以结果为导向，而不是以行为为导向。知识型团队的绩效考核应综合应用下列四个角度的指标：效益型指标（可以直接用来判断知识型团队的工作产出结果，即团队的工作产出满足客户需求的程度）；效率型指标（知识型团队为获得效益指标所付出的成本和投入产出的比例）；递延型指标（团队的工作过程和工作结果对客户、投资者、团队成员的长远影响）；风险型指标（判断不确定性风险的大小及其对团队和团队成员产生的危害程度）。

6. CDE。本题考查绩效考核方法。等级尺度上所附带的关键事件能使考核者更加清楚究竟什么是"优秀"，什么是"一般"，从而排除了考核者的主观臆断，所以，行为锚定法的考核结果具有较高的信度。行为锚定法开发成本高，操作流程复杂，需要投入大量的人力、物力、财力才能制定出合理的行为等级表。

三、综合题

1. 图表分析题

某企业正在进行绩效考核，其中考核人员 A、B、C 的打分结果如图 6-2 所示。请据此分析这三位考核人员的考核误差，并分析该误差会给企业带来哪些不良影响。

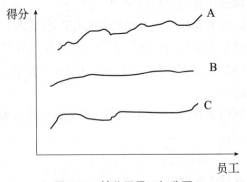

图 6-2　某公司员工打分图

解析：从理论上分析，员工的工作表现和工作绩效应服从正态分布，即最好和最差占少数，中等的或正常工作水平的员工占大多数。然而，在实际活动中，被考核员工的考核结果往往出现不服从正态分布的情形，如过宽倾向、趋中倾向和过严倾向。本题中，考核人员A的打分结果均偏高，犯了过宽倾向的错误；考核人员B的打分结果过于集中，犯了趋中倾向的错误；考核人员C打分结果均偏低，犯了过严倾向的错误。

过宽倾向，即考核结果是负偏态分布，也就是大多数员工被评为优秀。这样容易使低绩效的员工滋生某种侥幸心理，持有"蒙混过关"的心态，不仅不利于组织的变革和发展，导致狭隘的内部保护主义的错误倾向，更不利于个人绩效的改进和提高，特别容易使那些业绩优秀的员工受到伤害。

趋中倾向，即考核结果相近，都集中在某一分数段或所有的员工都被评为一般，使被考核者全部集中于中间水平，或者说是平均水平，没有真正体现员工之间实际绩效存在的差异，这往往是绩效标准不明确或主管在考核工作中的平均心理造成的。这种考核结果造成绩效管理的扭曲，出现"好人不好，强人不强，弱者不弱"，某些人考核结果偏高，而某些人考核结果偏低的现象。

过严倾向，即考核结果是正偏态分布，也就是大多数员工被评为不合格或勉强合格。这种误差对组织来说，容易造成紧张的组织氛围；对个体来说，容易增加工作压力，打击员工的士气和斗志，降低员工的工作满意度，不利于调动业务骨干的积极性、主动性和创造性。

克服分布误差的最佳方法就是采用强制分布法，即将全体员工按绩效从优到劣依次排列，然后按各分数段的理论次数分布分别给予相应的评分。

2. 李某是M公司的生产部门主管，该部门有20多名员工，其中既有生产人员又有管理人员。该部门采用的绩效考核方法是排队法，每年对员工考核一次。具体做法是：根据员工的实际表现打分，每名员工最高分100分，上级打分占30%，同事打分占70%。在考核时，20多人互相打分，以此确定员工的排序。李某平时很少与员工就工作中的问题进行交流，只是到了年度奖金分配时才对所属员工进行打分排序。

思考题：

（1）该部门在绩效考核过程中存在哪些问题？

（2）产生这些问题的原因是什么？

解析：

（1）该部门在考核过程中存在的问题包括：不应该将管理人员与生产人员混合考核；考核方法缺乏客观性标准；上级的考核权重应该提到60%～100%；生产人员的考核周期可以适当缩短。

绩效考核周期，是指多长时间对员工进行一次绩效考核。考核周期太短会增加企业管理成本，考核周期太长又不利于员工工作绩效的改进，应确定一个合理的考核周期。

绩效考核分为不定期的和定期的。比如公司财务部经理离职，需要在财务部内部对两名财务主管进行绩效评估，以确定哪一个可以晋升到财务部经理职位，这种考核就是不定期的。定期的考核根据考核周期的长短可以分为日、周、月、季度、半年、年度考核。

具体选择哪种考核周期，要考虑以下几个因素：1）职位的性质。一般来说，职位的工作绩效比较容易考核的，考核周期相对要短一些；低职位的考核周期要比高职位的考核周期短一些。2）指标的性质。性质稳定的考核指标，考核周期要长些。例如，员工的工作能力比工作态度要稳定一些，因此能力指标的考核周期要比态度指标长些。3）标准的性质。考核周期的长度应当保证员工经过努力能够实现这些标准，不应出现因考核周期太短而根本完不成指标，或者因考核周期太长而太容易完成指标的情况。

（2）李某欠缺绩效管理方面的知识，无法开展有效的绩效管理工作；该公司的绩效管理目的不明确，只是为了发奖金。

3．某公司又到了年终绩效考核的时候了，从主管人员到员工每个人都忐忑不安。公司采用强制分布法，根据员工的考核结果，将每个部门的员工划分为 A、B、C、D、E 五个等级，分别占 10%、20%、40%、20%、10%。如果员工有一次被排在最后一个等级，工资降一级，如果有两次排在最后一个等级，则停工进行培训，培训期间只领取基本生活费，培训后根据考核结果决定是否上岗，如果上岗后再次被排在最后一个等级则被淘汰。主管人员与员工对这种绩效考核方法都很有意见。财务部主管老高每年都为此煞费苦心，该部门是职能部门，大家工作中都没犯什么错误，完成得很好，把谁评为 E 档都不合适。去年，小田因家里有事请了几天假，迟到了几次，但是也没耽误工作。老高没办法只好把小田报上去了。为此，小田一直耿耿于怀。今年又该把谁报上去呢？

思考题：

（1）请问财务部是否适合采用强制分布法进行绩效考核？为什么？

（2）如果重新设计该公司财务部门的绩效考核方案，你认为应该注意哪些问题？

解析：

（1）财务部门不适合使用强制分布法进行绩效考核，主要原因有两点。1）强制分布法的一个假设是，员工的工作行为和工作绩效整体呈正态分布，即员工的工作行为和工作绩效的好、中、差得分不存在一定的比例关系，考核结果为"中"的员工应该最多，考核结果为"好"与"差"的很少。2）而财务部门员工的工作行为与工作绩效不符合正态分布，从案例中也可以看出，员工绩效之间的差距很小。因此不适合应用强制分布法进行绩效考核。

（2）为财务部门重新设计绩效考核方案，应该注意以下问题：明确考核目标；根据考核目标确定考核指标，考核指标要全面，包括业绩指标、能力指标、态度指标；考核指标的权重分配要合理；选择合适的考核方法，建议使用行为观察量表法，它要求考核者根据某一工作行为发生的频率或次数的多少对被考核者进行评价打分；重视绩效面谈的作用。

第七章　　薪酬管理

第一部分　知识点回顾

一、薪酬

薪酬（compensation）是指企业因员工按要求完成工作而支付给员工的各种报酬。

薪酬可分为经济性薪酬和非经济性薪酬（见表7-1）。经济性薪酬又包括基本薪酬、可变薪酬、福利薪酬。

表7-1　薪酬的分类

经济性薪酬		非经济性薪酬	
直接经济报酬	间接经济报酬	与工作特征相关的报酬	与工作环境相关的报酬
工资	保险	培训机会	领导力
薪金	带薪休假	晋升机会	认可
奖金	住房资助	工作挑战性	成就
佣金	员工福利及特权	职业发展	人才管理
红利	……	……	……
……			

资料来源：闫飞龙.人力资源管理.北京：中国人民大学出版社，2018.

（一）基本薪酬

基本薪酬也称标准薪酬或基础薪酬，是指企业根据员工所承担的工作或员工所具备的技能、能力而向员工支付的相对稳定的报酬，它为员工提供了基本的生活保障和稳定的收入来源。

基本薪酬的特点：（1）常规性。基本薪酬是员工在法定工作时间内和正常条件下完成定额劳动的报酬。（2）稳定性。员工的基本薪酬数额以组织所确定的基本薪酬等级为依据，等级标准在一定时期内相对稳定，员工的基本薪酬数额也相对固定。（3）基准性。基准性有两层含义：其一，基本薪酬是辅助薪酬（可变薪酬与福利薪酬）的计算基准，辅助薪酬的数额、比例及变动以基本薪酬为基础，在薪酬管理中，称基本薪酬为辅助薪酬的"平台"；其二，为保证员工的基本生活需要，政府一般会对企业基本薪酬的下限作出强制性规定。

（二）可变薪酬

可变薪酬也称激励薪酬、浮动薪酬，是指企业根据员工的工作绩效或工作目标的完成情况而支付的报酬。采用可变薪酬的目的是在薪酬和绩效之间建立一种直接的联系，从而引导员工行为，以实现企业的战略发展目标。

可变薪酬的特点：（1）补充性。基本薪酬具有相对稳定的特点，不能及时反映员工实际工作绩效和组织需要的变化，而可变薪酬可以作为基本薪酬的补充。（2）激励性。可变薪酬通过支付标准、支付时间、支付方式的变化，把员工利益和组织的发展联系在一起，能起到激励员工实现组织目标的作用。

从激励对象维度讲，可变薪酬可分为个人奖励计划和团队奖励计划；从时间维度来讲，可变薪酬可分为短期奖励计划和长期奖励计划。

短期奖励计划（一年以内兑现的可变薪酬）一般是建立在非常具体的绩效目标基础之上的，主要表现形式是奖金。奖金是组织对员工的超额劳动或突出绩效以货币形式支付的奖励性报酬。长期奖励计划（兑现时间一般超过一年）的目的在于鼓励员工实现跨年度或多年度的绩效目标。在实践中，许多企业的高层管理人员和一些核心的专业技术人员所获得的企业股权、股票期权以及与企业长期目标（如市场占有率、投资收益率等）的实现挂钩的红利等，都属于长期奖励计划。

（三）福利薪酬

福利薪酬也称间接薪酬，是指企业向员工支付的，不以员工的工作时间或工作绩效为依据，而以员工的身份为依据的，具有普遍性的非货币报酬。

福利包括法定福利和自主福利，前者一般指五险一金（养老保险、医疗保险、失业保险、工伤保险、生育保险、住房公积金）。自主福利是指企业自主确定给员工提供的福利。

作为一种不同于其他薪酬形式的薪酬支付手段，福利薪酬具有独特的优势。第一，由于减少了以现金方式支付给员工的薪酬，并且很多国家对部分福利项目有免税的规定，因此，组织通过这种方式能达到适当避税的目的；第二，福利薪酬为员工将来的退休生活和一些可能发生的不可预测事件提供了保障；第三，福利薪酬具有灵活的支付形式，可以满足员工多种工作和生活需求，具有货币薪酬所无法比拟的功能，如提高服务水平、增强组织凝聚力等。

知识点考核方式

辨析经济性薪酬和非经济性薪酬。
答题思路：
（1）薪酬分为经济性薪酬和非经济性薪酬。
（2）经济性薪酬主要分为：基本薪酬、可变薪酬、福利薪酬。

例题

【案例分析题】雷尼尔效应
位于美国西雅图的华盛顿大学选择了一处地点，准备修建一座体育馆。消息一传出，立刻引起了教授们的反对。最终学校领导听取了教授们的意见，取消了这项计划。

教授们为什么会反对校方修建体育馆呢？因为如果体育馆落成，教授们欣赏美景的视线就会被挡住。原来，与美国教授平均工资水平相比，华盛顿大学教授的工资要低20%左右。教授们之所以愿意接受较低的工资，而不到其他大学去寻找工资更高的教职，完全是因为留恋西雅图的湖光山色：西雅图靠近太平洋，大大小小的湖星罗棋布，天气晴朗时可以看到雷尼尔山，还可以开车去圣海伦斯火山……为了美好的景色而放弃获得更高收入的机会，被华盛顿大学经济系的教授们戏称为"雷尼尔效应"。

资料来源：https://baike.baidu.com/item/%E9%9B%B7%E5%B0%BC%E5%B0%94%E6%95%88%E5%BA%94/7636190?fr=aladdin.

思考题：华盛顿大学的教授们更愿意接受低于其他高校20%左右的薪酬的原因是什么？

解析：华盛顿大学的教授们愿意接受低于其他高校20%左右的薪酬，是因为他们更在意一种非经济性薪酬——西雅图的湖光山色。

知识点考核方式

理解基本薪酬的基准意义。

答题思路：

（1）基本薪酬属于经济性薪酬。

（2）基本薪酬是其他两项经济性薪酬（可变薪酬与福利薪酬）的设计基准。

例题

【思考题】为什么企业的财务部经理与成本会计两个职位的工资中每月扣除的各种社保费用不同，且年底发放奖金的数额也不一样？

解析：因为两个职位的基本薪酬不一样，而基本薪酬是可变薪酬（如本题中的年底奖金）和福利薪酬的基数，因此财务部经理与成本会计职位工资中每月扣除的各种社保费用不同，年底发放奖金的数额也不一样。

二、薪酬管理

（一）薪酬管理的含义

薪酬管理（compensation management）是指企业在经营战略和发展规划的指导下，综合考虑内外部各种因素的影响，确定薪酬体系、薪酬水平、薪酬结构、薪酬政策，明确员工所得的薪酬，并进行薪酬调整和薪酬控制的过程。薪酬调整是指企业根据内外部各种因素的变化，对薪酬水平、薪酬结构和薪酬形式进行相应的调整。薪酬控制指企业对支付的薪酬总额进行测算和控制，以维持正常的薪酬成本开支，避免给企业带来过重的财务负担。

（二）薪酬管理的原则

1. 公平性

公平性是指员工对组织薪酬管理系统以及管理过程的公平、公正状况的看法或感知，这种公平性涉及员工对于本人薪酬与组织外部劳动力市场的薪酬状况、组织内部不同职位以及类似职位的薪酬水平之间的对比结果。任何一个组织的薪酬管理体系都必须达到以下四个方面的公平性要求：薪酬的外部公平性或者外部竞争性；薪酬的内部公平性或者内部一致性；绩效薪酬的公平性；薪酬管理过程的公平性。

2. 有效性

有效性是指薪酬管理系统在多大程度上能够帮助组织实现预定的经营目标。经营目标不仅包括利润率、销售额、股票价格等方面的财务指标，还包括客户服务水平、产品或服务的质量、团队建设以及组织和员工的创新和学习能力等方面的定性指标。

3. 合法性

合法性是指组织的薪酬管理体系和管理过程是否符合国家相关法律的规定。从国际通行情况来看，与薪酬管理有关的法律主要包括最低工资立法、同工同酬立法或反歧视立法等。

（三）影响薪酬管理的主要因素

在市场经济条件下，企业的薪酬管理活动会受到内外部多种因素的影响，为了保证薪酬管理的有效实施，必须对这些影响因素有所了解。一般来说，影响企业薪酬管理的因素主要有三类。

1. 企业外部因素

（1）劳动力市场的供求关系与竞争状况。劳动力价格（薪资）受供求关系的影响，劳动力市场的供求关系失衡时，劳动力价格也会偏离其本身的价值。一般而言，供大于求时，劳动力价格（薪资）会下降；供小于求时，劳动力价格（薪资）会上升。

（2）地区及行业差异。企业应根据所在地区的经济发展水平及所属行业的特点来制定薪酬标准：一般情况下，经济发达地区的薪酬水平高于经济相对落后地区，处于行业成长期和成熟期的企业的薪酬水平高于处于行业衰退期的企业的薪酬水平。

（3）当地生活水平。这个因素从两方面影响企业的薪酬政策：一方面，生活水平提高了，员工对个人生活的期望也相应提高，无形中给企业带来一种偏高薪酬标准的压力；另一方面，生活水平提高也可能意味着物价指数要持续上涨，为了保证员工生活水平不会下滑及购买力不会降低，企业也不得不定期提高薪酬水平。

（4）与薪酬相关的法律法规。国家制定的相关法律法规，如最低工资制度、个人所得税制度、强制性福利保险的种类及缴费水平等，是企业薪酬管理的重要依据，直接影响员工的薪酬结构及薪酬水平。

2. 企业内部因素

（1）企业的业务性质与内容。由于企业的业务性质与内容的不同，企业的薪酬政策也会存在较大差异。对于传统的劳动密集型企业，劳动力成本在总成本中占较大比重；对于技术密集型企业，相对于先进的生产设备和生产工艺，劳动力成本在总成本中的比重却不大。

（2）企业的经营状况及支付能力。企业的经营状况及支付能力直接影响员工的薪酬水平。一般来说，资本雄厚、盈利丰厚且正处于发展上升阶段的企业，愿意支付较高的薪酬来吸引、保留和激励员工；相反，规模较小或经营不善的企业，则不得不量入为出。

（3）企业文化。企业文化是企业分配思想、价值观、目标追求、价值取向和制度的土壤。企业文化不同会导致观念和制度的不同，这些不同决定了企业的薪酬体系、分配机制的不同，这些因素间接影响企业的薪酬水平。

3. 员工个人因素

员工的职位、能力与绩效、工作年限等个人因素也会影响企业的薪酬管理活动。

（四）薪酬管理的基本决策

任何组织在开展薪酬管理活动时，通常都需要在薪酬体系、薪酬水平、薪酬结构等方面作出决策。

1. 薪酬体系

薪酬体系（compensation system）决策的主要任务是明确组织确定员工基本薪酬的依据是什么。常见的薪酬体系主要有职位薪酬体系、技能薪酬体系、能力薪酬体系三种，其中职位薪酬体系的运用最为广泛。职位薪酬体系是指组织在确定员工的基本薪酬时依据的是员工从事的工作自身的价值；技能薪酬体系和能力薪酬体系则分别依据的是员工自身的技能水平以及员工所具备的胜任能力或综合性任职资格。

知识点考核方式

辨析常见职位适合的薪酬体系。

答题思路：

（1）薪酬体系聚焦基本薪酬的确定依据。

（2）根据确定依据的不同，基本薪酬可以分为职位薪酬体系、技能薪酬体系、能力薪酬体系。职位薪酬体系是指根据对每一职位价值的评价来确定基本薪酬，是以职位为中心的薪酬体系；技能薪酬体系与能力薪酬体系则是指根据对每一员工的技能（或者胜任能力、综合性任职资格）的评价来确定基本薪酬，是以人为中心的薪酬体系。

例题

> 【综合题】下面列举一些常见职位，判断其适合的薪酬体系。
>
> 职位列举：总经理、营销副总经理、人力资源总监、财务部经理、质量总监、大中小学的校长、高科技公司研发部技术人员、门卫、保洁、司机、空姐、电焊工、锁匠、木匠。
>
> **解析：**
>
> （1）适合能力薪酬体系的职位：高科技公司研发部技术人员。
>
> （2）适合职位薪酬体系的职位：总经理、营销副总经理、人力资源总监、财务部经理、质量总监、大中小学的校长、门卫、保洁、司机、空姐。
>
> （3）适合技能薪酬体系的职位：电焊工、锁匠、木匠。

2. 薪酬水平

薪酬水平是指组织内各职位、各部门以及整个组织的平均薪酬水平。企业薪酬水平策略主要有四种，分别是领先型策略、跟随型策略、滞后型策略和综合型策略。

（1）领先型策略。领先型策略指支付高于市场平均薪酬水平的薪酬，采用这种薪酬策略的企业往往具有以下特征：其大部分职位所需人才在劳动力市场上供给不足；多为资本密集型企业，产品投资回报率较高；市场竞争对手较少等。惠普就是采用这种薪酬策略的公司。领先型薪酬策略给薪酬管理提出了很高的要求，如果企业不能将人力资源的高投入转化为高产出，高薪酬就是一项高成本和高风险的投资策略。

（2）跟随型策略。跟随型策略是指根据市场平均水平来确定本企业的薪酬定位，即通常所说的支付市场工资水平。跟随型策略是古典经济理论比较推崇的一种模式，也是最常采用的一种薪酬策略，尤其是在一个成熟的产业中。

（3）滞后型策略。滞后型策略是指企业大多数职位的薪酬水平低于市场平均水平。滞后型策略有被动运用和主动运用之分。被动运用是指企业正处于衰退期或者陷入了财务困境而不得不采用滞后型薪酬策略；主动运用是指企业为了获取成本控制优势，在其他方面领先时，诸如挑战性工作、拥有理想的工作场所或和谐的人际关系、将来能够有期权之类的较高收入等，而采用的低于市场水平的滞后型薪酬策略。

（4）综合型策略。综合型策略是指以总薪酬管理理念为指导，统筹考虑所有薪酬形式的特点，综合制定薪酬策略。企业传统的薪酬实践强调基本薪酬的功能，对奖金、短期激励、长期激励以及工作保障、晋升机会等其他总薪酬因素不够重视。事实证明，薪酬水平策略只有以总薪酬为基础，才有利于管理目的的实现。例如，IBM、微软等公司的基本薪酬滞后于市场水平，可变薪酬与市场薪酬水平持平，但它们重视培训、员工援助计划等其他激励手段的运用，在吸引和留住人才方面也收到了很好的效果。

3. 薪酬结构

薪酬结构（compensation structure）包括横向要素结构和纵向等级结构两种形式。

（1）横向要素结构。横向要素结构又称为薪酬构成，即确定组织的薪酬中包含基本薪酬、可变薪酬与福利薪酬中的哪几块及各自的权重。比如，有的组织实施的是固定工资制，没有可变薪酬，薪酬全部体现为相对固定的基本薪酬和福利薪酬。比如，我国当前的公务员薪酬基本上就属于这种模式，虽然公务员也有所谓的年终奖，但这种年终奖基本为第13个月的基本薪酬，与公务员的个人绩效以及地方政府或整个国家的绩效基本上没有关系。有些企业对全部或部分员工采用这种固定工资制。有的组织实施的是绩效工资制或浮动工资制、奖金制，没有固定薪酬部分，主要以绩效薪酬和福利薪酬的形式发放。比如，针对销售人员采用的纯粹的佣金制或提成制。

（2）纵向等级结构。纵向等级结构包括薪酬等级的数量、同一薪酬等级内的薪档数量、每个薪酬等级的变动范围、相邻薪酬等级间的叠幅。

1）薪酬等级的数量。薪酬等级是指根据工作的复杂程度和责任大小，将员工薪酬进行等级划分，不同的等级应体现工作要求的差异。薪酬等级是在职位分析和职位评价的基础上建立起来的，它将职位价值相近的职位归入同一个薪酬等级，并采取一致的管理方法来处理该等级内的薪酬管理问题。等级越多，薪酬管理制度和规范的要求就越明确，但也容易导致机械化；等级越少，相应的灵活性也越大，但也容易使薪酬管理失去控制。

2）同一薪酬等级内的薪档数量。例如，某公司"主管"这一薪酬等级可能设置5个薪档，刚刚晋升为主管的员工与资深主管可能会分别处于第1薪档、第5薪档。

3）每个薪酬等级的变动范围。薪酬等级的变动范围又称薪酬区间，是指薪酬标准中同一薪酬等级最大值与最小值之间的跨度。薪酬等级的变动范围与薪酬等级数量关系密切，通常等级越多，各等级变动幅度越小；等级越少，各等级变动幅度越大。

4）相邻薪酬等级间的叠幅。从理论上来说，在同一个组织中，相邻薪酬等级之间的薪酬区间可以设计成有交叉叠幅的，也可以设计成没有交叉叠幅的。如果相邻两个薪酬区间之间没有交叉叠幅或交叉叠幅很小，意味着相邻两个薪酬等级区间的薪酬水平差异过大。当员工获得晋升后，在工作能力没有较大提升的情况下，薪酬水平会比原来高出许多。这样一方面会引起原来与其处于同一薪酬等级的员工的不满；另一方面会使员工过多地关注晋升，导致员工间内部竞争加剧。但如果交叉重叠的区间过大，会使不同薪酬等级之间的中值差异减小，削弱不同的薪酬等级反映不同职位价值的作用。

典型的纵向等级结构有：窄带薪酬、宽带薪酬。窄带薪酬是指薪酬等级数量较多，每个薪酬等级的最大值与最小值之间的区间变动比率通常只有20%～50%。宽带薪酬是指薪酬等级数量较少，典型的宽带薪酬结构可能只有不超过4个等级的薪酬，每个薪酬等级的最大值与最小值之间的区间变动比率达到100%，甚至可能达到200%～300%，如图7-1所示。宽带薪酬要求企业人力资源管理体系健全，有规范、灵活的用工制度和市场化程度较高的薪酬制度。宽带薪酬模式适合技术型、创新型企业，以及技术和管理类员工。

宽带薪酬的优点有：支持扁平化的组织结构；引导员工重视个人技能的提升和能力的提高；有利于职位轮换和组织的跨职能成长；以市场为导向，注重市场水平；有利于提升企业的核心竞争优势和企业的整体绩效。宽带薪酬的局限性主要体现在以下方面：要求管理者更加注重员工的个人发展和培训，对沟通管理的要求较高；结构形式过于宽泛，没有明确的职位界定，因此很难把握确切的薪酬水平，市场薪酬调查技术很难得到

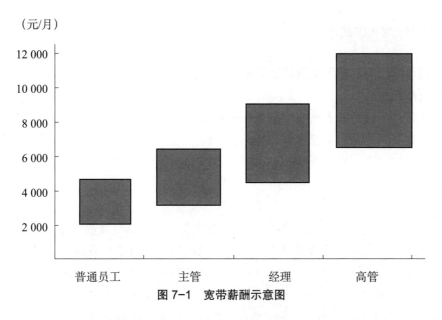

（元/月）

图 7-1　宽带薪酬示意图

应用；难以满足某些员工职位晋升或事业发展的需求；要求实施宽松的管理，赋予直线经理更大的薪酬决定权限和管理权限，这样有可能造成人力成本难以控制；加大了绩效管理的难度。

（五）战略性薪酬管理

战略性薪酬管理实际上是一种全新的理念，它的核心是企业在不同的战略下作出的一系列的战略性薪酬决策。在不考虑具体职能战略的情况下，企业战略通常可以分为两个层次：一是企业的发展战略，二是企业的竞争战略。当企业采取不同的战略时，企业的薪酬水平和薪酬结构也必然会存在差异。

1. 适用于不同发展战略的薪酬管理

（1）成长战略。成长战略是一种关注市场开发、产品开发、创新等内容的战略，可以分为内部成长战略和外部成长战略。对于追求成长战略的企业来说，其薪酬管理的指导思想就是企业与员工共担风险、共享收益。企业的薪酬方案是在短期内提供相对低的基本薪酬，而从长期来讲，企业将实行奖金或股票选择权等计划，使员工得到较为丰厚的回报。

（2）稳定战略。稳定战略是一种强调市场份额或者运营成本的战略。采用稳定战略的企业一般处于比较稳定的环境，从人力资源管理的角度来讲，就是要稳定现有的掌握工作技能的员工。因此，在薪酬管理方面，薪酬决策的集中度比较高，薪酬的确定基础主要是员工从事的职位本身，在薪酬结构上基本薪酬和福利薪酬所占比重较大。从薪酬水平来说，一般采取跟随型策略或略高于市场水平的薪酬，但长期内不会有太大的增长。

（3）收缩战略。采取这种战略的企业一般都面临困境，其薪酬管理的指导思想主要是将企业的经营业绩与员工收入挂钩，因此，在薪酬结构中基本薪酬所占的比重相对较小，一些企业还尝试实行员工股份所有权计划，以鼓励员工共担风险。

知识点考核方式

辨析不同发展战略下薪酬管理的特征。

答题思路：

（1）区分不同的发展战略下，企业的薪酬管理战略。

（2）掌握不同薪酬管理战略的特征。

例题

【选择题】关于不同发展战略下的薪酬管理特征的说法，正确的是（　　）。

A.采取成长战略的企业往往在短期内提供较高水平的基本薪酬

B.采取稳定战略的企业，薪酬结构中基本薪酬和福利所占比重通常较小

C.采取稳定战略的企业一般采取市场跟随型策略或略高于市场水平的薪酬

D.采取收缩战略的企业，薪酬结构中基本薪酬所占比重通常较大。

解析：采用成长战略的企业，在短期内提供相对较低的基本薪酬，而从长期来讲，企业将实行奖金或股票选择权等计划，使员工得到较为丰厚的回报，选项A错误。采用稳定战略的企业，在薪酬结构上基本薪酬和福利所占的比重较大，选项B错误。采用收缩战略的企业，在薪酬结构上基本薪酬所占的比重相对较小，选项D错误。

2.适用于不同竞争战略的薪酬管理

（1）差异化战略。使用差异化战略的企业强调的是在价格相近的情况下，所提供的产品或服务更能满足客户的特殊需要。因此，与此相对应的薪酬体系非常注重对产品创新、技术创新和新的生产方法给予足够的报酬或奖励，其基本薪酬以劳动力市场的通行水平为准且略高于市场水平；或者根据员工向客户提供服务的数量和质量来支付薪酬；或者根据客户对员工或员工群体提供服务的评价来支付奖金。

（2）低成本战略。采取低成本战略的企业往往追求效率最大化、成本最小化。在薪酬水平方面低于竞争对手，在薪酬结构方面，奖金所占的比重相对较大。

（六）薪酬成本预算与控制

1.薪酬成本预算的方法

薪酬成本预算对企业的财务状况有着重要的影响，它能够清晰地反映企业的人力资源战略，并直接关系到企业的经营状况和员工的心理体验。按照预算流程的顺序，薪酬成本预算的方法可分为以下两种：

（1）自上而下的薪酬成本预算方法。自上而下的薪酬成本预算方法是企业的高层管理者先决定企业的薪酬预算总额、提薪幅度和分配政策，再将整个预算额度分配给企业各部门，最后由各部门管理者再将部门的薪酬额度按照企业分配政策和员工的实际工作情况分配给每位员工。这种方法可以很好地控制企业的整体薪酬成本和部门薪酬成本，

便于调控人力成本开支与企业支付能力及企业绩效的对称性。但这种方法缺乏灵活性，受主观因素影响较大，降低了预算的准确性，不利于调动员工的积极性。

（2）自下而上的薪酬成本预算方法。自下而上的薪酬成本预算方法是通过各部门管理者预报本部门在下一年度的薪酬预算，从而计算出各部门的薪酬开支，编制出企业整体薪酬预算方案。其基本操作步骤是：先告知经理薪酬政策和技术，并对经理进行薪酬技术方面的培训，同时，在薪酬预算过程中予以辅导和帮助；对于经理提交的预算报告进行审计，看其是否超出了薪酬增长的合理范围，并编制薪酬预算报告；与高层管理者就薪酬预算报告进行讨论和分析，总结并设定部门目标；通过追踪和向管理者报告周期状况来控制预计的和实际的薪酬总额增加值。

2. 薪酬成本的控制

（1）控制雇佣量。雇佣量是企业雇用人数与他们的工时数的乘积。所以，控制雇佣量不仅要控制员工数量，而且要控制工时数。

（2）控制基本薪酬。控制基本薪酬主要是指控制基本薪酬加薪的规模（或幅度）、加薪的时间和员工的覆盖面。由于基本薪酬增加的主要动因是内部公平性的要求以及市场状况的变动等因素，因此，要对这些源头因素实行管理和控制。

（3）控制奖金。奖金的名目繁多，在控制奖金时除了控制奖金的支付规模、时间和覆盖面外，还要重点利用奖金的一次性支付性质来提高劳动力成本的可调节幅度。

（4）控制福利支出。企业的福利支出可以分为三类，即与基本薪酬相联系的福利、与基本薪酬无联系的福利和福利管理费用。在控制福利支出时，要针对这三类福利的特性分别进行管理和控制。与基本薪酬相联系的福利随基本薪酬的变化而变化，当基本薪酬一定时其刚性较大。与基本薪酬无联系的福利属于短期福利项目，数额较小，弹性较小。福利管理费用有较大的弹性可以利用。

（5）利用适当的薪酬技术手段。企业可以利用工作评价、薪酬调查、薪酬结构、薪酬宽带、计算机辅助管理、最高最低薪酬水平控制、成本分析、薪酬比例比较等薪酬技术手段，来促进或改善薪酬成本控制。

知识点考核方式

辨析薪酬成本控制的方法。
答题思路：
（1）判断企业的薪酬水平是否合理。
（2）掌握控制薪酬成本的方法及其含义。

例题

【综合题】某公司成立于2000年，是中国知名日用品制造商。公司创立初期，员工人数少且多与公司老板有亲戚关系，人力资源部经理长期由老板亲戚担任，工资发放存在较大的主观性、随意性。随着公司的快速发展，原有的薪酬管理方法已不适用，员工抱怨责权不明、薪酬待遇不公、贡献与收入不成比例，大锅饭现象严重，薪酬水平在市场上缺乏竞争力。公司老板的看法却不同，他认为公司的薪酬成本已经很高了，甚至给公司的经营带来了很大的压力，为此，公司邀请人力资源管理专家进行诊断。

专家经过调查发现，该公司的薪酬分配原则不明确。薪酬分配在职位之间、员工之间缺乏公平性，存在平均主义。此外，员工的薪酬水平较低，低于同行业类似职位的薪酬水平，与该公司的市场地位不符，长此以往将影响公司的发展。

根据以上资料，回答下列问题：

（1）假设公司老板认为的"公司的薪酬成本已经很高了"确实存在，该公司可以采用的控制薪酬成本的方法有（　　　）。（多选）

  A. 减少员工的雇佣量   B. 控制员工的工时

  C. 减少社会保险缴费   D. 缩小生产规模

  E. 控制福利支出

（2）为了提升企业的市场竞争力，该企业可以采取的薪酬策略有（　　　）。（多选）

  A. 跟随型策略   B. 滞后型策略

  C. 领先型策略   D. 综合型策略

  E. 宽带薪酬

（3）为了解决该公司的薪酬公平性问题，应进行（　　　）。（多选）

  A. 薪酬控制   B. 薪酬调查

  C. 工作分析   D. 职位评价

  E. 薪酬成本预算

（4）薪酬调查主要解决的问题是（　　　）。

  A. 外部竞争性   B. 外部公平性

  C. 内部公平性   D. 个人公平性

解析：

（1）ABE。薪酬成本的控制方法包括：1）控制雇佣量（不仅要控制员工数量，而且要控制工时数量；2）控制基本薪酬，即主要控制加薪的规模、加薪的时间和员工的覆盖面；3）控制奖金；4）控制福利支出；5）利用适当的薪酬技术手段。

（2）AC。在确定薪酬水平时，企业可以采取领先型策略、跟随型策略、滞后型策略或综合型策略。根据案例内容，该企业目前采用的是滞后型策略，为提升企业的市场竞争力，可以优先选择领先型策略，或者采取跟随型策略。选项A、C正确。

（3）CD。工作分析是确定薪酬体系的基础；职位评价主要是为了解决薪酬的内部公平性问题。

（4）A。薪酬调查主要是为了解决薪酬的外部竞争性问题。

3. 企业人工成本

企业人工成本是指企业在一定时期内，在生产、经营和提供劳务活动中因使用劳动力而支付的所有直接费用和间接费用的总和。人工成本包括员工薪酬总额、社会保险费、员工福利费、员工教育经费、劳动保护费、员工住房费和其他人工成本支出。其中，员工薪酬总额是人工成本的主要组成部分之一。常用的人工成本分析指标有三类，即人工成本总量指标、人工成本结构指标和人工成本分析比率型指标。

（1）人工成本总量指标。该指标反映的是企业的人工成本总量水平，考虑到企业规模的差异，通常用人均人工成本指标对企业的支付能力进行分析和控制。该指标能够反映企业员工平均收入的高低，也能作为企业向劳动力市场提供的劳动力价格信号。

（2）人工成本结构指标。该指标是指人工成本各组成部分占人工成本总额的比例，它能够反映人工成本投入构成的情况与合理性。

（3）人工成本分析比率型指标。该指标是一组能够将人工成本与经济效益联系起来的相对数值，一般包括劳动生产率、人工费比率、劳动分配率、人工成本占总成本的比重等指标。通过这些指标可以衡量企业对劳动的投入与收益，从而寻求人工成本投入和产出的最佳平衡点。

三、薪酬曲线

（一）薪酬曲线的形状

企业薪酬曲线的形状与劳动力市场薪酬曲线的形状相似，见图 7-2 中的曲线 A，且企业薪酬曲线与劳动力市场薪酬曲线基本重合，稍有变动。

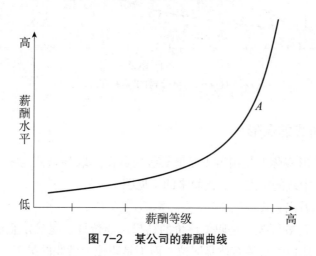

图 7-2　某公司的薪酬曲线

知识点考核方式

理解薪酬曲线的形状。

答题思路：

（1）企业都有控制成本的需要，曲线 A 表示的薪酬曲线可节约成本（低级职位薪酬水平随着职位晋升而变化平缓）。

（2）曲线 A 表示的薪酬曲线可以激励高层管理人员（高级职位薪酬水平随着职位晋升而变化显著，即曲线变陡）。

例题

【综合题】薪酬曲线的形状为什么是 A，而不是 B 这样的直线（见图7-3）？

解析：

（1）在低级职位层面，薪酬曲线 B 比 A 陡峭，薪酬曲线 B 比 A 提高了低级职位的人工成本；

（2）在高级职位层面，薪酬曲线 A 比 B 陡峭，有利于调动高级职位人员的积极性。

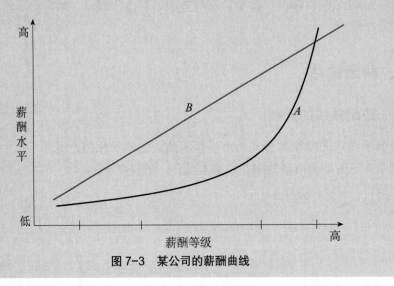

图7-3　某公司的薪酬曲线

（二）薪酬曲线的原形

薪酬曲线的原形实际上是由若干薪酬等级柱状图（取各个柱的纵向中点，画横线得中线，再连接各柱中线的中点）简化而来的（见图7-4）。

由图7-4可以看出：

（1）横轴表示薪酬等级，是职位评价的结果。职位评价是确定企业内各个职位之间相对价值的大小。职位评价的客体是职位，而不是职位上就职的员工。

（2）纵轴表示薪酬水平的高低，对应横向要素结构的概念。比如，某公司薪酬结构只有两块：基本薪酬，占70%；福利薪酬，占30%；无可变薪酬。

（3）企业的薪酬水平策略体现为企业薪酬曲线与劳动力市场薪酬曲线的相对位置关系。比如，某公司采用低级职位略低于劳动力市场薪酬曲线，但高级职位远高于劳动力市场薪酬曲线的综合型策略，其用意在于劳动力供给丰富、技术含量偏低的低级职位比劳动力市场的薪酬水平低些，但靠其他非经济性薪酬因素诸如名牌企业、培训机会多等吸引低级职位求职者；而高级职位给出远高于劳动力市场的薪酬水平以吸引高端人才。

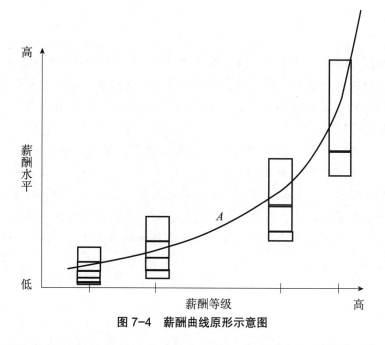

图 7-4　薪酬曲线原形示意图

（4）纵向等级结构则主要体现在：柱图的数量、柱图的高低、柱图间重叠部分的大小、每个柱图内含多少档小柱图。

（5）薪酬曲线 A 具有如下特点：

1）随着薪酬等级逐渐升高，薪酬变动范围逐渐增大，如图 7-4 所示，自左向右表示各薪酬等级的柱图越来越高。

2）随着薪酬等级逐渐升高，各薪酬等级所含薪档越来越少，如图 7-4 所示，自左向右各薪酬等级所含薪档分别是 5、4、3、2。

3）薪酬等级间有重叠。这是合理的，比如某公司新晋升的经理可能会比资深主管的薪酬要低些。随着薪酬等级逐渐升高，相邻薪酬等级间的叠幅越来越小，如图 7-4 所示，自左向右数，第 1 个和第 2 个柱间的叠幅比第 2 个和第 3 个柱间的叠幅要大些。

4）在同一薪酬等级内，低薪档的薪酬变动范围比高薪档的变动范围要小些。如图 7-4 所示，同一个柱内，下部要比其上部短。

知识点考核方式

掌握薪酬曲线的含义。

答题思路：

（1）深刻领会薪酬曲线：横轴及其来源、纵轴及其意义，企业薪酬曲线与劳动力市场薪酬曲线的相对位置不同，意味着企业采取的薪酬水平策略不同。

（2）理解薪酬的横向要素结构与纵向等级结构。

例题

【综合题】假如我们界定图 7-4 中自左向右的 4 个柱状图的薪酬等级分别为员级、主管级、经理级、高管级，则可以看出新晋升上来的经理（对应于左数第三个柱图中最下端的小柱）可能比资深主管（对应于左数第二个柱图中最上端的小柱）的薪酬低，这合理吗？

解析：合理。不同薪酬等级之间有重叠，新晋经理的薪酬低于资深主管是合理的。对于企业来说可以降低人工成本；对于员工个人（新晋经理）来说，虽然其经济性薪酬较低，但有更多的职权、更好的锻炼与成长机会等非经济性薪酬，能够接受；对于其他员工来说，新晋员工的能力并未因为晋升而有明显提升，故其薪酬没有明显提升，甚至不如原薪酬等级中资深主管的薪酬高（但不能低于原来所得薪酬），也容易接受。

例题

【综合题】由图 7-4 可知，界定自左向右的 4 个柱状图的薪酬等级分别为员级、主管级、经理级、高管级，可见，对低级职位来说，同一薪酬等级中所含薪酬档次较多；对高级职位来说，同一薪酬等级中所含薪酬档次较少。这合理吗？

解析：合理。

（1）低级职位的薪酬基数低，员工绩效优良，可以先在同一薪酬等级内部调高薪酬档次。比如同为"员级"的会计员，来公司 3 年的熟练会计员与刚毕业度过实习期的会计员，经验、能力、工龄等不同，其薪酬属于"员级"不同的薪酬档次。

（2）工作绩效优良，且已经晋升至所在薪酬等级中最高薪档的员工，再晋升时可以考虑晋升薪酬等级。但要注意，如果职位没有晋升，仅仅晋升职级时，要确保晋升后的薪酬水平高于晋升前的薪酬水平。也就是说薪酬调整的基本原则是：在外界环境稳定、公司经营稳定的前提下，调薪时不能把薪酬水平降低了。

四、职位评价方法与步骤

职位评价的方法主要有四种：排序法、归类法、因素比较法、要素计点法。前两种不把职位划分成要素来分析，后两种则是职位内各要素间的比较。这四种方法已经使用了半个多世纪，尤其前三种方法在很多国家广泛使用。

（一）排序法

排序法（ranking method）又可分为简单排序法、选择排序法、成对比较法。

1.简单排序法

简单排序法是指由评定人员依据自己的工作经验作出主观判断，将被评价的职位按照相对价值从高到低的顺序进行排列。首先，由相关人员组成评定小组，做好各项准备工作。其次，了解情况，收集有关职位方面的资料、数据。再次，评定人员事先确定评判标准，对本单位同类职位的重要性逐一作出评判，最重要的排在第一位，重要程度仅次于第一位的排在第二位，依此类推，逐级往下排列。最后，将经过所有评定人员评定的每个职位的结果汇总，得到序号和，再将序号和除以参加评定的人数，得到每一职位的平均排列数，根据平均排列数的大小，按照由大到小或者由小到大的顺序进行排列。表 7-2 中的职位按照重要性程度递减排列的结果是 0104、0105、0103、0102、0101。

表7-2 简单排序法示例

	职位编码				
	0101	0102	0103	0104	0105
评价人员 A	3	4	5	1	2
评价人员 B	4	5	2	1	3
评价人员 C	5	4	3	2	1
评价人员 D	5	3	4	1	2
合计	17	16	14	5	8
平均值	4.25	4	3.5	1.25	2
职位排序	5	4	3	1	2

在实际应用中，还可以采用多维度的排序法，如从职位责任、知识经验、技能要求、劳动强度、劳动环境等多个维度进行评价（见表 7-3），以提高信度和效度。

表7-3 职位综合排序法示例

		职位编码				
		0101	0102	0103	0104	0105
职位五项指标	职位责任	1	2	4	3	5
	知识经验	2	1	3	5	4
	技能要求	3	2	1	4	5
	劳动强度	4	3	5	2	1
	劳动环境	2	5	4	1	3
合计		12	13	17	15	18
职位排序		1	2	4	3	5

2. 选择排序法

选择排序法是简单排序法的推广，是按照职位相对价值的衡量指标，选择最突出的职位，将其排在第一的位置，同时选出价值最低的职位，将其排在最后的位置；接下来，从余下的职位中再选择出最突出的职位和价值最低的职位，将其排在第二和倒数第二的位置，依此类推，直至完成对所有职位的排序。

3. 成对比较法

成对比较法也称配对比较法、对子比较法、平行比较法、两两比较法等。其基本程序是先将每个职位按照所有的评价要素与其他职位一一进行对比（见表7-4）；然后，再将各个评价要素的考评结果整理汇总，求得最后的综合考评结果（见表7-5）。

表7-4　成对比较法：劳动强度评价要素

职位代码	A	B	C	D	E	F	排序
A	0	+	+	+	+	+	6
B	−	0	+	+	−	+	4
C	−	−	0	−	−	+	2
D	−	+	0	−		+	3
E	−	+	+	0		+	5
F	−	−	−	−	0		1
汇总	−5	−1	+3	+1	−3	+5	

说明：以第一列的职位为"基"，让第一行的各职位分别与"基"对比，比"基"重要计"+"，不如"基"重要计"−"。也可以以第一行的职位为"基"，让第一列的职位分别与之相比，得出的结果恰好相反。

表7-5　成对比较法统计汇总表

职位评价要素	A	B	C	D	E	F
职位责任	5	6	1	2	4	2
劳动强度	6	4	2	3	5	1
知识水平	6	5	4	2	3	1
技能要求	5	4	6	3	2	1
劳动环境	5	6	1	4	3	2
社会心理	6	5	3	2	4	1
排序号汇总	33	30	17	16	21	8
职位排序	6	5	3	2	4	1

成对比较法是在同一时间内仅在两个职位之间进行比较，如果涉及的职位不多，成对比较法简单易行，能快速完成职位评价的任务；当一个部门的职位很多时，成对比较次数会明显增加。需要配对比较的次数等于 $X(X-1)/2$，其中 X 是职位数。例如，要比较 20 个职位，则需要配对比较的次数为 $[20 \times (20-1)/2]=190$。因此，该方法更适合较小范围内的职位评价工作。

（二）归类法

归类法（classification method）是指按照一定的标准将职位归入事先确定好的职位等级中的职位评价方法。使用该方法时，首先，确定职位等级的数量。其次，选择薪酬要素，根据薪酬要素给出各个职位等级的定义。最后，根据职位说明书，对照确定好的标准，将职位归入与等级定义相同或最相近的职位等级中去。归类法也是比较简单的一种方法，尤其是当企业的职位数量比较多时，它比排序法节省时间。但是，由于实际上很难建立起通用的职位等级定义，特别是职位类型差异较大时，进行等级定义的难度会更大，而且归类法也无法准确地衡量各个职位之间的价值差距到底有多大，因此主观性比较强。表7-6是某组织采用的职位级别体系的部分内容。

表7-6　某组织采用的职位级别描述表

等级	级别描述
1	例行的事务：按照既定的程序和规章工作；无技术含量；在主管人员的直接监督之下
2	需要一定独立判断能力的职位：具有初级的技术水平；需要一定的经验；需要主管人员监督
3	中等复杂程度的工作：根据既定的策略、程序和技术进行独立思考和判断；需要接受专业训练，具有一定的经验；无须他人监督
4	复杂工作：独立作出决策；需要经过高级的专业训练和丰富的经验积累；监督他人工作

（三）因素比较法

因素比较法（factor comparison method）是最复杂的一种量化职位评价技术，操作难度最大。它与其他三种职位评价方法的最大不同在于，其他三种方法仅仅是根据职位的价值将职位划分到不同的等级之中，至于每个职位等级对应的薪酬水平如何，还需要通过进一步的薪酬调查来了解。而因素比较法则直接将市场薪酬调查和职位评价两个步骤结合在一起：首先选取典型职位，然后通过市场薪酬调查获取这些典型职位的市场薪酬水平，接着把典型职位的市场薪酬水平分解到各个薪酬要素上去，从而形成评价标杆，最后将被评价职位的某一薪酬要素与典型职位的薪酬要素做比较，得出相应的货币值，将被评价职位在每个薪酬要素上的货币值相加，便可得出被评价职位的薪酬水平。具体步骤如下：

第一步，获取职位信息，确定薪酬要素。因素比较法要求评价者必须仔细、全面地做好工作分析，最好有标准、规范的职位说明书，同时，还需要确定用来对职位进行比较的依据或尺度，即薪酬要素是什么。比如，在因素比较法中我们选择使用以下几种薪酬要素：（1）智力条件，包括记忆力、理解力、判断力、受教育程度、专业知识、基本常识等；（2）技能，包括工作技能和本职位所需要的特殊技能；（3）责任，包括对人的安全，对财务、现金、资料、档案、技术情报保管和保守机密的责任，对别人的监督或别人对自己的监督；（4）身体条件，包括体质、体力、运动能力等；（5）工作环境，如工作场所的温度、湿度、通风、光线、噪声等。

第二步，选择典型职位。职位评价小组需要挑选出企业中15～20个有代表性的基准职位作为职位评价的对象，即典型职位，其他职位的价值可以通过与这些典型职位之间的薪酬要素进行比较来得出。典型职位不仅要能够代表所研究的职位序列中的绝大多数职位，而且必须是广为人知的。此外，在确定了典型职位之后，企业还必须确定给这些典型职位支付多少薪酬是合理的，即根据外部市场状况和企业的实际情况为这些典型职位定价。

第三步，根据典型职位内部薪酬要素的重要性对职位进行排序。这里要求职位评价者根据上述五个薪酬要素分别对典型职位进行排序。排序过程是以职位描述和任职资格为基础的。通常由评价小组的每位成员分别对职位进行排序，然后再以开会讨论或者计算平均排序值的方法来决定每个职位的序列值。例如，对某公司的会计、出纳、文员、炊事员、保洁五个职位进行评定排序（见表7-7）。

表7-7 职位智力条件排序表

职位	会计	出纳	文员	炊事员	保洁
排序（从高到低）	1	2	3	4	5

第四步，将每个典型职位的薪酬水平分配到其内部的薪酬要素上去，结果见表7-8。

表7-8 薪酬水平与薪酬要素对应表　　　　　　　　　单位：元

月度职位工资	智力条件		技能		责任		身体条件		工作环境	
	序号	工资额	序号	工资额	序号	工资额	序号	工资额	序号	工资额
会计（4 650）	1	1 060	1	1 010	1	1 130	1	750	1	700
出纳（4 200）	2	800	2	820	2	1 170	2	730	2	680
文员（3 500）	3	580	3	770	3	850	3	680	3	620
炊事员（2 900）	4	300	4	710	4	440	4	700	4	750
保洁（2 400）	5	280	5	520	5	300	5	620	5	680

第五步，找出组织中尚未进行评定的其他职位，例如 K 职位，与现有的已评定完毕的典型职位对比，K 职位的某要素与哪一个典型职位的同一要素相近，就按该典型职位的相近要素分配工资，所有要素的工资累计后就是该职位的工资。K 职位经过比较后，得到以下结果（见表7-9）。

表7-9 K职位评价结果汇总表

职位评价指标	与标准对比	职位评价结果
智力条件	与出纳相似	按出纳职位，智力条件工资额应为800元
技能	与炊事员相似	按炊事员职位，技能工资额应为710元
责任	与会计相似	按会计职位，责任工资额为1 130元

续表

职位评价指标	与标准对比	职位评价结果
身体条件	与出纳相似	按出纳职位，身体条件工资额应为 730 元
工作环境	与出纳相似	按出纳职位，工作环境工资额应为 680 元

将各项结果相加，800+710+1 130+730+680=4 050 元，则 K 职位的评价结果为 4 050 元，视为其相对价值量。同理可以计算出其他职位的相对价值量，并按其相对价值量编制出职位系列等级表。

（四）要素计点法

要素计点法（point method）是根据各个职位在薪酬要素上的得分来确定它们价值的相对大小。常用的要素计点法职位评价系统有翰威特职位价值评价系统、美世国际职位评价系统和合益职位评价系统。下面我们以合益职位评价系统为例来说明如何运用要素计点法进行职位评价。

合益职位评价系统是由美国工资设计专家爱德华·海于 1951 年研发出来的，它有效地解决了不同职能部门的不同职位之间相对价值的相互比较和量化的难题，在世界各国上万家大型企业中推广应用并获得成功，被企业界广泛接受。具体步骤如下：

第一，确定薪酬要素。合益职位评价系统认为所有工作都可以用三类薪酬要素来评价，具体包括技能水平、解决问题的能力和职位职责。每个薪酬要素又分成数量不等的子要素，最终形成了一个由 3 个一级薪酬要素、8 个二级薪酬要素构成的薪酬要素体系，具体见表 7-10。

表7-10　合益职位评价系统

薪酬要素	薪酬要素的定义	子要素	子要素的定义
技能水平	使工作绩效达到可接受的水平所必需的专门知识及相应的实际操作技能的总和	专业理论知识	职位要求的对理论、实际方法与专业知识的理解。分为 8 个等级，从基本的（第一级）到权威专门技术的（第八级）
		管理诀窍	为达到要求的绩效水平而具备的计划、组织、执行、控制、评价的能力与技巧。分为 5 个等级，从起码的（第一级）到全面的（第五级）
		人际技能	职位所需要的沟通、协调、激励、培训、关系处理等方面的技能。分为基本的、重要的、关键的 3 个等级
解决问题的能力	在工作中发现问题，分析诊断问题，提出、权衡与评价对策，作出决策等能力	思维环境	指定环境对工作者的思维的限制程度。该子要素分为 8 个等级，从几乎一切都按既定规则办的第一级（高度常规性的），到抽象规定的第八级
		思维难度	解决问题时对当事者创造性思维的要求。该子要素分为 5 个等级，从几乎无须动脑只需按规则办的第一级（重复性的），到完全无先例可供借鉴的第五级（无先例的）

续表

薪酬要素	薪酬要素的定义	子要素	子要素的定义
职位职责	工作者的行动对工作最终结果可能造成的影响及承担责任的大小	行动的自由度	职位能在多大程度上对其工作进行个性化指导与控制。该子要素包含9个等级，从自由度最小的第一级（有规定的），到自由度最大的第九级（一般性无指导的）
		职位对工作造成的影响	该子要素包括4个等级：第一级是后勤作用，即只在提供信息或偶然性服务上出力；第二级是辅助作用，即出主意或提供建议；第三级是分摊作用，即与本企业内外其他部门和个人合作，共同行动，共担责任；第四级是主要作用，即由本人承担主要责任
		职位责任	可能造成的经济性后果。该子要素包括4个等级，即微小的、少量的、中量的和大量的，每一级都有相应的金额下限，具体数额要视企业的具体情况而定

第二，将每个薪酬要素下的子要素进行组合，并为该组合划分等级和赋予分值，形成分别用来评价技能水平、解决问题的能力、职位职责的三份评价表。表7-11、表7-12及表7-13就是技能水平、解决问题的能力与职位职责的评价表。

表7-11　合益职位评价系统中的技能水平评价表

		管理诀窍													
		起码的			相关的			多样的			广博的			全面的		
人际技能		基本的	重要的	关键的	基本的	重要的	关键的	基本的	重要的	关键的	基本的	重要的	关键的	基本的	重要的	关键的
专业理论知识	基本的	50 57 66	57 66 76	66 76 87	66 76 87	76 87 100	87 100 115	87 100 115	100 115 132	115 132 152	115 132 152	132 152 175	152 175 200	152 175 200	175 200 230	200 230 264
	初等业务的	66 76 87	76 87 100	87 100 115	87 100 115	100 115 132	115 132 152	115 132 152	132 152 175	152 175 200	152 175 200	175 200 230	200 230 264	200 230 264	230 264 304	264 304 350
	中等业务的	87 100 115	100 115 132	115 132 152	115 132 152	132 152 175	152 175 200	152 175 200	175 200 230	200 230 264	200 230 264	230 264 304	264 304 350	264 304 350	304 350 400	350 400 460
	高等业务的	115 132 152	132 152 175	152 175 200	152 175 200	175 200 230	200 230 264	200 230 264	230 264 304	264 304 350	264 304 350	304 350 400	350 400 460	350 400 460	400 460 528	460 528 608
	基本专门技术的	152 175 200	175 200 230	200 230 264	200 230 264	230 264 304	264 304 350	264 304 350	304 350 400	350 400 460	350 400 460	400 460 528	460 528 608	460 528 608	528 608 700	608 700 800
	熟练专门技术的	200 230 264	230 264 304	264 304 350	264 304 350	304 350 400	350 400 460	350 400 460	400 460 528	460 528 608	460 528 608	528 608 700	608 700 800	608 700 800	700 800 920	800 920 1 056

续表

人际技能		管理诀窍														
		起码的			相关的			多样的			广博的			全面的		
		基本的	重要的	关键的	基本的	重要的	关键的	基本的	重要的	关键的	基本的	重要的	关键的	基本的	重要的	关键的
专业理论知识	精通专门技术的	264 304 350	304 350 400	350 400 460	350 400 460	400 460 528	460 528 608	460 528 608	528 608 700	608 700 800	608 700 800	700 800 920	800 920 1 056	800 920 1 056	920 1 056 1 216	1 056 1 216 1 400
	权威专门技术的	350 400 460	400 460 528	460 528 608	460 528 608	528 608 700	608 700 800	608 700 800	700 800 920	800 920 1 056	800 920 920	920 1 056 1 216	1 056 1 216 1216	1 056 1 216 1 400	1 216 1 400 1 600	1 400 1 600 1 800

表7-12　合益职位评价系统中的解决问题的能力评价表

思维环境		思维难度（%）				
		重复性的	模式化的	中间型的	适应性的	无先例的
思维环境	高度常规性的	10～12	14～16	19～22	25～29	33～38
	常规性的	12～14	16～19	22～25	29～33	38～43
	半常规性的	14～16	19～22	25～29	33～38	43～50
	标准化的	16～19	22～25	29～33	38～43	50～57
	明确规定的	19～22	25～29	33～38	43～50	57～66
	广泛规定的	22～25	29～33	38～43	50～57	66～76
	一般规定的	25～29	33～38	43～50	57～66	76～87
	抽象规定的	29～33	38～43	50～57	66～76	87～100

表7-13　合益职位评价系统中的职位职责评价表

职位职责		等级															
		微小的				少量的				中量的				大量的			
		间接		直接		间接		直接		间接		直接		间接		直接	
职位对工作造成的影响		后勤作用	辅助作用	分摊作用	主要作用	后勤作用	辅助作用	分摊作用	主要作用	后勤作用	辅助作用	分摊作用	主要作用	后勤作用	辅助作用	分摊作用	主要作用
行动的自由度	有规定的	10 12 14	14 16 19	19 22 25	25 29 33	14 16 19	19 22 25	25 29 33	33 38 43	19 22 25	25 29 33	33 38 43	43 50 57	25 29 33	33 38 43	43 50 57	57 66 76
	受控制的	16 19 22	22 25 29	29 33 38	38 43 50	22 25 29	29 33 38	38 43 50	50 57 66	29 33 38	38 43 50	50 57 66	66 76 87	38 43 50	50 57 66	66 76 87	87 100 115

续表

职位职责 职位对工作造成的影响 行动的自由度	微小的 间接 后勤作用	微小的 间接 辅助作用	微小的 直接 分摊作用	微小的 直接 主要作用	少量的 间接 后勤作用	少量的 间接 辅助作用	少量的 直接 分摊作用	少量的 直接 主要作用	中量的 间接 后勤作用	中量的 间接 辅助作用	中量的 直接 分摊作用	中量的 直接 主要作用	大量的 间接 后勤作用	大量的 间接 辅助作用	大量的 直接 分摊作用	大量的 直接 主要作用
标准化的	25 29 33	33 38 43	43 50 57	57 66 76	33 38 43	43 50 57	57 66 76	76 87 100	43 50 57	57 66 76	76 87 100	100 115 132	57 66 76	76 87 100	100 115 132	132 152 175
一般性规范的	38 43 50	50 57 66	66 76 87	87 100 115	50 57 66	66 76 87	87 100 115	115 132 152	66 76 87	87 100 115	115 132 152	152 175 200	87 100 115	115 132 152	152 175 200	200 230 264
有指导的	57 66 76	76 87 100	100 115 132	132 152 175	76 87 100	100 115 132	132 152 175	175 200 230	100 115 132	132 152 175	175 200 230	230 264 304	132 152 175	175 200 230	230 264 304	304 350 400
方向性指导的	87 100 115	115 132 152	152 175 200	200 230 264	115 132 152	152 175 200	200 230 264	264 304 350	152 175 200	200 230 264	264 304 350	350 400 460	200 230 264	264 304 350	350 400 460	460 528 608
广泛性指导的	132 152 175	175 200 230	230 264 304	304 350 400	175 200 230	230 264 304	304 350 400	400 460 528	230 264 304	304 350 400	400 460 528	528 608 700	304 350 400	400 460 528	528 608 700	700 800 920
战略性指引的	200 230 264	264 304 350	350 400 460	460 528 608	264 304 350	350 400 460	460 528 608	608 700 800	350 400 460	460 528 608	608 700 800	800 920 1 056	460 528 608	608 700 800	800 920 1 056	1 056 1 216 1 400
一般性无指导的	304 350 400	400 460 528	528 608 700	700 800 920	400 460 528	528 608 700	700 800 920	920 1 056 1 216	528 608 700	700 800 920	920 1 056 1 216	1 216 1 400 1 600	700 800 920	920 1 056 1 216	1 216 1 400 1 600	1 600 1 840 2 112

　　第三，赋值。依据职位说明书，并结合三份评价表中的要素和相应的标准，就可以对职位进行评价打分了。其中技能水平得分和职位职责得分都是绝对值，而解决问题的能力的得分是百分数，将这个百分数与技能水平要素中的得分相乘，从而得到解决问题的能力的绝对得分。下面以某高层管理职位 A、某研发职位 B、某基层职位 C 为例进行说明。依据职位说明书，分别对三个职位的技能水平、解决问题的能力和职位职责进行分析，A、B、C 三个职位的技能水平得分分别为 1 400、304、175；解决问题的能力得分分别为 87%、66%、25%；职位职责得分分别为 1 056、264、57。

　　第四，合益职位评价系统认为，每个职位都具有一定的"形态"，这个形态主要取决于技能水平和解决问题的能力的影响与职位职责的影响的权重大小。对于某个职位，若前两者的重要性大于后者，则该职位属于下山型，在计算总分时前两者占 70%，后者占 30%；若前两者的重要性小于后者，则该职位属于上山型，在计算总分时前两者占40%，后者占 60%；若两者重要性相当，则该职位属于平路型，在计算总分时前两者占

50%，后者占 50%。以上述例子为例：A 属于上山型，该职位的职位职责比技能水平、解决问题的能力更重要；B 属于下山型，该职位的职位职责没有技能水平、解决问题的能力重要；C 属于平路型，技能水平、解决问题的能力与职位职责基本相当。确定了职位的形态后，就可以根据赋值的分数分别计算这三个职位的得分，具体计算结果如下所示：

A 评价总分 = (1 400+1 400×87%)×40%+1 056×60%=1 680.8

B 评价总分 = (304+304×66%)×70%+264×30%=432.448

C 评价总分 = (175+175×25%)×50%+57×50%=137.875

以上就是根据合益职位评价系统得到的 A、B、C 三个职位的评价结果。从理论上讲，在使用要素计点法进行职位评价时，应当针对企业内部所有的职位，这样对各个职位的相对价值的确定才更有说服力。但是，在实践中很难做到这一点，因此一般只对典型职位作出评价，其他职位则通过与典型职位的比较来确定它们的相对价值。典型职位的选取一般要覆盖各个类别和各个级别，数量也要根据企业内部的职位数量来确定，通常来说要选取 1/4～1/3 的职位作为典型职位。

与前三种方法相比，要素计点法的优点体现在：它可以对不同性质的职位进行横向比较，评价的结果更准确，也更容易让员工接受。此外，它除了可以得出各职位相对价值的大小之外，还可以衡量价值大小的差距，这样更有利于进行基本薪酬的设计。这种方法的缺点是尺度的设计比较麻烦，操作起来也比较费时；不能完全消除主观因素的影响，要素指标的选择、权重和点数的分配会受主观判断的影响。

各种职位评价方法的比较见表 7-14。

表7-14　各种职位评价方法的比较

方法	概述	实施步骤	优点	缺点	适用企业
排序法	根据职位的相对价值或它们对组织的相对贡献进行排序	• 选择评价职位； • 根据职位说明书进行评价、排序	• 方法简单，易于理解与操作； • 可节约成本； • 满意度较高	• 评价标准太宽泛，很难避免主观因素的影响； • 要求评价人员对每个职位的细节都非常熟悉； • 只能确定各职位的相对价值，无法确定职位之间的价值差距	适合规模较小、生产单一、职位设置较少的企业
归类法	将职位归入事先确定好的职位等级中	• 确定职位等级的数目； • 对各职位等级进行定义； • 将职位归入与等级定义相同或最相近的职位等级中去	• 方法简单明了，易于理解与接受； • 能避免出现明显的判断错误	• 不能清晰地界定职位等级； • 职位之间的比较存在主观性，准确度较低； • 成本较高	适合各职位间差别明显的企业或公共部门和大企业中的管理职位

续表

方法	概述	实施步骤	优点	缺点	适用企业
因素比较法	确定典型职位在劳动力市场的薪酬标准,将一般性职位与之相比较来确定一般性职位的薪酬标准	• 确定薪酬要素; • 选择典型职位; • 确定各典型职位在各薪酬要素上应得到的基本工资; • 将各一般性职位与已评定的典型职位进行比较,确定其在各薪酬要素上应得的报酬并加总	薪酬要素的确定富有弹性,适用范围广	• 对薪酬要素的判断常常带有主观性,使评价结果受到影响; • 需要经常做薪酬调查,成本相对较高 • 最复杂的一种量化职位评价技术,操作难度最大	适合能随时掌握较为详细的市场薪酬调查资料的企业
要素计点法	确定关键薪酬要素,对各要素划分等级,并分别赋予分值,然后对每个职位进行评价	• 确定关键薪酬要素; • 选择评价标准和分配权重; • 对各要素划分等级并赋予分值; • 进行评分并最后加总	• 能够量化,可以避免主观因素对评价工作的影响; • 可以根据情况对要素和权重进行调整; • 易于理解与接受	• 薪酬要素的选择及权重的分配带有主观性; • 方法的设计比较复杂; • 对企业的管理水平要求较高; • 工作量大,较为费时费力,成本相对较高	适合生产过程复杂、职位类别数目多、对精度要求较高的大中型企业

知识点考核方式

辨析种类职位评价方法的特点。

答题思路:

(1)理解各类职位评价方法的操作过程。

(2)掌握各类职位评价方法的特点。

例题

【选择题】关于各类职位评价方法的说法,错误的是(   )。

A.因素比较法的设计难度小,易于理解

B.归类法需要设定一套供参考的职位等级标准

C.要素计点法是一种定量的职位评价方法

D.排序法不适用于规模较大、职位类型多的企业

解析: 本题考查职位评价方法。因素比较法的优点是较为完善,可靠性强,同时,也使不同的职位之间更具可比性,且可由职位内容直接确定具体薪酬金额。其缺点是评价体系计算复杂,难度较大,成本较高。

（五）职位评价的步骤

第一步，按职位的工作性质，先将组织的全部职位划分为若干大类。例如，高等学校可以将教师职位分成教学岗、教学科研岗、科研教学岗和科研岗四类；企业可以把所有职位分为技术岗、管理岗、营销岗、生产岗等。职位类别的多少应根据组织的生产规模或工作范围、产品或服务的繁杂程度等具体情况来决定。

第二步，收集有关职位的各种信息。采用不同的方法进行职位评价，所需要的信息不同，信息的详细程度可能也不同，因为有些方法简单，有些方法复杂。例如，在美世国际职位评价系统中，所有职位包含的薪酬因素主要有四种：影响、沟通、创新和价值。因此，用此方法进行职位评价时需要收集这四个方面的数据和信息，通常采用调查表格的形式。常用的表格有问卷调查表和调查汇总表，表 7-15 为调查汇总表的示例。

表7-15 职位评价信息调查汇总表示例

姓名	性别	年龄	所属部门	职位名称	职位编码	职位评价得分	薪酬等级

当制作表格时，有几点需要注意：其一，确保表格是必要的，保证表格能满足使用目的。表格设计好后，应请一位同事来填写表格样本，倾听他的反馈意见，了解表格设计是否合理。其二，要求语言标准，问题简洁明确。尽量采用画圈或者选择是 / 否的问题形式，减少文字书写。使用简单的打印样式以确保容易阅读。其三，注明填表须知。其四，考虑信息处理问题，要方便信息的汇总和处理。

第三步，建立由职位分析评价专家组成的职位评价小组，培训有关评价人员，使他们系统地掌握职位评价的基本理论和方法，能够独立完成各个层级工作职位的综合评价工作。

第四步，制定工作职位评价的总体规划，并提出具体的行动方案或实施细则。

第五步，在广泛收集资料的基础上，找出与职位有直接联系、密切相关的各种主要因素及其指标，列出细目清单，并对有关指标作出说明。

第六步，通过职位评价小组的集体讨论，构建工作职位评价的指标体系，规定统一的衡量评比标准，设计有关调查问卷和测量评比的量表。

第七步，先挑选几个重要职位进行试点，以便总结经验教训，及时采取对策解决问题。

第八步，全面落实工作职位评价计划，按照预定方案逐步组织实施，包括职位测量评定、资料整理汇总、数据处理存储、信息集成分析等具体工作。

第九步，最后撰写组织各个层级职位的评价报告书，提交有关部门。

第十步，对职位评价工作进行全面总结，以便汲取经验和教训，为以后的职位分类分级等工作的顺利开展奠定基础。

五、福利

（一）员工福利

员工福利（employee benefit）是企业基于雇佣关系，依据国家的强制法令及相关规定，以企业自身的支付能力为依托，向员工提供的、用于改善其本人和家庭生活质量的各种以非货币薪酬和延期支付形式为主的补充性报酬与服务。

员工福利对企业的发展具有重要作用，一套科学合理、具有竞争力的员工福利制度，不但可以吸引企业所需要的员工、降低员工的流动率，而且可以激励员工、提高员工的士气及其对企业的认可度与忠诚度。

（二）员工福利的分类及构成

员工福利可按照不同的依据进行分类：根据福利项目的提供是否具有法律强制性，可分为法定福利和自主福利；根据福利项目的实施范围，可分为全员福利、特种福利和特困补助；根据福利的接收者对福利项目是否具有选择权，可分为固定福利和弹性福利。

知识点考核方式

员工享有五险一金法定福利。
答题思路：
（1）五险一金指的是：养老保险、医疗保险、工伤保险、失业保险、生育保险、住房公积金。
（2）对于四种保险，单位与员工所缴纳费用的比率不同。

例题

【选择题】甲公司将某员工借调到乙公司工作，借调期间该员工在工作时受伤，被认定为工伤，则（　　）。
A. 无法确定承担主体　　　　B. 甲公司应承担责任
C. 员工自行承担　　　　　　D. 乙公司应承担责任
解析：选 B。本题考查用人单位的责任。职工被借调期间因工伤事故受到伤害，由原用人单位承担工伤保险责任，但原用人单位可以与借调单位约定补偿办法。

六、特殊群体的薪酬管理

在企业中，有一些员工群体由于工作的性质及所处的工作处境比较特殊，所面临的压力、冲突以及所需完成的工作任务的特征与其他员工群体之间存在较大的差异。同时，这类员工群体是否能达到既定的绩效水平，对于企业的总体经营绩效具有非常重要的影响。因此我们称其为特殊群体。

（一）经营者薪酬

1. 年薪制

年薪制是以企业会计年度为时间单位，根据经营者的绩效计发薪酬的一种薪酬制度。年薪制是一种高风险的薪酬制度，依靠的是约束和激励互相制衡的机制。年薪制将企业经营者的绩效与其薪酬直接联系在一起。年薪制一般由四个部分构成：（1）基本薪酬，即经营者的基本收入，保障他及其家人的日常生活；（2）奖金，即经营者绩效的短期奖励；（3）长期奖励，通常以股票期权的形式支付，长期奖励与企业的经济效益和市场环境相关；（4）福利津贴，主要是休假和各种保险福利待遇。

年薪制的优势主要在于：其一，年薪制在设置上比较灵活，可以根据企业经营者一个年度以及任期内的经营管理绩效，确定与其贡献相当的薪酬水平及薪酬支付方式。其二，年薪结构中加大了风险收入的比例，有利于在责任、风险和收入对等的基础上加大激励力度。其三，年薪制可以把年薪收入的一部分直接转化为股票期权的激励形式，从而使经营者薪酬与资产所有者的利益及企业发展前景紧密结合。

年薪制的局限性在于，由于经营者的薪酬水平与年度企业经济效益密切相关，因此，年薪制容易导致经营者的短期行为，作出不利于企业长期发展的决策。

我国经营者年薪制有三种模式，即一元结构模式、二元结构模式和三元结构模式。一元结构模式将全部收入设计为风险收入。二元结构模式将年薪分为基本年薪和风险收入两部分。三元结构模式则进一步将风险收入分为效益年薪和奖励年薪两部分，也就是说，在三元结构模式中，经营者年薪分为基本年薪、效益年薪和奖励年薪三部分。效益年薪与企业经济效益密切相关，奖励年薪则视超额完成指标的情况而定。

基本年薪与绩效没有直接联系，主要由地区和企业职工的平均工资水平决定，并加入了企业规模和利税情况等调整因子，能够满足经营者的基本生活要求。二元结构模式中的风险收入和三元结构模式中的效益年薪均以基本年薪为基础，根据企业绩效指标和国有资产保值增值指标确定。一般情况下，基本年薪=本企业职工平均工资×调整系数。企业应该根据经营者的绩效情况和企业规模确定调整系数，所以说，调整系数能够反映经营者的能力和工作绩效。

风险收入的计算方法有两种：（1）风险收入=基本薪酬×倍数考核指标完成系数，这种计算方法是以基本薪酬为基础的，基本薪酬一般是根据职工的平均工资倍数确定的；（2）风险收入=超额利润×比例系数×考核指标完成系数，这种计算方法比较符合国际惯例，其比例系数具有分段逐减的特征，公式中的考核指标完成系数能够反映利润以外的其他指标的情况，这种计算方法中的风险收入具有边际递减的特征。采用这种计算方法能够阻止经营者通过不正当途径增加当年的利润，还能在一定程度上防止经营者的短期行为。

2. 股票期权

股票期权是指企业赋予经营者的一种权利，经营者在规定的年限内可以以某个固定价格购买一定数量的企业股票。受篇幅限制，关于股票期权的具体内容在此不做详细介绍。

（二）销售人员薪酬

与其他职位相比，销售人员的工作时间和工作方式的灵活性更强，因此，很难对工作过程进行监督。但是销售人员的工作结果比较容易衡量，通常可以用销售量、销售额、市场占有率、回款率、客户保留率、销售利润、销售费用以及售后服务等衡量。因此，销售人员的薪酬主要是以结果为导向的。在实践中，销售人员的薪酬方案可以分为以下四种：

1. 单纯佣金制

这种薪酬制度是指在销售人员的薪酬中没有基本薪酬部分，其全部收入来自佣金。销售人员的佣金通常是以销售额的一定百分比来确定的，因此，实践中常被称为销售提成。这种薪酬制度的优点是把销售人员的薪酬收入与其工作绩效直接挂钩，同时，薪酬管理的成本也比较低。但这种薪酬制度使得销售人员的薪酬缺乏稳定性，易受外部环境因素的影响而发生较大波动。同时，这种薪酬制度还有可能造成上下级之间、新老员工之间存在较大的薪酬差距，不利于培养销售人员对企业的归属感。

2. 基本薪酬加佣金制

这种薪酬制度是指销售人员的薪酬由每月的基本薪酬和按销售业绩提取的佣金组成。在这种薪酬制度中，又可将佣金分为直接佣金和间接佣金。直接佣金，即佣金是销售额的一定百分比，对于不同产品来说佣金比率是不同的，同时，同一产品的佣金比率也会随着销售人员实际销售业绩的提升而有所不同。间接佣金，即首先将销售业绩转化为一定的点值，然后再根据点值来计算佣金。

3. 基本薪酬加奖金制

这种薪酬制度与基本薪酬加佣金制的区别在于佣金直接由绩效表现决定，而奖金与业绩之间的关系是间接的，通常只有销售人员的业绩超过某一销售额，才能获得一定的奖金。此外，新客户开发、市场调查报告、客户投诉率等因素都会影响销售人员得到的奖金额度。

4. 基本薪酬加佣金加奖金制

这种薪酬制度将佣金和奖金结合在一起，可以从多角度引导并激励员工。

企业在选择销售人员的薪酬制度时，一般会考虑企业自身所处的行业及产品的特点。如保险行业、餐饮行业等对销售人员的薪酬设计大多是"高佣金加低基本薪酬"的薪酬制度；而对于一些技术含量较高，市场较为狭窄，销售周期较长的产品来说，其对销售人员的素质及稳定性要求都很高，因此，采取"高基本薪酬加低佣金或奖金"的薪酬制度比较适合。

知识点考核方式

> **辨析销售人员薪酬方案的特点。**
>
> **答题思路：**
>
> （1）明确销售人员有不同的薪酬方案。
>
> （2）针对不同的薪酬方案，陈述其特点。

例题

【选择题】关于销售人员薪酬的说法，正确的有（   ）。

A. 销售人员的薪酬应主要以行为为导向

B. 单纯佣金制应将销售人员的薪酬收入与其工作绩效直接挂钩，同时，薪酬管理的成本也较低

C. 产品具有较高技术含量的企业会对销售人员采用高佣金加低基本薪酬的薪酬制度

D. 单纯佣金制会导致销售人员的薪酬缺乏稳定性

E. 单纯佣金制不利于培养销售人员对企业的归属感

解析：销售人员的薪酬以结果为导向，选项 A 错误。对技术含量较高、市场较为狭窄、销售周期较长的产品的销售人员采用高基本薪酬加低佣金或奖金的薪酬制度，选项 C 错误。

（三）驻外人员薪酬

驻外人员的薪酬包括基本薪酬、激励薪酬和福利。

1. 基本薪酬

基本薪酬的确定可以采用下列三种方法：

（1）基于本国薪酬的方法，指给驻外员工提供与其在国内从事相似职位相同的薪酬的方法。

（2）基于东道国的方法，指依据东道国的薪酬标准补偿驻外人员的一种方法。

（3）基于总部的方法，指根据总部所使用的薪酬标准来补偿所有的驻外员工的方法。

2. 激励薪酬

驻外人员激励薪酬指各种鼓励驻外员工接受并完成国际任务的薪酬。激励薪酬主要包括驻外津贴、困难补助和流动津贴。

（1）驻外津贴，是为了鼓励员工接受在海外的工作而发放的激励薪酬。企业按基本薪酬的百分比来确定驻外津贴，其比例一般为 10%～30%。往往驻外的时间越长，这一比例越高。

（2）困难补助，是补偿驻外员工在国外艰苦的生活和工作条件而发放的激励薪酬。因此，困难补助一般只提供给在特别艰苦的地区工作的员工。困难补助一般为基本薪酬的 10%～25%，地区越艰苦，补助越高。

（3）流动津贴，是补偿驻外员工在变换工作地点时的劳动消耗及额外支出的生活费。驻外人员通常一次性获得流动津贴。

3. 福利

福利是驻外人员薪酬的主要组成部分之一，可以吸引并保留优秀的驻外员工，同时也可增强驻外人员及其家人的安全感。驻外人员的福利由标准福利和额外福利组成，标准福利包括保障计划和带薪休假；额外福利包括搬家补助、驻外人员子女教育津贴、探

亲假和差旅补助及津贴。

（四）专业技术人员薪酬

1. 专业技术职位分类

专业技术工作通常是指利用既有的知识和经验来解决企业经营中所遇到的各种技术或管理问题，帮助企业实现经营目标的工作。专业技术职位大致可以分为三类：需要在特定领域具有一定造诣的工作职位，如律师；需要有创新精神和创造力的职位，如设计人员；需要具备经营知识和市场洞察力的职位，如财务人员。专业技术人员主要从事脑力劳动，他们或者把握企业的整体运行情况，为企业的发展提供咨询建议或战略支持；或者直接从事专业技术研究开发工作，对企业保持相对的技术竞争优势产生重要影响。

2. 专业技术人员的薪酬构成

专业技术人员的薪酬主要包括基本薪酬与加薪、奖金、福利与服务。

（1）基本薪酬与加薪。专业技术人员的基本薪酬往往取决于他们所掌握的专业知识与技术的广度和深度以及运用这些专业知识与技术的熟练程度，而不是所从事岗位的重要性。

在基本薪酬一定的情况下，专业技术人员的加薪也主要取决于他们的专业知识与技术的积累程度以及运用这些专业知识与技术的熟练程度。因此，通过接受各种培训以及获得相应的学习机会来提高自身的知识水平和技术水平，是专业技术人员获得加薪的主要途径。由于在知识水平一定的情况下，专业技术人员的工作经验影响其生产率，因此，专业技术人员的薪酬随着工作年限的延长而提高的情况非常常见。此外，专业技术人员的绩效评价结果对于他们的加薪也有一定的影响。

（2）奖金。一般来说，在专业技术人员的薪酬体系中，奖金的比重不高，专业技术人员掌握的专业知识和技术本身是有明确的市场价值的。因此，专业技术人员通常会获得较高的基本薪酬，即使有一定的奖金，奖金所占的比重通常也比较小。一种可能的例外是对从事技术或产品研发的专业技术人员或团队，若给企业带来较多利润，企业往往会给予一定金额的一次性奖励，或者让他们分享新产品上市后一段时期内所产生的利润。

（3）福利与服务。在福利与服务方面，专业技术人员非常看重接受继续教育和培训的机会，因此，在专业技术人员较多的企业中，企业除了尽力为专业技术人员的工作提供各种物质条件上的便利之外，还会尽量为员工提供一些在国内外进修深造的机会，为他们参加各种学术活动提供费用和时间上的便利。企业这样做的目的，一方面是满足员工个人发展的需求，提高其对组织的忠诚度；另一方面使他们有机会吸收新的科技知识，了解本领域的前沿动态，学习其他企业同类人员的科研方法，同时，建立企业间的技术合作关系，从而为员工个人和企业的未来发展创造条件。

第二部分　习　题

一、单项选择题

1. 下列关于基本养老保险制度的说法，错误的是（　　）。

　　A. 养老保险待遇只能在达到法定退休年龄后才能享受

　　B. 灵活就业人员参加基本养老保险，由当地政府和个人共同缴纳

　　C. 实行社会统筹和个人账户相结合的模式

　　D. 资金主要由用人单位和个人缴纳以及政府补贴等组成

2. 下列关于职位评价方法的分类的说法，正确的是（　　）。

　　A. 职位尺度比较法包括要素计点法和归类法

　　B. 定量方法包括要素计点法和排序法

　　C. 直接职位比较法包括因素比较法和归类法

　　D. 定性方法包括因素比较法和归类法

3. 下列关于薪酬体系设计的方法，错误的是（　　）。

　　A. 职位分析是确定薪酬体系的基础

　　B. 薪酬调查主要是为了解决薪酬的外部竞争性问题

　　C. 职位评价主要是为了解决薪酬的内部公平性问题

　　D. 奖励性薪酬在薪酬体系中所占的比重越大越好

4. 下列关于员工持股计划的说法，正确的是（　　）。

　　A. 企业高管与一般职工的认购比例，原则上控制在3∶1的范围内

　　B. 持股员工数量不得少于员工总数的90%

　　C. 员工所持股份占企业总股本的比例一般不宜超过30%

　　D. 持股员工可以是正式聘用的，也可以是非正式聘用的

5. 下列公司成员中，不属于股票期权的激励对象的是（　　）。

　　A. 上市公司的独立董事

　　B. 上市公司的外籍核心业务人员

　　C. 上市公司的外籍董事

　　D. 上市公司的高级管理人员

6. 关于企业不同发展战略下的薪酬管理特征的说法，正确的是（　　）。

　　A. 在采用稳定战略的企业中，基本薪酬和福利在薪酬结构中所占的比重较大

　　B. 采用成长战略的企业会在短期内提供相对较高的基本薪酬

　　C. 在采用收缩战略的企业中，基本薪酬在薪酬结构中所占的比重较大

　　D. 采用稳定战略的企业一般采取低于市场水平的薪酬

7. 关于股票增值权的说法，正确的是（　　）。

　　A. 实施股票增值权时需全额兑现

B. 股票增值权的行权期一般不超过任期

C. 实施股票增值权时可以用现金，也可以折合成股票，还可以将两者结合

D. 股票增值权的激励对象拥有规定数量的股票的所有权

8. 关于员工持股计划的说法，正确的是（　　　）。

A. 科学合理的员工持股计划能够降低企业融资成本

B. 员工持股计划的认购者可以是本企业员工，也可以是企业外部人士

C. 员工持股计划中员工所认购的股份进行转让时不受限制

D. 员工持股计划会显著增加企业的税收负担

9. 采用稳定战略的企业的薪酬结构（　　　）。

A. 短期内提供相对低的基本薪酬

B. 基本薪酬和福利所占的比重较大

C. 长期内会有很大的增长

D. 基本薪酬所占的比例相对较低

10. 关于股票期权的说法，正确的是（　　　）。

A. 股票期权受益人需在规定时期内购买公司股票

B. 股票期权适用于非上市公司

C. 股票期权是一种权利，也是一种义务

D. 股票期权是企业无偿给予经营者等激励对象的

11. 雇主所能支付的最高工资水平的估算因素不包括（　　　）。

A. 劳动者对于降低生活标准的承受能力

B. 企业的竞争能力

C. 由于劳动力费用增长而使企业进行贸易活动所要承担的风险

D. 企业的经济实力

12. 关于我国员工持股计划的说法，正确的是（　　　）。

A. 每位员工所获股份权益对应的股票总数累计可以超过公司总股本的 1%

B. 上市公司应当在员工持股计划届满前 12 个月公告到期计划持有的股票数量

C. 上市公司全部有效的员工持股计划持有的股票总数累计不得低于公司总股本的 10%

D. 每期员工持股计划的持股期限不得少于 12 个月

13. 关于我国股票期权的说法，正确的是（　　　）。

A. 激励对象可以同时参加两个上市公司的股权激励计划

B. 激励对象包括独立董事、监事

C. 股票期权只适用于上市公司

D. 激励对象的数量可以超过员工总数的 10%

14. 关于职位评价方法的说法，正确的是（　　　）。

A. 归类法属于定量方法

B. 要素计点法属于职位尺度比较法

C. 要素计点法属于定性方法

D. 归类法属于直接职位比较法

15. 绩效薪金制通常采用的方式不包括（　　）。

A. 随机奖励　　　B. 工作奖金　　　C. 计件工资　　　D. 按利分红

16. 关于不同竞争战略下的薪酬管理特征的说法，正确的是（　　）。

A. 企业若采用低成本战略，薪酬水平应当比竞争对手更高

B. 企业若采用创新战略，基本薪酬应略低于劳动力市场通行工资水平

C. 企业若采用客户中心战略，应根据员工的工作年限支付报酬

D. 企业若采用低成本战略，奖金在薪酬结构中所占比重应相对较大

17. 关于股票期权的说法，错误的是（　　）。

A. 股票期权是一种权利而不是一种义务

B. 受益人既可以购买公司股票，也可以不买

C. 股票期权只有在行权价高于本企业股票的市场价格时才有价值

D. 股票期权是公司无偿给予经营者等激励对象的

18. 关于股票增值权的说法，错误的是（　　）。

A. 股票增值权的行权期一般超过任期

B. 股票增值权的激励对象既可以获得规定数量的股票价格上升的收益，也拥有这些股票的所有权

C. 实施股票增值权时可以全额兑现，也可以部分兑现

D. 实施股票增值权时可以用现金，也可以折合成股票，或者两者的某种组合

19. 关于我国员工持股计划的说法，正确的是（　　）。

A. 每期员工持股计划的持股期限不得少于 24 个月

B. 以非公开发行方式实施的员工持股计划的持股期限不得少于 40 个月

C. 上市公司全部有效的员工持股计划持有的股票总数累计不得超过公司总股本的 15%

D. 单个员工所获取的股份权益对应的股票总数累计不得超过公司总股本的 1%

20. 某职工的月工资是 5 000 元，其基本医疗保险费的个人缴费额一般是（　　）。

A. 400　　　　B. 200　　　　C. 100　　　　D. 300

21. 企业未按时足额缴纳社会保险费的，应自欠缴之日起缴纳滞纳金，即（　　）。

A. 按日加收万分之二　　　　B. 按日加收万分之三

C. 按日加收万分之五　　　　D. 按日加收万分之四

22. 关于股票期权激励的相关时间的说法，错误的是（　　）。

A. 股权激励的有效期自股东大会通过之日起计算，一般不超过 10 年

B. 股票期权授权日必须是股票市场正常交易日

C. 股票期权不可以在重大事项决定过程中至该事项公告后 2 个交易日交易

D. 股票期权授予日与获授股票期权首次可以行权日之间的间隔不得少于 2 年

23. 某员工的实际工作年限为 20 年，其中在本企业的工作年限为 12 年，则该员工的医疗期为（　　）。

A. 12 个月　　　B. 9 个月　　　C. 18 个月　　　D. 6 个月

24. 关于成长战略下的薪酬管理策略的说法，正确的是（　　　　）。

　　A. 基本薪酬在薪酬结构中所占的比重较大

　　B. 一般采取跟随市场的薪酬水平

　　C. 提供高水平的福利待遇

　　D. 长期而言，力求使员工获得较为丰厚的回报

单项选择题参考答案

1. B。无雇工的个体工商户、未在用人单位参加基本养老保险的非全日制从业人员以及其他灵活就业人员可以参加基本养老保险，由个人缴纳基本养老保险费，选项B错误。

2. A。职位评价方法的分类如表7-16所示。

表7-16　职位评价方法的分类

		方法的性质	
		定量方法	定性方法
比较基础	直接职位比较法	因素比较法	排序法
	职位尺度比较法	要素计点法	归类法

3. D。企业现状及未来战略目标是制定薪酬政策、进行薪酬决策的重要前提条件。只有明确了企业现状及未来战略目标，才能确定适合本企业的薪酬水平，才能建立具有内部公平性和外部竞争性的薪酬体系结构。并不是奖励性薪酬在薪酬体系中所占比重越大越好。选项D错误。

4. B。企业高管与一般职工的认购比例不宜拉得太大，原则上控制在4∶1的范围之内，选项A错误。员工持股占企业总股本的比例一般不宜超过20%，选项C错误。应该把员工持股严格限定在本企业正式聘用的员工范围以内，选项D错误。

5. A。股票期权的激励对象包括上市公司的董事、高级管理人员、核心技术人员或者核心业务人员，以及公司认为应当激励的其他员工，但不应当包括独立董事和监事。外籍员工任职上市公司董事、高级管理人员、核心技术人员或核心业务人员的，可以成为激励对象。单独或合计持股5%以上的股东或实际控制人及其配偶、父母、子女不得成为激励对象。

6. A。采用成长战略的企业会在短期内提供相对较低的基本薪酬，选项B错误；在采用收缩战略的企业中，基本薪酬在薪酬结构中所占的比重较小，选项C错误；采用稳定战略的企业一般采取跟随市场水平或略高于市场水平的薪酬，选项D错误。

7. C。股票增值权的特点主要有：（1）行权期一般超过任期；（2）激励对象拥有股价上升所带来的收益，但不拥有这些股票的所有权，也不拥有表决权、配股权；（3）实施股票增值权时可以是全额兑现，也可以是部分兑现；（4）股票增值权的实施，可以用现金，也可以折合成股票，还可以是现金和股票的结合。

8. A。持股人或认购者必须是本企业的员工，选项B错误；员工所认购的股份在转让、交易等方面受到一定的限制，选项C错误；员工持股计划能够减轻企业的税收负担，

· 216 ·

选项 D 错误。

9. B。稳定或集中薪酬战略，薪酬决策的集中度高，薪酬确定以员工从事的岗位本身为准；薪酬结构上基本薪酬和福利所占比重较大；从薪酬水平来说，一般采取跟随市场水平或略高于市场水平的薪酬，但长期内不会有太大的增长。

10. D。股权期权受益人可以购买公司股票，也可以不买，选项 A 错误。股票期权仅适用于上市公司，选项 B 错误。股票期权是一种权利而不是义务，选项 C 错误。

11. A。雇主所能支付的最高工资水平取决于企业的经济实力、竞争能力以及由于劳动力费用增长而使企业进行贸易活动所要承担的风险。选项 A 属于雇主必须支付的最低工资水平的估算因素。

12. D。每位员工所获股份权益对应的股票总数累计不得超过公司总股本的 1%，选项 A 错误。上市公司应当在员工持股计划届满前 6 个月公告到期计划持有的股票数量，选项 B 错误。员工持股占企业总股本的比例一般不宜超过 20%，选项 C 错误。

13. C。激励对象不能同时参加两个或两个以上上市公司的股权激励计划，选项 A 错误。激励对象包括上市公司的董事、高级管理人员、核心技术（业务）人员（不能超过总员工的 10%），以及公司认为应当激励的其他员工，但不包括独立董事和监事，选项 B、D 错误。

14. B。解析参表 7-16。

15. A。绩效薪金制采取的方式包括计件工资、工作奖金、利润分成、按利分红等。

16. D。低成本战略，薪酬水平不低于竞争对手，也不要高于竞争对手，密切关注竞争对手，选项 A 错误。创新战略，强调组织与员工的风险共担以及成功分享，员工薪酬取决于员工个人的创新能力和技术水平，选项 B 错误。客户中心战略应根据员工向客户提供服务的数量和质量来支付薪酬，选项 C 错误。

17. C。股票期权只有在行权价低于行权时，本企业股票的市场价格才有价值。

18. B。股票增值权的特点包括：（1）行权期一般超过任期；（2）激励对象拥有股价上升所带来的收益，但不拥有这些股票的所有权，也不拥有表决权、配股权；（3）实施股票增值权时可以全额兑现，也可以部分兑现；（4）股票增值权的实施，可以用现金，也可以折合成股票，还可以是现金和股票的结合。

19. D。员工持股计划的持股期限和持股规模：（1）每期员工持股计划的持股期限不得低于 12 个月；（2）以非公开发行方式实施的员工持股计划的持股期限不得低于 36 个月；（3）上市公司全部有效的员工持股计划所持有的股票总数累计不得超过公司总股本10%，单个员工所获的股份权益对应的股票总数累计不得超过公司总股本的 1%。

20. C。本题考查基本医疗保险费的缴纳。基本医疗保险费由用人单位和个人共同缴纳。用人单位缴纳水平为职工工资总额的 6% 左右，个人缴费一般为本人工资收入的 2%。

21. C。本题考查用人单位违反《社会保险法》的法律责任。用人单位未按时足额缴纳社会保险费的，由有关主管部门责令限期缴纳或补足，并自欠缴之日起，按日加收万分之五的滞纳金。

22. D。本题考查股票期权的等待期。股票期权授予日与获授股票期权首次可以行权日之间的间隔不得少于 1 年。

23. A。本题考查医疗期。医疗期是指企业职工患病或非因工负伤停止工作治疗休息不得解除劳动合同的时限。根据《企业职工患病或非因工负伤医疗期规定》，职工医疗期的期限为：（1）实际工作年限 10 年以下的，在本单位工作年限 5 年以下的为 3 个月；5 年以上的为 6 个月。（2）实际工作年限 10 年以上的，在本单位工作年限 5 年以下的为 6 个月；5 年以上 10 年以下的为 9 个月；10 年以上 15 年以下的为 12 个月；15 年以上 20 年以下的为 18 个月；20 年以上的为 24 个月。

24. D。本题考查成长战略。对于追求成长战略的企业来说，其薪酬管理的指导思想是企业与员工共担风险、共享收益。企业的薪酬方案是在短期内提供相对低的基本薪酬，而从长期来讲，企业将实行奖金或股票选择权等计划，使员工得到较为丰厚的回报。

二、多项选择题

1. 下列关于员工持股计划的主要内容的说法，正确的有（　　　）。
   A. 上市公司全部有效的员工持股计划所持有的股票总数累计不得超过公司股本总额的 10%
   B. 它的激励对象包括企业在册管理的离退休人员
   C. 以非公开发行方式实施员工持股计划的持股期限不得少于 36 个月
   D. 单个员工所获股份权益对应的股票总数累计不得超过公司股本总额的 2%
   E. 每期员工持股计划的持股期限不得少于 24 个月

2. 关于经营者年薪制的说法，正确的有（　　　）。
   A. 年薪制确定了经营者的最低业绩目标，当经营者未完成最低计划指标时会受到惩罚
   B. 年薪制确定了经营者的封顶奖金，当计划指标超额完成时经营者会获得更多奖励
   C. 在年薪结构中加大风险收入的比例，有利于在责任、风险和收入对等的基础上加大激励力度
   D. 企业可以根据经营者在一个年度或任期内的经营管理绩效，确定与贡献相当的薪酬水平及薪酬支付方式
   E. 年薪制是一种高风险的薪酬制度，依靠的是约束和激励相互制衡的机制

3. 关于员工持股计划的股份设置及持股比例的说法，正确的有（　　　）。
   A. 参与员工持股计划的员工不得超过企业员工总数的 90%
   B. 只有本企业正式聘用的员工才能参与员工持股计划
   C. 参与员工持股计划的员工能够购买的企业股票数量根据本人工资在员工全体薪金总额中所占的比重确定
   D. 员工持股占企业总股本的比例应超过 20%
   E. 一般企业高管人员于一般职工在员工持股中的认购比例不得低于 10∶1

4. 关于员工持股计划的说法，正确的是（　　　）。
   A. 员工持股计划既能激励员工努力工作，也能吸引人才
   B. 员工持股计划可以使企业获得低成本的资金来源

C. 持股人和认购者可以是本企业员工，也可以是外部人员

D. 认购者认购的股份在转让和交易方面不受限制

E. 员工持股计划可以为企业提供稳定、长期且能够减轻企业税收负担的资金

5. 某垄断企业工资水平高，但实行薪酬保密政策，该企业对能力相同且在同一岗位上的员工提供不同的工资水平，同时故意将高工资岗位留给有关系的员工，而让那些能力相同的其他员工从事工资较低的工作，以上存在的劳动力市场歧视包括（　　）。

　　A. 职业歧视　　　　B. 统计性歧视　　　　C. 工资歧视

　　D. 客户歧视　　　　E. 雇主歧视

6. 关于晋升竞赛，下列说法正确的是（　　）。

A. 候选人之间有较高的可比性，有助于激发候选人作出最大努力

B. 候选人在晋升竞赛过程中表现出来的优势越充分，获胜后得到的工资水平越高

C. 要想让晋升竞赛产生积极作用，应确保晋升结果只取决于候选人的实力和绩效

D. 晋升竞赛中可以同时有多位候选者

E. 晋升后的工资差距太小可能会在一定程度上降低竞赛参与者的努力程度

7. 下列关于职工大额医疗费用补助制度的说法，正确的有（　　）。

A. 具有强制执行性

B. 与基本医疗保险基金分开管理，分别核算

C. 一般由商业保险公司经办

D. 用于解决封顶线以上的大额医疗费用

E. 采取每年缴纳一定额度费用的办法筹集资金

8. 下列关于薪酬设计的基本步骤的说法，正确的是（　　）。

A. 薪酬调查方式包括企业间相互调查、委托调查、收集公开的信息及问卷调查

B. 职位评价是对任职者所做的评价

C. 薪酬结构由薪酬等级和薪酬等级内部变动范围构成

D. 职位评价主要是为了解决薪酬的内部公平性问题

E. 薪酬调查主要是为了解决薪酬的外部竞争性问题

9. 领取失业保险金的条件包括（　　）。

A. 家中有需要赡养的老人

B. 非因本人意愿中断就业

C. 年满 18 周岁以上

D. 失业前用人单位和本人已经缴纳失业保险费满 1 年

E. 已经进行失业登记，并有求职意愿

多项选择题参考答案

1. ABC。单个员工所获股份权益对应的股票总数累计不得超过公司股本总额的 1%，选项 D 错误。每期员工持股计划的持股期限不得少于 12 个月，选项 E 错误。

2. CDE。年薪制的优势之一是年薪结构中加大了风险收入的比例，有利于在责任、风险和收入对等的基础上加大激励力度，选项 C 正确；年薪制在设置上比较灵活，可以根据企业经营者在一个年度以及任期内的经营管理绩效，确定与其贡献相当的薪酬水平

及薪酬支付方式，选项 D 正确；年薪制是一种高风险的薪酬制度，依靠的是约束和激励互相制衡的机制，选项 E 正确。

3. BC。强调员工持股的广泛参与性，原则上要求企业正式聘用的员工都参与，明确规定参与员工持股计划的员工不得少于员工总数的 90%，选项 A 错误。要明确界定员工持股占企业总股本的比例，一般不宜超过 20%，选项 D 错误。要明确界定企业内部员工持股额度的分配比例，一般企业高管与一般职工的认购比例不宜拉得太大，原则上控制在 4∶1 的范围之内，选项 E 错误。

4. ABE。员工持股计划对企业发展具有重要的作用，一套科学合理的员工持股计划不仅能够吸引人才、激励员工努力工作、提高企业的核心竞争力，起到"留人"的作用，同时还可以令企业获得资金来源。由于这种资金来源于员工持股，因而是低成本资金，并且是稳定、长期的，能够减轻企业的税收负担。

5. AC。本题考查劳动力市场歧视。工资歧视是指雇主针对既定的生产率特征支付的价格因劳动者所属的人口群体不同而呈现系统性的差别。职业歧视是指区别对待具有相同的受教育水平和其他生产率特征的不同类型的劳动者，将其中某一类或某些类别的劳动者有意安排到那些低工资的岗位上，或者有意让这些类别的劳动者去承担工作责任要求较低的工作，而把那些高工资岗位留给某些特定类型的劳动者。

6. ADE。本题考查晋升竞赛的设计要点。要想让晋升竞赛能够激发候选人付出最大努力，必须使参与晋升竞赛的候选人之间在知识、努力或经验等方面具有较高的可比性。获胜者最终能得到的奖金或报酬是事先固定的。要在参与晋升竞赛者的当前职位和拟晋升职位之间创造出一种合理的工资差距，工资差距太小会降低竞赛参与者的努力程度。

7. ABDE。本题考查补充医疗保险。职工大额医疗费用补助是各地在推进基本医疗制度改革过程中探索出的一种解决封顶线以上大额医疗费用的医疗补助办法。这种办法一般由当地政府随同基本医疗保险的建立在参保职工中强制执行，由当地社会保险经办机构负责经办，是一种社会性补充保险。保险费一般按每个职工一年缴纳一定额度的费用的办法筹集，由社会保险经办机构建立大额医疗费用补助金，与基本医疗保险基金分开管理，分别核算。参保职工发生超过封顶线的医疗费用时，由职工大额医疗费用补助按一定比例支付。

8. ADE。本题考查薪酬体系设计。职位评价是对职位的评价而非对任职者的评价。纵向等级结构包括薪酬等级的数量、每一薪酬等级内的薪档数量和每个薪酬等级的变动幅度等。

9. BDE。本题考查领取失业保险金的条件。领取失业保险的条件包括：（1）失业前用人单位和本人已经缴纳失业保险费满 1 年；（2）非因本人意愿中断就业；（3）已经进行失业登记，并有求职意愿。

三、综合题

1. 某大型公司近年来出现了员工流失、工作积极性下降等一系列问题，为此聘请咨询机构开展咨询服务。通过访谈和市场调查，咨询机构发现，该公司的工资水平与市场平均水平大体持平，竞争力不明显。如果工资水平略高于市场平均水平，将有助于解决员工流失和工作积极性下降等问题，且公司目前的利润水平足以提供支撑。在访谈过程中，不少人反映公司的薪酬制度设计得不合理。在任职要求类似的岗位中，工作条件好和工作条件差的岗位之间的薪酬没有合理地拉开差距，有些岗位大家不愿意干，技术水平要求高和要求低的岗位之间的薪酬差距明显过小。此外，一些通用工种的核心员工流失，主要是由于本地新建了几家设备更先进、资本密集程度更高的大型企业，这些企业的薪酬水平明显更高，挖走了本公司的一部分人才。

根据以上资料，回答下列问题：

（1）咨询机构在为该公司提供薪酬水平调整建议之前，首先对该公司的利润水平是否能够支撑这种调整进行了评估，这种做法表明了（　　）对工资水平的影响。

  A.同工同酬   B.企业的工资支付能力

  C.劳动者个人及其家庭生活费用 D.劳动力市场

（2）咨询机构建议将工资水平调整至略高于市场平均水平，支持咨询机构这一建议的理由包括（　　）。（多选）

  A.公司对员工约束更严格，因而需要提供一定的补偿性工资

  B.公司直接聘用能力强的员工比自己培养员工更有利

  C.公司提供较高的工资可以尽快填补职位空缺

  D.有利于降低离职率

  E.高工资往往能够带来高生产率

（3）在调查过程中，该公司反映的不合理现象表明，在该公司的薪酬管理实践中存在（　　）工资差别。（多选）

  A.补偿性   B.竞争性   C.垄断性

  D.技术性   E.一般性

（4）该企业与新建的几家大型企业之间存在的薪酬差距，在一定程度上说明了（　　）对薪酬水平的影响。

  A.企业所处地理位置   B.企业的技术经济特点

  C.工会化程度   D.成熟劳动力所占比重

解析：

（1）B。本题考查决定工资水平的实际因素。部门或企业的工资支付能力是决定一个部门或企业的工资水平的一个主要因素。

（2）CDE。本题考查效率工资。效率工资是指企业提供的一种高于市场平均水平的工资。企业之所以愿意支付高工资，一个基本假设就是高工资往往能够带来高生产率，支持这种假设的理由主要有三点：1）高工资能够帮助组织吸引更为优秀的、生产率更高的员工；2）高工资有利于降低员工的离职率，提高他们的实际生产率；3）高工资能够让人感到公平。

（3）AB。本题考查职业间的工资差别。补偿性工资差别是指在知识技能上无质的差别的劳动者，因从事职业的工作条件和社会环境的不同而产生的工资差别。竞争性工资差别是指在劳动力和生产资料可以充分流动的竞争条件下，劳动者之间所存在的工资

差别。

（4）B。本题考查不同产业部门间工资差别形成的原因。不同产业部门各自不同的技术和经济特点是造成产业部门间工资差异的一个因素。一般情况下，规模大、人均占有资本比例大的产业部门，人均工资水平也较高。同时，资本与劳动力的比值较大意味着劳动报酬在企业总成本中所占的比重相对较小，资本的利润较高，从而有能力支付较高的工资。

2. 长新皮鞋厂是一家民营企业。企业创立之初，规模不大，是典型的直线制企业。总经理聘请了自己的几个亲友负责管理生产、销售、技术及后勤工作，几名管理人员的分工并不明确，但都非常敬业，忠诚度很高，在企业的发展初期起了很大的作用。目前，生产部门的员工实行的是计件工资制；销售人员只有提成工资；其他员工实行的是固定底薪，到年底按企业当年的效益发奖金，奖金的多少由总经理决定。近几年企业的经济实力有了很大提高，业务规模扩大，但在发展中也遇到了很多问题，如企业的管理工作日趋繁重，员工反映管理人员方法生硬；产品缺乏创新，部分固定客户流失；一些生产和销售骨干被同行高薪挖走；人才的引进工作也不顺利，好不容易招聘的几个技术人才不到半年就纷纷离职了。

为了摆脱困境，企业进行了一系列的改革，如将企业的组织结构调整为直线职能制，明确了各部门的职责；在原有基础上对所有职位的薪资按比例进行了调整；为了避嫌，免除了原有管理人员的职位，这些人员在工作安排和薪酬发放上与一般员工一视同仁；为了提高管理水平，面向社会进行了招聘，并规定应聘人员的学历一律不能低于大学本科。

根据以上资料，回答下列问题：

（1）企业改革之前存在哪些问题？

（2）对企业采取的改革措施作出评价。

（3）对企业的薪酬制度提出建议。

解析：

（1）改革之前存在的问题：组织结构不适应业务的发展；生产人员和销售人员的薪酬制度不合理；绩效管理制度不合理；原有管理人员的素质不适应企业的发展要求；生产和销售骨干人员的薪酬水平低于市场水平；产品设计缺乏创新性，需要优秀的产品设计人才；没有为人才提供良好的薪酬与发展机会，缺乏针对人才的引进和保留机制。

（2）对企业改革措施的评价：直线职能制更适合企业的生产规模和组织条件；总经理已经意识到企业关键岗位薪酬较低，但按比例调整薪酬的方式存在问题，应该根据岗位的不同特点制订不同的调整方案；对在企业创建初期为企业作出重大贡献的老员工的处理方式过于简单，在工作安排和薪酬上应考虑个人对企业的贡献和资历等因素；能意识到目前管理人员的能力存在不足，但对岗位要求缺乏认识，没有明确的招聘要求，只是一味追求高学历。

（3）对薪酬制度的建议如下：

1）首先对企业内部的职位进行职位分析和职位评价，确保薪酬的内部公平性。特别要对企业的管理、设计等关键岗位的任职资格进行详细的分析，并作为招聘的依据。

2）其次进行市场薪酬调查，确定各关键岗位的市场薪酬水平，要对优秀人才有吸引力，提高企业的市场竞争力。

3）根据岗位特点设计不同的薪酬结构，同时注意维护薪酬福利的稳定性，比如生产和销售人员的薪酬结构应包括固定薪酬部分，以增强员工的安全感。

4）在企业内部建立合理、公平、有效的绩效管理制度，员工的奖金（浮动薪酬部分）应根据考核结果发放。

5）为重要岗位上的员工或要引进的专业人才设计特殊奖励计划，提高企业的吸引力。

6）对那些曾经为企业作出过重大贡献，但自身条件不再适合担任管理岗位的员工，在薪酬上要体现出对这些员工所做贡献的认同。

3. YT公司是一家大型电子企业。该公司进行工资制度改革，将员工收入与职位、技能、贡献和效益挂钩。一是以实现劳动价值为依据，确定职位等级和分配标准，职位等级和分配标准经职代会通过形成。公司将全部职位划分为科研、管理和生产三大类，每类又划分出10多个等级，每个等级都有相应的工资和奖金分配标准。科研人员实行职称工资，管理人员实行职位工资，工人实行职位技术工资。科研职位的平均工资是管理职位的2倍，是生产职位的4倍。二是以职位性质和任务完成情况为依据，确定奖金分配数额。每年对在科研、管理和生产工作中有突出贡献的人员给予重奖，最高达8万元。总体上看，该公司加大了奖金分配的力度，进一步拉开了薪酬差距。YT公司注重公平竞争，以此作为拉开薪酬差距的前提。如对科研人员实行职称聘任制，每年一聘。这样既稳定了科研人员队伍，又鼓励优秀科研人员脱颖而出，为企业的长远发展提供源源不断的智力支持。

根据以上资料，回答下列问题：

（1）YT公司薪酬体系的优势主要体现在哪些方面？

（2）你对完善YT公司的薪酬体系有何建议？

解析：

（1）YT公司薪酬体系的优势：1）YT公司的工资、奖金分配制度，同时考虑了岗位特点、员工技能水平、员工贡献和企业效益四个方面，可见YT公司的薪酬体系是一种平衡的薪酬体系。2）YT公司将企业的全部岗位划分为科研、管理和生产三大类，岗位分类较合理。3）YT公司将每类岗位细分为10多个等级，每个等级都有相应的工资和奖金分配标准，可见YT公司的薪酬体系细节明确，为新的薪酬体系奠定了坚实的基础。4）YT公司的薪酬体系重点突出，偏重于科研人员，使关键技术人才的薪酬水平高于一般可替代性强的员工薪酬水平，在市场中具有竞争力。5）YT公司通过加大奖金分配力度的做法来拉开薪酬差距，有利于企业效益的增长。6）YT公司注重公平竞争，如对科研人员实施聘任制，为拉开薪酬差距提供了前提。

（2）对YT公司的薪酬体系的建议。1）掌握市场薪酬水平的变化，及时进行薪资调整，提高薪酬制度的对外竞争力。2）不断完善绩效管理制度，为薪酬制度的运行提供依据，保证薪酬制度公平合理。3）在贯彻薪酬制度的过程中会遇到各种问题，因此需要建立并完善沟通平台，使上情下达，下情上达，及时发现问题、提出对策，完善薪酬制度。

4）注意将长期激励与短期激励相结合，对高层管理者、核心技术人员和有突出贡献的员工提供长期激励，如年薪制、期权股权计划等。

4.图7-5是某公司的薪酬曲线图，该公司处于发展阶段，其中 *A* 表示各等级典型职位的市场薪酬曲线，*B* 表示该公司各等级的平均薪酬曲线。

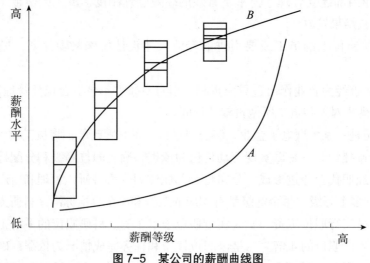

图7-5　某公司的薪酬曲线图

根据以上资料，回答下列问题：

（1）该公司的薪酬曲线 *B* 有什么特点？会导致什么后果？

（2）该公司应当保持怎样的薪酬水平？

（3）如果要对该公司的薪酬制度进行调整，应从哪些方面入手？

解析：

（1）该公司薪酬水平高于其他同类企业的平均薪酬水平。低级职位之间的薪酬差距较大，而高级职位之间的薪酬差距较小，这可能导致人工成本过高，不利于企业取得竞争优势，不利于激发高层人才的工作积极性。

（2）该公司处于正常发展阶段，应采用接近或略高于市场平均水平的薪酬水平。

（3）对现有薪酬制度进行调整可从以下几方面着手：1）降低低级职位的平均薪酬水平，使其接近各低级职位的市场薪酬水平，控制公司的总体人工成本；2）缩小低级职位之间的薪酬差距，扩大高级职位之间的薪酬差距，职位越高，薪酬差距应当越大，以保证薪酬的内部激励性；3）低级职位的薪酬档次应当多一些，高级职位的薪酬档次应当少一些；4）在调整时还要注意在同一薪酬等级中，高级职位的薪酬差距要大一些，低级职位的薪酬差距要小一些；5）降低低级职位的薪酬浮动幅度，提高高级职位的薪酬浮动幅度，以达到对不同职位的最佳激励效果。

5.【案例分析题】　　　　　　　　一次失败的调薪

LY公司是深圳市的一家高新技术企业，公司规模不大但发展迅速，其主打产品LED高科技显示屏逐步占领了国内的大型商场、广场、超市、车站等市场，取得了良好的经济效益和社会效益。然而，随着企业的进一步发展，一些深层次问题也开始显现，并制约了公司的发展，如人员知识结构问题、薪资问题、企业文化问题等。

为了推动公司快速发展，公司高薪聘请了具有大型外企管理经验和实操能力的王先生担任公司的 CEO。王总一上任即烧了"三把火"。"第一把火"是推动公司实施流程改造。"第二把火"是推行一套全新的公司制度，将他以前服务过的公司的规章制度全部照搬过来，作为范本发给各相关部门，经各部门修订后用来培训员工，接着在公司内推行。"第三把火"是调整公司的薪资制度。

王总来公司的第二个月开始策划调整薪资，他先找财务经理要来了员工工资表，然后进行测算，并对工资结构进行调整，使之更加合理，同时设计了一套薪资方案。在进行薪资调整前，他没有向各部门经理、主管征求意见，也没有了解每个员工的工作表现和技术水平，就直接按一定比例进行"普调"了。人力资源部和每位员工面谈并签订工资协议书的时候，由于措施得当还是比较顺利的。然而，几天之后，此次工资调整的不良影响就显现出来。先是几个部门经理来咨询，问他手下几个平时表现很好的员工的工资为什么反而比几个表现一般的还少？王总只好解释说此次是普调，以前底薪低，调整后也是低。这几个经理说，尽管这几个表现好的员工进入公司的时间不是很长，但综合水平比那几个老员工要好很多，本来想通过这次调薪把员工薪资的差距缩小一些，没想到反而更大了，表现好的增幅反而小。接着，又有几个主管来反映情况，说同样都是主管，为什么有的主管要比他们高 1 000～2 000 元，如果因为某项工作技术含量高而适当高几百元也能接受，但一下子差距这么大，难以接受。事情到了这里还远没有结束，一场员工"地震"又开始了。接连几天，王总不停地收到主管、经理、业务骨干的辞职报告，他们说目前同行业同职位的工资已达到一个较高的水平，他们还在拿几年前的工资，此次调薪几乎没有增加一分钱，他们不干了。

王总带着雄心壮志来到 LY 公司，然而"调薪门"事件给了他当头一棒，也让他十分苦恼，他不明白为什么给员工加工资还加出这么多事情。他百思不得其解，公司每年增加了近 200 万元的工资成本，却导致矛盾重重，管理人员纷纷离职。情急之下，他就辩解说，员工姓名对于我只是一个符号，公司里也没有我一个亲戚、熟人，我绝不会徇私的。其实王总真的没有徇私，也的确想通过调薪达到增强公司凝聚力、战斗力的效果，但他毕竟不是专业的 HR 人员，由于没有专业知识支撑，只靠雄心壮志和美好愿望不可能得到他想要的结果。

其实任何一家公司在调薪时都要考虑到薪酬的内部均衡和外部均衡，内部平衡就是员工工资要和他们的贡献成正比，外部均衡就是要和同行业达成一致，或者略高于市场平均水平，这样的薪酬水平才能起到稳定员工的作用。而王总在制订调薪方案时，既没有考虑外部同行业间的均衡，也没有考虑公司内部每个员工的能力和表现，调薪后出现矛盾和反弹也就不难理解了。王总在制订薪资方案时还忽略了一个事实，他只是将底薪按比例进行调整，结果底薪高的会越来越高，低的会越来越低，工资差距会越来越大。普调工资的一般方法是将同一职级的底薪求出平均值，以此为标准进行调整，这样同职级的差距就会逐渐缩小。当然，对于有特殊贡献者，连升几级也没有问题，只要薪酬与付出和贡献相符就可以了。另外，王总在调薪时只是片面地考虑要"合理"，一线员工和部分技术职位增加较多，而一些主要管理人员几乎没有调整，许多主管、经理离职也就不难理解了。

要做好一家企业，不仅需要创业的激情，更需要冷静的思考，对于自己不擅长的领域可以群策群力。试想在设计员工薪酬时征求一下各级主管的意见，或者倾听一下 HR 的建议，可能效果会好很多。

资料来源：闫飞龙.人力资源管理：理论与实务.2 版.北京：中国人民大学出版社，2022.

思考题：

LY 公司王总这次调薪失败的原因有哪些？

解析： 调薪失败的主要原因有：

（1）王总原来就职的大型外企与现在就职的 LY 公司（国内小型民营企业）类型不同，企业环境不同。虽然管理经验是相通的，但管理情境不同，王总照搬上一家公司的管理制度，没有考虑管理制度的适用性，没有认真研判 LY 公司的实际情况并作出相应的调整就颁布、推行新的薪资制度不妥。

（2）此次调薪准备工作不足，过于仓促。

1）薪酬与每位员工的利益紧密相关，牵一发而动全身，调薪需做好认真而充分的准备工作，应广泛收集所需的相关信息。比如，了解现行薪酬体系和薪酬制度有哪些问题；进行薪酬满意度调查、各职位在劳动力市场上的薪酬水平调查；分析如果实施调薪，会带来哪些新的问题；等等。

2）应确定此次薪酬调整后公司的薪酬总体战略定位。比如，公司薪酬是紧跟劳动力市场薪酬水平，还是略高于劳动力市场薪酬水平，或者是某些岗位高于市场薪酬水平，某些岗位低于或大致等于劳动力市场薪酬水平。

3）应设置调薪的原则。要保证调薪后关键岗位的员工薪酬在劳动力市场上有竞争力，要保证公司内部不同员工间的薪酬有内在的公正性或一致性，而不至于出现平时表现好的员工反而比表现差的员工工资低的现象。

4）应该首先做好职位评价工作，保证调薪的科学合理。职位评价是确定企业各职位之间相对价值的大小，是薪酬管理的基础。最终调薪的依据应该由职位本身的价值来定，而不是依据底薪按比例普调。

（3）缺乏有效而深入的沟通和动员。王总应该在调薪前与各部门经理、主管以及普通员工进行广泛的沟通，研讨现行薪酬管理制度的利弊，并就如何调整征求建议和意见。薪酬调整是个系统工程，工作量繁重，最终的调薪结果不可能让每一位员工都满意，但可以在正式公布之前进行宣传动员，并准备好相应预案，以减少公司在推行新的薪酬体系时的阻力，同时，也有助于员工理解新的薪酬体系。

第八章　员工关系管理

第一部分　知识点回顾

一、员工关系管理

员工关系管理就是企业采用各种管理手段和管理行为，调节企业与员工、员工与员工之间的相互关系，使其实现良性循环和发展，以实现组织目标的过程。员工关系管理工作的重点是人际关系管理、劳动关系管理、沟通与交流管理、民主参与、企业文化和企业精神管理等方面。从人力资源管理职能的角度看，员工关系管理的内容主要包括：（1）劳动关系管理，涉及劳动合同管理、离职管理、劳动纪律及奖惩、劳动争议处理等方面的内容。（2）劳动保护，涉及劳动时间、职业安全与员工健康、员工援助计划等方面的内容。

二、劳动合同与集体合同

劳动合同是劳动者与用人单位确定劳动关系、明确双方权利和义务的协议。劳动合同应该具备以下条款：用人单位的名称、住所和法定代表人或者主要负责人；劳动者的姓名、住址和居民身份证或者其他有效身份证号码；劳动合同期限；工作内容和工作地点；工作时间和休息休假；劳动报酬；社会保险；劳动保护、劳动条件和职业危害防护；法律、法规规定应该纳入劳动合同的其他事项。除了上述条款外，用人单位与劳动者可以约定试用期、培训、保守秘密、补充保险和福利待遇等其他事项。

集体合同是指用人单位与本单位职工根据法律、法规、规章的规定，就劳动报酬、工作时间、休息休假、劳动安全卫生、职业培训、保险福利等事项，通过集体协商签订的书面协议。根据《劳动法》的规定：集体合同由工会代表职工与企业签订；没有建立工会的企业，由职工推举的代表与企业签订。集体合同均为定期合同，根据《集体合同规定》，集体合同的期限一般为1～3年。集体合同签署后，需要报送到县级以上劳动保障行政部门审查，劳动保障行政部门在收到集体合同后的15日内未提出异议的，集体合同即行生效；如果劳动保障行政部门对集体合同有异议的，应当在收到文本之日起15日内将《审查意见书》送达双方协商代表。用人单位与本单位职工就劳动保障行政部门提出的事项经集体协商重新签订集体合同的，按《集体合同规定》第四十二条的规定将文本报送劳动保障行政部门审查。

劳动合同与集体合同有以下区别：

（1）主体不同。劳动合同由企业与劳动者个人签订，而集体合同由工会或者员工代表与企业签订。

（2）内容不同。劳动合同的内容只涉及单个劳动者的权利与义务。集体合同的内容是关于企业的一般劳动条件标准的约定，包括全体劳动者共同的权利和义务。

（3）功能不同。劳动合同的目的是确立劳动者和企业的劳动关系。集体合同的目的是规定企业的一般劳动条件，为劳动关系的各个方面设定具体标准，并作为单个劳动合同的基础和指导原则。

（4）法律效力不同。集体合同规定企业的最低劳动标准，凡劳动合同约定的标准低于集体合同标准的一律无效，集体合同的法律效力高于劳动合同的法律效力。

知识点考核方式

辨析劳动合同与集体合同的联系与区别。

答题思路：领会二者的区别，知晓集体合同的法律效力高于劳动合同的法律效力。

例题

【案例分析题】王某与A公司的劳动纠纷案

2021年10月11日，A公司与公司工会推选出的代表经过集体协商，签订了一份集体合同草案。双方代表签字后，该草案经4/5的职工代表通过。其中，关于工资和劳动时间的条款规定，公司员工每月的工资不低于1 600元，每个工作日工作8小时。2021年10月16日，A公司将集体合同文本及说明材料报送当地人力资源和社会保障局登记、审查、备案，人力资源和社会保障局在15日内未提出异议。所以，2021年11月1日，该集体合同自行生效。同时，A公司和公司工会以适当的方式向各自的代表成员公布。

2022年1月，王某应聘A公司，因符合公司条件被录用。当月，公司与王某签订了为期2年的劳动合同，合同规定王某的月工资为2 200元，每个工作日工作4小时。2月份王某在一次与同事聊天时得知，公司与工会签订了集体合同，约定员工每月工资不低于2 600元，王某于是向公司提出给自己加工资的要求，即每月按2 600元支付工资。公司不同意，并向王某陈述理由：一方面，集体合同的签订是在王某来公司之前，跟王某没有关系。另一方面，集体合同约定的工作时间是每个工作日工作8小时，享受最低月工资2 600元，而王某每个工作日工作4小时，且公司与王某的劳动合同中明确约定王某的月工资是2 200元。

王某和A公司协商未果，去当地劳动争议仲裁委员会提请仲裁。

思考题：王某会胜诉吗？为什么？

解析：王某胜诉。因为集体合同的法律效力高于劳动合同的法律效力，且集体合同约定的条件是最低条件，即便王某和A公司签订的劳动合同约定每天工作时间只有4小时，也应享受集体合同约定的最低工资待遇。

三、加班工资的计算

加班加点，即延长劳动时间，是指劳动者在法定工作时间之外继续工作。加班是指劳动者在公休日或者在法定节日工作；加点是指劳动者在符合法定标准工作时间的工时外延长工作时间，即提前上班或推迟下班。实际工作中，加班加点统称为加班。加班加点都是相对于特定的工作种类而言的，对实行标准工作日、缩短工作日或弹性工作日的劳动者，才存在加班加点；对实行不定时工作日的劳动者，则不存在加班加点。

《劳动法》第四十一条规定："用人单位由于生产经营需要，经与工会和劳动者协商后可以延长工作时间，一般每日不得超过一小时；因特殊原因需要延长工作时间的，在保障劳动者身体健康的条件下延长工作时间每日不得超过三小时，但是每月不得超过三十六小时。"但是在一些特殊情形下，延长工作时间可以不受上述规定的限制，比如，发生自然灾害、事故或者因其他原因，威胁劳动者生命健康和财产安全，需要紧急处理的；生产设备、交通运输线路、公共设施发生故障，影响生产和公众利益，必须及时抢修的；法律、行政法规规定的其他情形。《劳动法》第四十三条规定："用人单位不得违反本法规定延长劳动者的工作时间。"

根据实际需要安排劳动者在法定标准工作时间以外工作的，《劳动法》第四十四条规定应按以下标准支付工资：安排劳动者延长工作时间的，支付不低于工资的百分之一百五十的工资报酬；休息日安排劳动者工作又不能安排补休的，支付不低于工资的百分之二百的工资报酬；法定休假日安排劳动者工作的，支付不低于工资的百分之三百的工资报酬。

知识点考核方式

掌握加班工资的计算方法。
答题思路：依据《劳动法》相关规定计算加班费。

例题

【综合题】某员工的月标准工资为 2 400 元，5 月的加班为：五一劳动节期间加班 1.5 天，休息日加班 1 天，其他时间加班 2 天。如果不考虑个人所得税和各项保险，其 5 月实发的工资是多少？

解析：题中

员工月制度工日数 =（365 − 52×2）÷12≈22（天）

员工日工资 = 月标准工资 / 月制度工日数 = 2 400/22 = 109.09（元 / 天）

五一加班费 = 员工日工资 × 加班天数 ×3 = 109.09×1.5×3 = 490.91（元）

休息日加班费 = 员工日工资 × 加班天数 ×2 = 109.09×1×2 = 218.18（元）

其他时间加班费 = 员工日工资 × 加班天数 ×1.5 = 109.09×2×1.5 = 327.27（元）

本月工资 = 2 400 + 490.91 + 218.18 + 327.27 = 3 436.36（元）

第二部分　习　题

一、单项选择题

1. 关于员工申诉的说法，正确的是（　　　）。

　A. 非正式的申诉处理程序就是由双方共同的上级进行说和

　B. 员工申诉是一种表达不满的途径

　C. 员工不满全都可以通过申诉程序进行申诉

　D. 正式的申诉程序中，员工无须举证，由受理部门查明事实

2. 对发展和谐劳动关系具有促进作用的做法是（　　　）。

　A. 强制已经建立工会的企业必须开展集体协商

　B. 加强对企业实行特殊工时制度的审批管理

　C. 劳动仲裁和劳动监察人员社会化、弹性化

　D. 国有企业按照工资总额的固定比例提高员工工资

3. 当事人对劳动争议仲裁管辖有异议应当在（　　　）前提出。

　A. 案件开庭审理　　　B. 裁决作出　　　　C. 辩论终结　　　　　D. 答辩期满

4. 根据我国有关规定，关于劳务派遣的说法，错误的是（　　　）。

　A. 劳务派遣单位注册资本发生变化，应当向许可机关提出变更申请

　B. 经营劳务派遣业务，注册资本不得少于 200 万元

　C. 劳务派遣许可证有效期限为 3 年

　D. 劳务派遣单位与劳动者、用工单位与劳动者之间均建立劳动关系

5. 我国劳动关系调整的原则主要包括（　　　）。

　A. 促进经济发展和社会进步的原则

　B. 以政府协调为基础的原则

　C. 重点保护劳动者权益的原则

　D. 强调劳动关系主体各自义务的原则

6. 社会主义新型劳动关系的特点不包括（　　　）。

　A. 和谐稳定　　　　　　　　　　　　B. 权责明确

　C. 规范有序　　　　　　　　　　　　D. 互利共赢

7. 在劳动关系中，劳动者的基本义务是（　　　）。

　A. 增进的义务　　　　　　　　　　　B. 服从的义务

　C. 保密的义务　　　　　　　　　　　D. 完成劳动任务的义务

8. 根据《中华人民共和国社会保险法》，以下险种中不属于社会保险的是（　　　）。

　A. 工伤保险　　　　　　　　　　　　B. 生育保险

　C. 基本医疗保险　　　　　　　　　　D. 雇主责任保险

9. 下列费用中，属于基本医疗保险基金支付范围的是（　　　）。

　　A. 境外就医的费用

　　B. 应当由公共卫生负担的费用

　　C. 应当从工伤保险基金中支付的费用

　　D. 急救、抢救的医疗费用

10. 关于协商一致解除劳动合同的说法，正确的是（　　　）。

　　A. 只需当事人达成合意，无须法定原因

　　B. 用人单位应支付经济补偿

　　C. 应当采取书面形式

　　D. 用人单位无须支付经济补偿

11. 下列纠纷中，属于《劳动争议调解仲裁法》受案范围的是（　　　）。

　　A. 用人单位与劳动者因工伤医疗费发生的争议

　　B. 劳动者与社会保险经办机构因发放社会保险金发生的争议

　　C. 农村承包经营户与受雇人之间的纠纷

　　D. 劳动者对劳动能力鉴定委员会伤残等级鉴定结论的异议纠纷

12. 下列不属于劳动争议处理的基本原则的是（　　　）。

　　A. 透明原则　　　　B. 公正原则　　　　C. 及时原则　　　　D. 合法原则

13. 行政复议申请人不服人力资源和社会保障行政部门作出的复议决定的，可以在收到复议决定书之日起（　　　）日内向人民法院提起诉讼。

　　A. 10　　　　　　　B. 15　　　　　　　C. 20　　　　　　　D. 35

14. 关于工伤认定的说法，错误的是（　　　）

　　A. 职工符合工伤认定条件，但存在醉酒情形的，不得认定为工伤

　　B. 职工符合工伤认定条件，但存在犯罪情形的，不得认定为工伤

　　C. 职工符合工伤认定条件，但存在吸毒情形的，不得认定为工伤

　　D. 职工符合工伤认定条件，但存在自杀情形的，不得认定为工伤

15. 关于劳动争议仲裁时效的说法，错误的是（　　　）。

　　A. 发生不可抗力导致无法申请仲裁的，仲裁时效中止

　　B. 因解除劳动关系产生的争议，用人单位不能证明劳动者收到解除通知书时间的，劳动者主张权利之日即为劳动争议发生之日

　　C. 对方当事人同意履行义务的，仲裁时效重新计算

　　D. 因拖欠劳动报酬发生的争议不受仲裁时效限制

16. 关于基本养老保险的说法，正确的是（　　　）。

　　A. 缴纳基本养老保险的个人死亡的，其个人账户余额由其他参保人分享

　　B. 可以委托社区现有机构发放养老金

　　C. 参保人享受待遇的前提是年满60周岁

　　D. 基金由用人单位缴费和个人缴费组成

17. 关于社会保险覆盖范围的说法，正确的是（　　　）。

　　A. 外国人在我国就业的可以不参加社会保险

B. 在两个单位工作的，可以选择其中一家单位缴纳工伤保险费

C. 非全日制从业人员不能缴纳职工基本医疗保险费

D. 无雇工的个体工商户可以参加职工基本养老保险

18. 关于劳务派遣的说法，正确的是（ ）。

A. 被派遣劳动者的社会保险费应由用工单位缴纳

B. 被派遣劳动者被退回后，无工作期间，劳务派遣单位可暂停支付工资

C. 设立劳务派遣公司注册资本不得少于 20 万元

D. 被派遣劳动者有权在派遣单位或用工单位参加或组织工会

19. 劳动监察机构不可以采取的措施是（ ）。

A. 吊销许可证　　　B. 警告　　　　　C. 罚款　　　　　D. 拘留

20.《失业保险条例》规定，城镇企业事业单位职工按照个人工资的（ ）缴纳失业保险费

A. 1%　　　　　　B. 2%　　　　　　C. 3%　　　　　　D. 5%

21. 政府在建立劳动争议处理机制方面起到的作用是（ ）。

A. 保护用人单位

B. 建立和完善劳动力市场

C. 协调劳动关系

D. 维持与提高劳动条件

22. 用人单位规章具有法律效力的前提条件不包括（ ）。

A. 经过民主程序制定

B. 经劳动者同意

C. 公示或者公告劳动者

D. 不违反法律、行政法规及政策

23. 社会保险法律关系主体中不包括（ ）。

A. 承担社会保险费缴纳义务的用人单位

B. 参与社会保险并履行缴纳社会保险费义务的劳动者

C. 依法裁判社会保险争议的人民法院

D. 向劳动者发放社会保险待遇的社会保险经办机构

24. 符合法律规定的劳动合同处理方式是（ ）。

A. 甲公司更改名称为乙公司，甲公司与劳动者签订的劳动合同不再有效

B. 甲公司分立为乙公司和丙公司，甲公司与劳动者签订的劳动合同不受分立影响继续履行

C. 甲公司更换法定代表人后，新的法定代表人应与劳动者重新签订劳动合同

D. 甲公司和乙公司合并为丙公司后，丙公司应与甲、乙公司的劳动者重新签订劳动合同

25. 劳动者因（ ）而解除劳动合同是不符合法律规定的。

A. 用人单位没有在劳动者加班后立即支付加班费

B. 用人单位未及时足额向劳动者支付工资

C. 用人单位以威胁手段强迫劳动者劳动

D. 用人单位没有为劳动者缴纳社会保险费

26. 关于非全日制用工的说法，正确的是（ ）。

A. 用人单位使用非全日制用工劳动者应当按月支付劳动薪酬

B. 非全日制用工劳动者的小时计酬标准可以低于当地最低小时工资标准

C. 非全日制用工双方当事人不得约定试用期

D. 非全日制用工终止用工时，用人单位应当向劳动者支付终止用工经济补偿

27. 下列争议中属于劳动争议的是（ ）。

A. 小王与社会保险经办机构因发放养老金引起的争议

B. 小张与用人单位因共有住房转让引起的争议

C. 小李与其雇用的家政服务员因报酬标准引起的争议

D. 小赵与用人单位因办理人事档案转移引起的争议

28. 关于举证责任的说法，正确的是（ ）。

A. 在劳动争议诉讼中，因计算劳动者工作年限发生的争议，由劳动者承担举证责任

B. 在劳动争议诉讼中，因用人单位解除劳动合同发生的争议，由用人单位承担举证责任

C. 在劳动争议诉讼中，劳动者不承担举证责任

D. 在劳动争议诉讼中，劳动者不能举证的，由用人单位承担不利后果

29. 关于工伤保险费缴纳的说法，正确的是（ ）。

A. 职工不缴纳工伤保险费

B. 用人单位和职工共同缴纳工伤保险费

C. 用人单位代替职工缴纳工伤保险费

D. 工伤保险费由国家承担

30. 关于劳动者应当承担的违反劳动法律责任的说法，正确的是（ ）。

A. 劳动者违法解除劳动合同，无须承担法律责任

B. 劳动者违反劳动合同中约定的保密义务，应当承担赔偿责任

C. 劳动者解除约定有服务期的劳动合同，应当向用人单位支付赔偿金

D. 劳动者违反劳动合同中有关竞业限制的约定且给用人单位造成了损失，应承担赔偿责任

31. 申请工伤认定的用人单位对工伤认定结论不服时，用人单位（ ）。

A. 可以依法向人民法院提起行政诉讼

B. 应当依法先申请行政复议

C. 可以申请劳动争议仲裁

D. 应当向当地人民政府举报

32. 用人单位违法阻挠劳动者参加工会的，由（ ）责令改正。

A. 上级工会组织   B. 工商行政管理部门

C. 人民法院   D. 劳动行政部门

33. 下列不属于劳动争议的是（　　　）。

 A. 员工要求企业支付加班费

 B. 劳动者认为职业病诊断结论有问题

 C. 员工要求公司补齐工资差额

 D. 员工认为企业解除劳动合同违法

34. 员工申诉管理的（　　　）要求明确界定员工的申诉范围。

 A. 合法原则　　　　 B. 公平原则　　　　 C. 明晰原则　　　　 D. 反馈原则

35. 关于劳动关系运行的实体规则的说法，错误的是（　　　）。

 A. 涉及关于劳动者权利的维护

 B. 内容通常由法律规定和认可

 C. 主要涉及劳动关系各方义务的规定

 D. 法律表现形式为劳工标准

36. 关于企业实施经济性裁员的说法，正确的是（　　　）。

 A. 经济补偿标准按员工工作年限，每满 1 年按半个月工资标准支付

 B. 企业应提前 30 日向工会或全体职工说明经济性裁员的情况

 C. 只要企业有重大技术革新情况，就可以实施经济性裁员

 D. 实施经济性裁员无须向当地劳动行政部门报告

37. 在下列情形中，用人单位可以合法解除劳动合同的是（　　　）。

 A. 劳动者不能胜任工作，经培训或者调整岗位还是不能胜任工作的

 B. 员工被认定为工伤且为七级伤残的

 C. 劳动者不同意降低月工资收入的

 D. 员工患病 3 个月无法从事工作的

38. 关于劳动人事争议仲裁委员会的说法，错误的是（　　　）。

 A. 劳动人事仲裁委员会之间并不具有行政隶属关系

 B. 劳动人事仲裁委员会由劳动行政部门代表、工会代表和企业方面代表组成

 C. 直辖市可以设立若干个劳动人事仲裁委员会

 D. 劳动人事仲裁委员会按行政区划层层设立

单项选择题参考答案

1. B。非正式的申诉处理主要依靠第三方调解实现，由训练有素的中立的第三方，协调处理申诉双方当事人的意见分歧，以解决有关问题。选项 A 错误。员工申诉的主要作用是处理员工工作过程中产生的不满情绪，员工申诉范围一般限于与工作有关的问题，与工作无关的问题（如员工的家庭问题、私人问题）通常排除在外，虽然这些问题可能间接影响工作绩效，但并不是申诉制度应该或能够处理的问题。选项 C 错误。员工申诉的正式流程一般包括四个阶段：向申诉受理人提交员工申诉表，应写明申诉缘由，并尽量列举可靠的依据；申诉受理；查明事实；解决问题。选项 D 错误。

2. B。发展和谐劳动关系的主要任务包括：进一步完善劳动合同制度；积极推进集体合同制度实施；健全国家劳动标准体系，完善特殊工时制度，加强对企业实行特殊工时制度的审批管理；完善协调劳动关系三方机制；加强企业工资收入分配制度改革；完

善劳动争议处理体制；加大劳动保障执法监察力度。

3. D。当事人提出管辖异议，应在答辩期满前以书面形式提出。

4. D。劳务派遣是指劳务派遣单位与被派遣劳动者建立劳动关系后，将该劳动者派遣到用工单位从事劳动的一种特殊用工形式。在这种特殊用工形式下，劳务派遣单位与劳动者建立劳动关系，但是不使用劳动者，即不直接管理和指挥劳动者从事劳动，而用工单位直接管理和指挥劳动者，但是与劳动者之间没有建立劳动关系。选项 D 错误。

5. A。我国劳动关系调整的原则主要包括：劳动关系主体权利义务统一的原则；保护劳动关系主体权益的原则；以劳动关系双方自主协调为基础的原则；促进经济发展和社会进步的原则。

6. B。发展和谐劳动关系的基本思路是以习近平新时代中国特色社会主义思想为指导，按照党中央关于构建社会主义和谐社会的要求，以发展和谐劳动关系为目标，在解决劳动关系突出问题的同时，推进治理体系与治理能力现代化相适应的劳动关系协调体制，形成发展和谐劳动关系的长效机制和制度，构建规范有序、公正合理、互利共赢、和谐稳定的社会主义新型劳动关系。

7. D。劳动者在劳动关系中的义务主要是完成劳动任务的义务和忠实的义务，其中，完成劳动任务的义务是劳动者的基本义务。

8. D。社会保险险种有基本养老保险、基本医疗保险、失业保险、工伤保险和生育保险。

9. D。下列医疗费用不纳入基本医疗保险基金的支付范围：应当从工伤保险基金中支付的费用；应当由第三人负担的费用；应当由公共卫生负担的费用；在境外就医的费用。

10. A。用人单位与劳动者协商一致，可以解除劳动合同，即劳动合同当事人双方对解除劳动合同达成一致意见时，劳动合同可以协商解除，选项 A 正确。用人单位是否支付经济补偿应视具体情况而定，本题不确定是否支付经济补偿，选项 B、D 错误。协商一致解除劳动合同没有要求必须采取书面形式，选项 C 错误。

11. A。不属于劳动争议的情形有：劳动者请求社会保险经办机构发放社会保险金的纠纷；劳动者与用人单位因住房制度改革产生的公有住房转让纠纷；劳动者对劳动能力鉴定委员会的伤残等级鉴定结论或对职业病诊断鉴定委员会的职业病诊断鉴定结论的异议纠纷；家庭或者个人与家政服务人员之间的纠纷；个体工匠与帮工、学徒之间的纠纷；农村承包经营户与受雇人之间的纠纷。

12. A。劳动争议处理的基本原则包括合法原则、公正原则、及时原则和着重调解原则。

13. B。行政复议申请人不服人力资源和社会保障行政部门作出的复议决定的，可以在收到复议决定书之日起 15 日内向人民法院提起诉讼。

14. B。不得认定工伤或者视同工伤的情形包括：故意犯罪的；醉酒或吸毒的；自残或自杀的。

15. D。劳动关系存续期间因拖欠劳动报酬发生劳动争议的，劳动者申请仲裁不受 1 年仲裁时效的限制；但是劳动关系终止的，应当自劳动关系终止之日起 1 年内提出。

16. B。个人死亡的，个人账户余额可以继承，选项 A 错误。享受基本养老保险待遇的条件是到法定退休年龄、累计缴纳基本养老保险费满 15 年，选项 C 错误。用人单位应当按照国家规定的本单位职工工资总额的比例缴纳基本养老保险费，计入基本养老保险统筹基金，职工按照国家规定的本人工资的一定比例缴纳基本养老保险费，计入个人账户，选项 D 错误。

17. D。在中国境内就业的外国人也应当参照规定参加我国的社会保险，选项 A 错误。职工（包括非全日制从业人员）在两个或两个以上用人单位同时就业的，各用人单位应当分别为职工缴纳工伤保险费。职工发生工伤，由职工受到伤害的工作单位依法承担工伤责任。无雇工的个体工商户、未在用人单位参加职工基本医疗保险的非全日制从业人员以及其他灵活就业人员参加基本医疗保险，由个人按照国家规定缴纳基本医疗保险费。

18. D。劳务派遣单位为被派遣劳动者缴纳社会保险费，选项 A 错误。被派遣劳动者在无工作期间，劳务派遣单位应当按照所在地人民政府规定的最低工资标准，向其按月支付报酬，选项 B 错误。经营劳务派遣业务注册资本不得少于人民币 200 万元，选项 C 错误。

19. D。劳动监察处罚方式包括责令用人单位改正、警告、罚款、没收违法所得和吊销许可证。

20. A。单位职工按照个人工资的 1% 缴纳失业保险费，用人单位缴纳工资总额的 2%。

21. C。在处理劳动争议的过程中，政府充当调停者，保持中立，协调劳动关系。

22. B。劳动规章制度的效力应满足：内容合法、不违背有关法律法规及政策；经过民主程序制定；要向劳动者公示。

23. C。从社会保险责任划分的社会保险法律关系主体有：国家；社会保险管理和经办机构（如税务机关、社会保险经办机构）；用人单位（承担缴纳社会保险费的义务）；劳动者及其家庭。从保险业务划分的社会保险法律关系主体有：保险人、投保人、被保险人、受益人、管理人、监督人。

24. B。根据《劳动合同法》的规定，用人单位变更名称、法定代表人、主要负责人或者投资人等事项，不影响劳动合同的履行。相关事项依法进行变更登记后，劳动合同继续有效，双方当事人应当按照劳动合同的约定继续履行，也不需要重新签订劳动合同。用人单位发生合并或者分立等情况，原劳动合同继续有效，劳动合同由承继其权利义务的用人单位继续履行。

25. A。劳动者可以解除劳动合同的情形：未按照劳动合同约定提供劳动保护或劳动条件的；未及时足额支付劳动报酬的；未依法为劳动者缴纳社会保险费的；用人单位的规章制度违反法律法规的规定，损害劳动者权益的；因用人单位以欺诈、胁迫的手段或者乘人之危，使劳动者在违背真实意思的情况下订立或者变更劳动合同致使劳动合同无效的；法律、行政法规规定劳动者可以解除劳动合同的其他情形。

26. C。《劳动合同法》有关非全日制用工的规定主要有：劳动者可以与一个或一个以上用人单位订立劳动合同，但后订立的劳动合同不得影响先订立的劳动合同的履行；

双方当事人可以订立口头协议；双方当事人不得约定试用期；双方当事人任何一方都可以随时通知对方终止用工，用人单位不向劳动者支付经济补偿；小时计酬标准不得低于用人单位所在地人民政府规定的最低小时工资标准；劳动报酬结算支付周期最长不得超过15日。

27. D。劳动争议的基本特征包括：（1）当事人是特定的。争议主体一方为用人单位，另一方必须是劳动者。（2）争议主体之间必须存在劳动关系。（3）争议的内容必须与劳动权利义务有关。引起争议的内容主要是劳动就业、劳动合同、劳动报酬、工作时间和休息时间、劳动安全与卫生、社会保险与福利、培训、奖惩等方面。

28. B。在诉讼活动中，依据《最高人民法院关于审理劳动争议案件适用法律若干问题的解释》的规定："因用人单位作出的开除、除名、辞退、解除劳动合同、减少劳动报酬、计算劳动者工作年限等决定而发生的劳动争议，用人单位负举证责任。"

29. A。根据《社会保险法》的规定，职工应当参加工伤保险，由用人单位缴纳工伤保险费，职工不缴纳工伤保险费。

30. D。劳动者违反《劳动合同法》的规定，解除劳动合同或者违反劳动合同中约定的保密义务、竞业限制，给用人单位造成损失的，应当承担赔偿责任。

31. A。《工伤保险条例》规定，有下列情形之一的，有关单位或者个人可以依法申请行政复议，也可以依法向人民法院提起行政诉讼：申请工伤认定的职工或其近亲属，该职工所在单位对工伤认定申请不予受理的决定不服的；申请工伤认定的职工或其近亲属、该职工所在单位对工伤认定结论不服的。

32. D。用人单位违法阻挠劳动者参加工会的，由劳动行政部门责令改正。

33. B。本题考查不属于劳动争议的情形。不属于劳动争议的情形有：劳动者请求社会保险经办机构发放社会保险金的纠纷；劳动者与用人单位因住房制度改革产生的公有住房转让纠纷；劳动者对劳动能力鉴定委员会的伤残等级鉴定结论或对职业病诊断鉴定委员会的职业病诊断鉴定结论有异议的纠纷；家庭或者个人与家政服务人员之间的纠纷；个体工匠与帮工、学徒之间的纠纷；农村承包经营户与受雇人之间的纠纷。

34. C。本题考查员工申诉管理的原则。明晰原则，是指要明确界定员工的申诉范围，避免员工将本可以通过正常管理渠道解决的问题也通过申诉方式提出。同时，还应对申诉问题进行分类处理，使组织尽早发现和解决问题。

35. C。劳动关系运行的实体规则主要是指对劳动关系各方权利的规定，实体规则的内容通常是由法律规定和认可的。劳动关系的法律规范，即劳动法的宗旨主要是保护劳动者，所以劳动关系实体规则的主要内容是关于劳动者权利的维护，其主要法律表现形式为劳工标准。劳工标准是对劳动者权利的一般的、具体的和技术的规定。这些规定涉及劳动者的基本人权以及劳动条件和就业条件等。按照权利主体的不同来区分，主要是对劳动者个人权利的规定和对劳动者集体权利的规定。

36. B。本题考查解除与终止劳动合同的经济补偿。经济补偿按劳动者在本单位工作的年限，每满1年向劳动者支付1个月工资的经济补偿（6个月以上不满1年的，按1年计算）；不满6个月的，向劳动者支付半个月工资的经济补偿。用人单位需要裁减人员20人以上或者裁减不足20人但占企业职工总数10%以上的，用人单位提前30日向工会或者全体职工说明情况，听取工会或者职工的意见后，裁减人员方案经向劳动行政部门报告，可以裁减人员：（1）依照企业破产法规定进行重组的。（2）生产经营发生严重困难的。（3）企业转产、重大技术革新或者经营方式调整，经变更劳动合同后，仍需裁减人员的。（4）其他因劳动合同订立时所依据的客观经济情况发生重大变化，致使劳动合同无法履行的。

37. A。本题考查劳动合同的解除。有以下情形之一的，用人单位提前30日以书面形式通知劳动者本人或者额外支付劳动者一个月工资后，可以解除劳动合同：（1）劳动者患病或者非因工负伤，在规定的医疗期满后不能从事原工作，也不能从事由用人单位另行安排的工作的。（2）劳动者不能胜任工作，经过培训或者调整工作岗位，仍不能胜任工作的。（3）劳动合同订立时所依据的客观情况发生重大变化，致使劳动合同无法履行，经用人单位与劳动者协商，未能就变更劳动合同内容达成协议的。

38. D。本题考查对劳动人事争议仲裁委员会的了解。劳动人事争议仲裁委员会是国家授权依法设立的，代表国家行使仲裁权并由国家强制力保证其生效裁决实施，由劳动行政部门代表、工会代表和企业方面代表组成处理劳动争议的仲裁机构。直辖市、设区的市也可以设立一个或者若干个劳动人事争议仲裁委员会。劳动人事争议仲裁委员会不按行政区划层层设立。劳动人事仲裁委员会之间并不具有行政隶属关系。

二、多项选择题

1. 人力资源服务机构的类型包括（　　　）。
    A. 公共人力资源服务机构
    B. 经营性人力资源服务机构
    C. 其他人力资源服务机构
    D. 民营人力资源服务机构
    E. 外资人力资源服务机构

2. 下列事项中，不能申请行政复议的有（　　　）。
    A. 劳动争议仲裁裁决　　　　　　B. 工伤认定结论
    C. 工伤保险待遇审核决定　　　　D. 劳动能力鉴定结论
    E. 行政处分

3. 关于工伤保险待遇的说法，正确的有（　　　）。
    A. 一次性伤亡补助金按照本省城镇居民人均可支配收入来确定
    B. 劳动者因工伤住院期间，伙食补助费由用人单位承担
    C. 停工留薪期期满后，劳动者仍需治疗的，继续享受工伤医疗待遇
    D. 停工留薪期期间，劳动者工资福利由所在单位按月支付
    E. 劳动者因工伤被鉴定为一至五级伤残的，退出工作岗位

4. 下列主体中，属于社会保险法律关系主体的有（　　　）。
    A. 用人单位　　　　B. 劳动者　　　　C. 人寿保险公司
    D. 国家　　　　　　E. 社会保险管理和经办机构

5. 劳动者可以立即通知用人单位解除劳动合同的情形有（　　　）。

   A. 用人单位未及时足额支付劳动报酬的

   B. 用人单位规章制度违反法律、法规的规定，损害劳动者权益的

   C. 用人单位未按照劳动合同约定提供劳动保护的

   D. 用人单位合并或者分立的

   E. 用人单位安排劳动者加班未与工会协商的

6. 下列情形中，劳动争议仲裁员应当回避的情形有（　　　）。

   A. 仲裁员是本案代理人的近亲属的

   B. 仲裁员与本案当事人有其他关系，可能影响公正裁决的

   C. 仲裁员私自会见当事人的

   D. 仲裁员与本案有利害关系的

   E. 仲裁员属于非本地户籍的

7. 《工伤保险条例》规定，不得认定为工伤或者视同工伤的情形包括（　　　）。

   A. 职工因故意犯罪遭受事故伤害的

   B. 职工因醉酒遭受事故伤害的

   C. 职工因操作失误遭受事故伤害的

   D. 职工因自残遭受事故伤害的

   E. 职工因工作疲劳遭受事故伤害的

8. 《集体合同规定》中，女职工保护的专项集体合同中，女职工保护的四期是指
（　　　）。

   A. 产期　　　　　　　B. 更年期　　　　　　　C. 经期

   D. 孕期　　　　　　　E. 哺乳期

9. 下列医疗费用不纳入基本医疗保险基金支付范围的有（　　　）。

   A. 在境外就医的

   B. 由社会保险经办机构支付的

   C. 应当由第三人负担的

   D. 应当由公共卫生负担的

   E. 应当从工伤保险基金中支付的

10. 下列保险中，属于《社会保险法》规定的基本医疗保险的有（　　　）。

   A. 工伤保险　　　　　　　　　　　B. 职工基本医疗保险

   C. 新型农村合作医疗　　　　　　　D. 城镇居民基本医疗保险

   E. 大病无忧健康保险

11. 劳务派遣单位的法定义务包括（　　　）。

   A. 依法支付被派遣劳动者的劳动报酬

   B. 依法向被派遣劳动者提供相应的劳动条件

   C. 依法为被派遣劳动者缴纳社会保险费

   D. 不得向被派遣劳动者收取费用

   E. 依法向被派遣劳动者支付加班费

12. 关于劳动争议仲裁时效的说法，正确的有（　　）。

A. 因不可抗力导致当事人不能在法定时效期间申请仲裁的，仲裁时效中止

B. 劳动争议对方当事人在时效期间内同意履行义务的，仲裁时效中断

C. 申请劳动争议仲裁的时效期间为 1 年

D. 劳动关系存续期间，因拖欠劳动报酬发生争议的，应当在劳动关系终止前提出仲裁申请

E. 仲裁时效期间从当事人申请仲裁之日起计算

13. 关于用人单位工伤保险责任的说法，正确的有（　　）。

A. 职工在两个用人单位同时就业的，由职工受到伤害时所在的工作单位承担工伤保险责任

B. 用人单位应当将参加工伤保险的有关情况，在本单位内公示

C. 职工被派遣出境工作的，其国内工伤保险关系依法终止

D. 非全日制从业人员可以自愿参加工伤保险，其用人单位无工伤保险责任

E. 用人单位在转让前，职工发生工伤的，由承继的单位承担工伤保险责任

14. 用人单位应当承担违反劳动法律责任的情形，包括（　　）。

A. 用人单位扣押劳动者身份证

B. 劳动者依法解除劳动合同后，用人单位扣押劳动者档案

C. 劳动者因参加工会活动而被解除劳动合同

D. 用人单位未对未成年工定期进行健康检查

E. 用人单位与劳动者订立劳动合同时未约定试用期

15. 在劳动争议中，用人单位应提交的证据材料包括（　　）。

A. 员工职业资格证书　　　　　　B. 员工身份证复印件

C. 出勤记录单　　　　　　　　　D. 企业规章制度文本

E. 绩效明细表

16. 关于劳动能力鉴定的说法，正确的有（　　）。

A. 劳动能力鉴定可以由用人单位、工伤职工或其近亲属提出申请

B. 劳动功能障碍分为十个伤残等级

C. 生活自理障碍分为五个等级

D. 劳动能力鉴定委员会建立医疗卫生专家库

E. 劳动能力鉴定结论应当及时送达申请鉴定的单位和个人

多项选择题参考答案

1. AB。人力资源服务机构包括公共人力资源服务机构和经营性人力资源服务机构。

2. ADE。公民、法人或其他组织对下列事项，不能申请行政复议：人力资源和社会保障部门作出的行政处分或其他人事处理决定；劳动者与用人单位之间发生的人力资源争议；劳动能力鉴定委员会的行为；劳动人事争议仲裁委员会的仲裁、调解等行为；已就同一事项向其他有权受理的行政机关申请行政复议；向人民法院提起行政诉讼，人民法院已经依法受理的。

3. CD。一次性伤亡补助金标准为上一年度全国城镇居民人均可支配收入的 20 倍，

选项 A 错误。职工住院治疗工伤的伙食补助费，以及经医疗机构出具证明，报经办机构同意，工伤职工到统筹地区以外就医所需的交通、食宿费用从工伤保险基金支付，基金支付的具体标准由统筹地区人民政府规定，选项 B 错误。劳动者因工伤被鉴定为一至四级伤残的，退出工作岗位，选项 E 错误。

4. ABDE。从社会保险责任划分的社会保险法律关系主体包括国家、社会保险管理和经办机构、用人单位、劳动者及其家庭。从保险业务划分的社会保险法律关系主体包括保险人、投保人、被保险人、受益人、管理人、监督人。

5. ABC。《劳动合同法》第三十八条规定，用人单位有下列情形之一的，劳动者可以解除劳动合同：未按照劳动合同约定提供劳动保护或者劳动条件的；未及时足额支付劳动报酬的；未依法为劳动者缴纳社会保险费的；用人单位的规章制度违反法律、法规的规定，损害劳动者权益的；用人单位以欺诈、胁迫的手段或者乘人之危，使劳动者在违背真实意思的情况下订立或者变更劳动合同致使劳动合同无效的；法律、行政法规规定劳动者可以解除劳动合同的其他情形。

6. ABCD。仲裁员有下列情形之一的，应当回避，当事人也有权以口头或者书面方式提出仲裁员回避申请：是本案当事人或者当事人、代理人的近亲属的；与本案有利害关系的；与本案当事人、代理人有其他关系，可能影响公正裁决的；私自会见当事人、代理人，或者接受当事人、代理人的请客送礼的。

7. ABD。不得认定工伤或者视同工伤的情形包括：故意犯罪的；醉酒或吸毒的；自残或自杀的。

8. ACDE。女职工保护的四期包括：经期、孕期、产期、哺乳期。

9. ACDE。下列医疗费用不纳入基本医疗保险基金的支付范围：应当从工伤保险基金中支付的；应当由第三人负担的；应当由公共卫生负担的；在境外就医的。

10. BCD。基本医疗保险包括职工基本医疗保险、新型农村合作医疗和城镇居民基本医疗保险。

11. ACD。劳务派遣单位的法定义务包括：建立培训制度，对被派遣劳动者进行上岗知识、安全教育培训；按照国家规定和劳务派遣协议约定，依法支付被派遣劳动者的劳动报酬和相关待遇；按照国家规定和劳务派遣协议约定，依法为被派遣劳动者缴纳社会保险费，并办理社会保险相关手续；督促用工单位依法为被派遣劳动者提供劳动保护和劳动安全卫生条件；依法出具解除或者终止劳动合同的证明；协助处理被派遣劳动者与用工单位的纠纷；劳务派遣单位不得克扣用工单位按照劳务派遣协议支付给被派遣劳动者的劳动报酬；劳务派遣单位不得向被派遣劳动者收取费用；在跨地区派遣劳动者时，劳务派遣单位应当保证被派遣劳动者享有的劳动报酬和劳动条件符合用工单位所在地规定的标准；因劳务派遣单位存在违法行为而给被派遣劳动者造成损害的，劳务派遣单位与用工单位承担连带赔偿责任；劳务派遣单位不得以非全日制用工形式招用被派遣劳动者。

12. ABC。劳动关系存续期间因拖欠劳动报酬发生争议的，劳动者申请仲裁不受 1 年仲裁时效期间的限制；但是，劳动关系终止的，应当自劳动关系终止之日起 1 年内提出。选项 D 错误。劳动争议申请仲裁的时效期间为 1 年，仲裁时效期间从当事人知道或应当知道其权利被侵害之日计算。超过申请时效期间，劳动争议仲裁机构将不受理仲裁申请。选项 E 错误。

13. ABE。职工被派遣出境工作，依据前往国家或地区的法律应当参加当地工伤保险的，参加当地工伤保险，其国内工伤保险关系中止；不能参加当地工伤保险的，其国内工伤保险关系不中止。选项 C 错误。职工（包括非全日制从业人员）在两个或两个以上用人单位同时就业的，各用人单位应当分别为职工缴纳工伤保险费。职工发生工伤，由职工受到伤害时所在的工作单位依法承担工伤保险责任。选项 D 错误。

14. ABCD。选项 A、B 中的用人单位违法扣押证件。选项 C 中的用人单位违反了《工会法》。选项 D 中用人单位的做法侵害了未成年工的权益。

15. CE。本题考查用人单位举证责任。《劳动争议调解仲裁法》规定，发生劳动争议，当事人对自己提出的主张，有责任提供证据。但考虑到用人单位作为用工主体方掌握和管理着劳动者的档案、工资发放、社会保险费缴纳、劳动保护提供等情况和材料，劳动者一般无法取得和提供，因此对用人单位提供证据又作出了特别规定，与争议事项有关的证据属于用人单位掌握管理的，用人单位应当提供；用人单位不提供的，应当承担不利后果。

16. ABDE。本题考查劳动能力鉴定。劳动能力鉴定是指劳动功能障碍程度和生活自理障碍程度的等级鉴定。劳动功能障碍分为十个伤残等级，最重的为一级，最轻的为十级。生活自理障碍分为三个等级，即生活完全不能自理、生活大部分不能自理和生活部分不能自理。

三、综合题

1. 自 2010 年起，张某在甲商贸公司工作。2017 年 3 月，甲商贸公司分立为甲贸易公司、乙贸易公司和丙贸易公司。分立协议明确由甲贸易公司承受分立前甲商贸公司的所有劳务权利义务，并明确张某继续在甲贸易公司工作，甲贸易公司的登记地一直在江北区，张某的实际工作所在地一直是在江东区，另外，张某户籍在江西区，常住地在江南区。

2018 年 5 月 7 日，张某离开甲贸易公司。2018 年 8 月 7 日，张某向调解组织提出书面申请，希望解决 2012 年 2 月至 2017 年 2 月之间甲商贸公司拖欠其工资问题，后因调解未果，张某就上述拖欠工资问题向劳动争议仲裁委员会申请劳动仲裁。劳动争议仲裁过程中，劳动争议仲裁委员会要求张某提供工资发放明细表、社保费缴纳情况证明。

根据以上材料，回答下列问题：

（1）在张某提起的劳动争议仲裁中，被申请人应是（　　　）。

　　A. 乙贸易公司

　　B. 丙贸易公司

　　C. 甲贸易公司、乙贸易公司或丙贸易公司

　　D. 甲贸易公司

（2）张某可以向（　　　）劳动争议仲裁委员会申请劳动争议仲裁。（多选）

　　A. 江东区　　　　B. 江南区　　　　C. 江西区

D. 江北区　　　　　E. 都可以

（3）在张某提起的仲裁程序中，举证责任分配正确的是（　　）。

A. 工资发放明细表、社保费缴纳情况证明均由张某提供

B. 工资发放明细表由公司提供，社保费缴纳情况证明由张某提供

C. 工资发放明细表由张某提供，社保费缴纳情况证明由公司提供

D. 工资发放明细表和社保费缴纳情况证明都应由公司提供

（4）下列情形中，人民法院应当认定仲裁时效中断的有（　　）。（多选）

A. 张某向调解组织书面申请调解其工资争议

B. 甲商贸公司分立为三家公司

C. 张某申请劳动争议仲裁

D. 张某离开甲贸易公司

E. 张某离开甲贸易公司之前

解析：

（1）D。《劳动合同法》第三十四条规定："用人单位发生合并或者分立等情况，原劳动合同继续有效，劳动合同由承继其权利和义务的用人单位继续履行。"根据《中华人民共和国民法总则》的规定，企业法人分立的，其权利和义务由分立后的法人享有连带债权，承担连带债务，但是债权人和债务人另有约定的除外。

（2）AD。申请人可以选择向劳动合同履行地或者用人单位所在地的劳动人事争议仲裁委员会中的任何一个劳动人事争议仲裁委员会提起仲裁申请。

（3）D。发生劳动争议，当事人对自己提出的主张，有责任提供证据。但用人单位作为用工主体方掌握和管理着劳动者的档案、工资发放、社会保险费的缴纳、劳动保护提供等情况和材料，劳动者一般无法取得和提供，因此对用人地位提供证据又作出了特别规定。与争议事项有关的证据属于用人单位掌握管理的，用人单位应当提供。

（4）AC。在仲裁时效期间，有下列情形之一的，仲裁时效中断。从中断时起，仲裁时效期间重新计算：一方当事人通过协商、申请调解等方式向对方当事人主张权利；一方当事人通过有关部门投诉，向仲裁委员会申请仲裁，向人民法院起诉或者申请支付令等方式请求权利救济的；对方当事人同意履行义务的。

2. 女职工甲与某公司依法签订无固定期限劳动合同。2017年7月，甲怀孕，由于年龄较大，需要保胎，甲多次迟到或者不上班。之后，2018年7月至12月甲累计15天没有上班。该公司规章规定，累计旷工10天以上构成严重违反用人单位规章。据此，该公司与甲解除了劳动合同。甲认为公司违法解除劳动合同，要求其承担违法解除的法律责任。

根据以上材料，回答下列问题：

（1）关于该公司解除劳动合同行为的说法，正确的是（　　）。（多选）

A. 因为甲处于孕期，公司无权解除劳动合同

B. 公司解除劳动合同应通知工会，并获得工会的书面同意

C. 作为解除劳动合同所依据的公司规章制度，应当内容合法、经过民主程序讨论，并向劳动者公示或告知

D. 因为甲签订的是无固定期限劳动合同，所以公司无权单方解除劳动合同

E. 因为甲有幼儿需要抚养，公司无权解除劳动合同

（2）关于该公司解除劳动合同后的义务的说法，正确的是（　　）。

A. 因为甲是孕妇，公司应为其支付经济补偿

B. 因为甲是孕妇，公司应为其支付赔偿金

C. 公司应当保存已解除的合同文本至少2年备查

D. 公司应在2个月内为劳动者办理社会保险和档案转接手续

（3）如甲以公司未为其缴纳社会保险为由解除劳动合同，下列判断中正确的是（　　）。

A. 如需支付经济补偿，则经济补偿按甲在公司的工作年薪，每满1年支付1个月工资的标准支付

B. 甲只能采取书面形式通知公司

C. 甲需提前30天通知公司

D. 公司无须支付经济补偿

（4）若甲对该公司解除劳动合同的行为不服，可以采取的做法是（　　）。（多选）

A. 甲可以请求工会协助其与企业进行协商

B. 甲可以直接向仲裁机构申请仲裁

C. 甲可以直接向人民法院提起诉讼

D. 甲可以向劳动行政部门申请行政复议

E. 甲私下与该公司协商

解析：

（1）BC。2018年7月至12月已经过了孕期，选项A和E错误。员工严重违反用人单位规章，企业可以解除劳动合同，选项D错误。

（2）C。女职工甲在多次迟到或旷工时已过了孕期，前提错误，选项A、B错误。公司应当保存已解除的合同文本至少2年备查，选项C正确。公司应在15日内为劳动者办理社会保险和档案转接手续，选项D错误。

（3）A。因单位未依法为甲缴纳社会保险，需要对甲进行补偿，经济补偿按甲在公司工作的年限，每满1年支付1个月工资的标准支付，选项A正确、选项D错误。甲可口头通知也可书面通知，无须提前通知，选项B、C错误。

（4）ABC。劳动争议的处理机构包括企业劳动争议调解委员会（工会）、其他调解组织（基层人民调解组织）、劳动人事争议仲裁委员会和人民法院。

3. 2015年1月1日，小李与位于S市的某单位签订劳动合同，约定日薪200元，合同期限截至2017年12月31日。之后，小李由单位安排到G市工作，工作期间，小李周末共计加班70天。上述加班有单位考勤记录为证，但考勤记录由单位保管。2017年12月31日劳动合同到期后，劳动关系终止。

2018年8月，小李向该单位主张加班费，该单位认为2015年和2016年的加班费已过仲裁时效，同时主张曾向小李支付过5 000元的加班费。仲裁委员会支持了小李的仲裁请求，单位表示不服。据悉，S市和G市2017年、2018年月最低工资均为3 000元。

根据以上资料，回答下列问题：

（1）关于本案仲裁管辖的说法，错误的是（　　　　）。

  A. 如果小李和单位同时分别向 S 市和 G 市的仲裁委员会申请仲裁，从方便劳动者的角度出发，应当由 S 市仲裁委员会管辖

  B. S 市和 G 市的仲裁委员会都有权管辖

  C. 如果在 S 市仲裁委员会仲裁过程中，单位搬迁到 G 市，此时仲裁管辖地不发生变更

  D. 在答辩期满前，当事人可以书面形式提出管辖异议

（2）关于本案举证责任的说法，错误的是（　　　　）。

  A. 举证是当事人的义务，仲裁委员会没有收集证据的权限

  B. 如果用人单位主张已经向小李支付过加班费，应就该事实承担举证责任

  C. 小李主张加班费的，应就加班的事实承担举证责任

  D. 用人单位应出示考勤表，否则应承担不利后果

（3）关于本案加班费仲裁时效的说法，正确的是（　　　　）。

  A. 小李离职未满一年，可以主张离职前的全部加班费

  B. 小李离职之后八个月才主张加班费，已有八个月的加班费超过仲裁时效

  C. 主张加班费的仲裁时效是两年

  D. 单位可以提起行政复议

（4）关于本案裁决的说法，错误的是（　　　　）。

  A. 因执行国家劳动标准在工作时间方面发生的争议，属于一裁终局

  B. 仲裁裁决被撤销后，中级人民法院可以直接作出判决

  C. 劳动者隐瞒足以影响公正裁决的证据时，法院可以撤销仲裁裁决

  D. 本案裁决属于一裁终局

解析：

（1）A。申请人可以选择向劳动合同履行地或者用人单位所在地的任何一个劳动争议仲裁委员会提起仲裁申请。双方当事人分别向劳动合同履行地或者用人单位所在地的劳动争议仲裁委员会申请仲裁的，由劳动合同履行地的劳动争议仲裁委员会管辖。选项 A 错误。

（2）A。既实行"谁主张，谁举证"的举证责任原则，也实行"谁作决定，谁举证"的举证责任原则。与争议事项有关的证据属于用人单位掌握管理的，用人单位应当提供；用人单位不提供的，应当承担不利后果；仲裁庭可以要求用人单位在指定期限内提供。当事人由于客观原因不能自行收集的证据，仲裁委员会可以根据当事人的申请按照有关规定进行收集。仲裁委员会认为有必要的，可以按照有关规定予以收集。选项 A 错误。

（3）A。劳动争议仲裁时效为 1 年。劳动关系存续期间因拖欠劳动报酬发生争议的，劳动者申请仲裁不受 1 年仲裁时效期间的限制。但是，劳动关系终止的，应当自劳动关系终止之日起 1 年内提出。选项 A 正确，选项 B、C 错误。劳动人事争议仲裁委员会的仲裁、调解等行为不可以进行行政复议。选项 D 错误。

（4）B。下列一般为终局裁决：1）追索劳动报酬、工伤医疗费、积极补偿或者赔偿金不超过当地月最低工资标准12个月金额的争议。2）因执行国家的劳动标准在工作时间、休息休假、社会保险等方面发生的争议，用人单位有证据证明，对方当事人隐瞒足以影响公正裁决的证据时，可以自收到仲裁裁决书之日起30日内，向劳动争议仲裁委员会所在地的中级人民法院申请撤销裁决。仲裁裁决被人民法院裁定撤销的，当事人可以自收到裁定书之日起15日内就该劳动争议事项向人民法院提起诉讼。选项B错误。

4. 小孙下班收工关闭车床时，因与同事聊天未遵守操作规程，导致手指被车床挤伤，花了医疗费2 000元，两个月无法上班。小孙要求所在单位承担赔偿责任，单位认为小孙因个人过失导致受伤，因此不愿承担赔偿责任。

双方一直自行沟通，均未向工伤认定机构申请工伤认定。8个月后，小孙向工伤认定机构申请工伤认定，被认定为工伤，单位不服。小孙伤情稳定后被鉴定为伤残9级，经查明，单位没有为小孙缴纳工伤保险费。

根据以上资料，回答下列问题：

（1）关于工伤认定的说法，正确的是（　　　）。

　　A. 小孙是在下班收工关闭车床时受伤，所以不能认定工伤

　　B. 小孙在手指受伤的事故中存在过错，所以不应认定工伤

　　C. 单位没有为小孙缴纳工伤保险费，所以小孙不能认定工伤

　　D. 小孙符合认定工伤的条件，应当认定工伤

（2）关于工伤认定申请程序的说法，错误的是（　　　）。

　　A. 如果单位未按期为小孙申请工伤认定，小孙本人可以申请工伤认定

　　B. 如果单位未按规定申请工伤认定，工会组织可以申请工伤认定，且没有申请时间限制

　　C. 小孙发生事故后，单位应在30天内申请工伤认定

　　D. 如果单位未按期为小孙申请工伤认定，在事故伤害发生之日或被诊断、鉴定为职业病之日起一年内可以直接向劳动保险行政部门提出工伤认定申请

（3）关于单位对工伤认定结果不服的程序的说法，正确的是（　　　）。

　　A. 单位可以向劳动能力鉴定委员会申请复查

　　B. 单位可以提起行政复议或直接向人民法院提起行政诉讼

　　C. 行政复议是工伤认定争议处理的前置程序

　　D. 单位可以向劳动争议仲裁委员会申请仲裁

（4）如果小孙可以享受工伤保险待遇，则下列说法错误的是（　　　）。

　　A. 小孙停工留薪期内的原工资福利待遇由该单位支付

　　B. 小孙提出解除劳动合同的情况下，工伤保险基金要支付一次性工伤医疗补助金

　　C. 小孙可以领取9个月的本人工资作为一次性伤残就业补助金

　　D. 劳动合同到期终止后，工伤保险基金向小孙支付一次性伤残就业补助金

解析：

（1）D。工伤保险的无过失责任是指劳动者在各种伤害事故中只要不是受害者本人

故意行为所致，就应该按照规定标准对其进行伤害赔偿。根据案例，小孙下班收工关闭车床时，因与同事聊天，未遵守操作规程，导致手指被车床挤伤，所以符合认定工伤的条件，应当认定工伤。

（2）B。职工发生事故伤害或者按照《职业病防治法》规定被诊断、鉴定为职业病的，所在单位应当自事故伤害发生之日或被诊断、鉴定为职业病之日起 30 日内，向统筹地区劳动保险行政部门提出工伤认定申请。用人单位未按规定提出工伤认定申请的，工伤职工或其近亲属、工会组织在事故伤害发生之日或被诊断、鉴定为职业病之日起 1 年内，可以直接向用人单位所在地统筹地区劳动保险行政部门提出工伤认定申请。选项 B 错误。

（3）B。申请工伤认定的职工或其近亲属，该职工所在单位对工伤认定结论不服的，可以依法申请行政复议或提出行政诉讼。

（4）D。劳动合同到期终止或员工提出解除劳动合同时，由用人单位向其支付一次性伤残就业补助金；由工伤保险基金支付一次性工伤医疗补助金。选项 D 错误。

5.最近一段时间，北京某软件开发公司人力资源总监罗明感到压力很大，公司员工流动率明显上升，特别是一些业务骨干提出辞职，影响了公司开展正常业务。为此公司总裁约谈了罗明，要求尽快研究员工离职的真实原因，并提出解决方案。

罗明带领人力资源部经过一个月的紧张工作，基本弄清楚了问题和原因，具体情况如下：

第一，有些新招来的年轻员工由于入职前对公司和工作不够了解，进来之后发现工作内容与想象的不太一样，在工作一段时间后仍无法适应，因而选择离职。

第二，有部分员工离职是因为与直接上级关系比较紧张，对上级的工作方式不太认同，工作中无法与上级进行有效的沟通。

第三，有一批员工离职则是因为北京房价过高，员工感觉在北京买房压力太大，将来抚养孩子的成本也高，因而选择到软件开发机会较多的二线城市定居。

第四，有些员工离职是因为有规模更大的企业来挖他们，这些企业支付的工资水平比本公司更高。

根据以上资料，回答下列问题：

（1）关于第一种情况的说法，正确的是（　　　）。（多选）

　　A.劳动力流动是一个企业和员工之间相互匹配的过程

　　B.工作经验少、任职年限短的员工与企业和岗位之间的匹配性往往更不稳定

　　C.新员工离职不会给企业带来成本

　　D.对年轻的新员工而言，流动的成本比较低

　　E.新员工离职可能是因为入职前对公司和工作了解不够

（2）第二种情况表明，（　　　）是导致员工流动的重要原因。

　　A.工资水平　　　　　　　　　　B.工作机会

　　C.领导风格　　　　　　　　　　D.工作性质

（3）关于第三种情况的说法，正确的是（　　　）。（多选）

　　A.导致员工流动的一些原因不在企业的可控范围之内

B. 经济周期对劳动力流动也会产生影响

C. 企业所处的地理位置对劳动力流动也会产生影响

D. 社会方面的原因也有可能会导致员工流动

E. 宏观经济政策对劳动力流动也会产生影响

（4）一般来说，规模大的企业能够支付更高水平的工资，主要原因在于（　　）。（多选）

A. 规模大的企业更有可能通过规模经济增加利润

B. 规模大的企业的生产过程本身要求员工之间高度依赖和相互协作，倾向于通过支付较高工资来降低人员流动率

C. 规模大的企业对员工的纪律约束通常较严格，因此高工资中有一部分属于技能性工资差别

D. 规模大的企业为员工提供更多的工作轮岗和晋升机会，员工流动率较低，生产率较高

E. 规模大的企业较少提供培训，节省下来的成本用于支付更高水平的工资

解析：

（1）ABDE。根据案例，有些新招来的年轻员工由于入职前对公司和工作了解不够，进来之后发现工作内容与想象的不太一样，在工作一段时间后仍无法适应，因而选择离职。可以看出：年轻员工在寻找适合自己的工作，劳动力流动是一个企业和员工之间相互匹配的过程。工作经验少、任职年限短的员工与企业和岗位之间的匹配项往往更不稳定，一位劳动者在一个组织中的工作时间延长，其对组织的适应程度提高，人际交往成本下降，因而劳动者的心理成本会下降，所以对年轻的新员工而言，流动的成本比较低。

（2）C。企业的组织文化以及领导风格方面的问题，包括个人价值与组织价值观冲突、不喜欢公司文化、对直接上级的管理水平或领导力的不满、与同事相处不愉快、个人没有受到足够的尊重以及个人成就感得不到满足等。根据本案例，有部分员工离职是因为与直接上级关系比较紧张，对上级的工作方式不太认同，工作中无法与上级进行有效沟通。可知选项C为正确答案。

（3）AC。企业所处的地理位置实际上决定了企业员工到其他组织寻找工作的便利性及成本的高低。如果企业位于大都市，则在其他条件相同的情况下，员工的流动率会比较高，原因有：员工在其他企业找到机会的概率会增加；他们在换工作的同时不必更换居住地点。根据本案例，有一批员工离职则是因为北京房价过高，员工感觉在北京买房压力太大。可知劳动力流动的原因不在企业的可控范围之内。

（4）AB。造成规模大的企业支付高工资的主要原因包括：1）规模大的企业更有可能通过规模经济来增加利润，从而可以承受更高的工资成本；2）规模大的企业的生产过程本身要求员工之间高度依赖和相互协作，因而对于员工的可靠性和稳定性有着更高的需求，较高的员工流动率会对整个系统的运行效率带来很大的影响，因此，企业会力图通过相对较高的工资来降低员工的流动率；3）规模大的企业提供的相对较高水平的工资，可能也是对规模大的企业的严格纪律约束所提供的一种补偿性的工资差别；4）大企业更有动力对员工进行培训。

6. 甲公司有职工 500 名，2016 年该公司生产经营发生严重困难，准备裁员。同年 6 月 1 日，甲公司向职工公布了裁员方案，并宣布一周后解除 50 名职工的劳动合同。6 月 2 日，甲公司将方案送给本公司工会征求意见。当地劳动行政部门指出，甲公司没有向该部门报告裁员方案，程序上存在问题。公司工会也提出，公司应当在裁员前 30 日向工会说明情况，同时，公司工会反映在收集职工意见时，职工表示，公司在既没有破产也没有转产的情况下，不应当裁员，还有职工希望公司遵守《劳动合同法》，优先留用签订较长期限劳动合同、无固定期限劳动合同、家庭无其他就业人员且有未成年人需要扶养和曾被评为先进职工的职工。于是，甲公司重新制订了裁员方案，在执行规定程序后公布了裁员方案，将因裁员被解除劳动合同的职工的经济补偿标准定为在本公司工作每满 1 年支付半个月工资。

根据以上资料，回答下列问题：

（1）关于甲公司裁员方案的说法，正确的是（　　　）。（多选）

　　A. 甲公司应当在裁员前 30 日向全体职工说明情况，听取工会或职工意见

　　B. 甲公司应当向当地劳动行政部门报告裁员方案后再裁员

　　C. 甲公司裁员人数未达到职工总人数的 10%，可以随时裁员

　　D. 甲公司裁员方案应当经当地劳动行政部门批准后方能实施

　　E. 甲公司裁员方案符合公司利益，没有问题

（2）甲公司依法可以实施裁员的情形包括（　　　）。（多选）

　　A. 甲公司生产经营发生严重困难　　　　B. 甲公司可能破产

　　C. 甲公司决定转产 D. 甲公司富余职工较多

　　E. 甲公司效益大幅降低

（3）甲公司裁员时应优先留用的职工有（　　　）。（多选）

　　A. 与甲公司签订较长期限的固定期限劳动合同的职工

　　B. 与甲公司签订无固定期限劳动合同的职工

　　C. 家庭无其他就业人员且有未成年人需要扶养的职工

　　D. 曾被评为先进职工的职工

　　E. 家庭无其他就业人员且有老人需要抚养的

（4）关于甲公司裁员的经济补偿标准的说法，正确的是（　　　）。

　　A. 甲公司因生产经营严重困难实施裁员，可以不支付经济补偿金

　　B. 甲公司应当支付的经济补偿金标准为在本公司工作每满一年支付半个月工资

　　C. 甲公司应当支付的经济补偿金标准为在本公司工作每满一年支付一个月工资

　　D. 甲公司应当按本地区上年度职工月平均工资 3 倍的标准支付经济补偿

解析：

（1）AB。根据《劳动合同法》的规定："需要裁减人员二十人以上或者裁减不足二十人但占企业职工总数百分之十以上的，用人单位应提前三十日向工会或者全体职工说明情况，听取工会或者职工的意见后，裁减人员方案经向劳动行政部门报告，可以裁减人员。"

（2）AC。可以裁减人员的情况包括：依照企业破产法规定进行重整的；生产经营发

生严重困难的；企业转产、重大技术革新或者经营方式调整，经变更劳动合同后，仍需裁减人员的；其他因劳动合同订立时所依据的客观经济情况发生重大变化，致使劳动合同无法履行的。

（3）ABCE。用人单位裁减人员时，应当优先留用下列人员：与本单位订立较长期限的固定期限劳动合同的；与本单位订立无固定期限劳动合同的；家庭无其他就业人员，有需要扶养的老人或者未成年人的。用人单位裁减人员后，在六个月内重新招用人员的，应当通知被裁减的人员，并在同等条件下优先招用被裁减的人员。

（4）C。经济补偿按劳动者在本单位工作的年限，每满一年支付一个月工资的标准向劳动者支付。六个月以上不满一年的，按一年计算；不满六个月的，向劳动者支付半个月工资的经济补偿。

7. 2022 年 2 月起，杜某采取包工不包料的方式承包安居百公司的建筑工程，每项工程待安居百公司验收合格后将工程款划给杜某，再由杜某按工作日并扣除 5% 劳心费后分配给每个民工，民工的日工资为 75 元。杜某所组建的建筑务工队已有 4 年时间，务工队伍经常保持在十几人的规模。务工队既无营业执照，又未依法登记，属非法用工。王刚 2022 年 2 月 18 日加入杜某的务工队，在拆除一个旧厂棚时，不幸从房顶摔下受伤。县人力资源和社会保障局确认王刚和杜某的建筑务工队之间存在劳动关系，认定王刚为工伤。县劳动仲裁委员会裁决由杜某一次性赔偿王刚各种损失共计 83 253 元，在杜某无力赔偿时，由安居百公司承担。

思考题：

（1）王刚和杜某的建筑务工队之间是否存在劳动关系？

（2）县劳动仲裁委员会的裁决是否合理？

解析：

（1）杜某组建的建筑务工队已有几年时间，王刚从 2022 年 2 月起在此务工队工作，接受杜某的安排，服从其管理，从而获取劳动报酬，已经形成了事实上的劳动关系。

（2）王刚因工伤导致的各项损失由杜某负责赔偿，安居百公司对上述赔偿款负连带责任。县劳动仲裁委员会的裁决并无不妥。

8. 张某于 2021 年 3 月 10 日入职 A 广告公司担任外景摄影师，但未与公司签订劳动合同，A 公司按 4 200 元 / 月给张某发放工资。2022 年 5 月，张某因病入院，住院费用总计 12 335.4 元。张某出院后要求 A 公司报销全部医疗费用，A 公司认为张某的工作时间不固定，考勤记录显示，张某外出摄影的日平均工作时间不足 4 小时，并且张某在公司无固定办公场所、无工位、无个人名片，公司和张某之间也只是口头约定了用工关系，张某属于非全日制用工人员，公司不需要为张某缴纳社会保险，也不应承担其医疗费用。张某则认为，虽然日均外出拍摄时间不足 4 小时，但拍摄前期准备、后期工作都应计入工作时间，并且周末常应公司要求临时加班，算下来日均工作时间已超过 6 小时，张某认为自己与公司之间存在事实上的劳动关系，故应该报销医疗费用。

思考题：请根据我国现行劳动法律法规，对本案例做出评析。

解析：

张某与 A 公司存在事实上的劳动合同关系，A 公司应当承担张某住院期间发生的费用中依据法律相关规定应由 A 公司承担的部分。张某在 A 公司的工作时间，不属于标准工时工作制，即劳动者每日工作 8 小时，每周工作 40 小时，在一周内工作 5 天，而是属于不定时工作制，是指无固定工作时数限制的工时制度，其主要适用于因工作性质和职责范围等原因，无法实行标准工作日的劳动者。

因为 A 公司未与张某签订劳动合同，依据《劳动合同法》相关规定，张某可以向法院提出要求 A 公司支付自己就职期间双倍工资的请求。

9. 王先生于 2021 年 4 月 1 日与 A 电器公司签订了《直接业务员聘任合同》，有效期至 2022 年 3 月 31 日，合同约定，乙方（王先生）代表甲方（A 电器公司）和最终顾客洽谈销售业务，销售甲方产品，甲方向乙方收取企业信誉保证金 3 000 元，乙方的工作报酬为销售价与产品出厂价的差额，甲方不负担乙方销售活动的任何费用，乙方销售产品向甲方付清出厂价全款，双方概不拖欠。2022 年 3 月 31 日合同到期后，双方同意续延合同一年，同时 A 电器公司向王先生颁发上岗资格证，2022 年 4 月 9 日，王先生与 B 公司洽谈了一份产品销售合同，从 A 电器公司提取三套产品销售至 B 公司。4 月 12 日 A 电器公司绕过了王先生与 B 公司直接签订了产品销售合同，并为 B 公司开具四套产品共计 160 000 元销售发票一张。4 月 15 日，王先生向 A 电器公司索要工作报酬，遭到公司拒绝，王先生又到总经理办公室提出获取工作报酬的诉求，再次遭到拒绝，双方有言语冲突。4 月 17 日 A 电器公司向王先生发出通报，称"销售人员王先生 2022 年 4 月 15 日上午在公司内无理取闹，严重干扰了公司正常的生产秩序，经公司研究决定，取消王先生的销售资格，其从今往后的所有行为与本公司无关"。

王先生遂向当地劳动争议仲裁委员会提请仲裁，并提出以下申请请求：（1）A 电器公司按照双方签订的《直接业务员聘任合同》规定，向王先生支付提成款 4 800 元；（2）退还信誉保证金 3 000 元；（3）撤销公司的除名决定，恢复劳动关系；（4）按照月工资 5 000 元计算，支付 2022 年 4 月 17 日起至裁决之日止的工资及补偿金；（5）补办劳动合同存续期间的社会保险手续并缴纳社会保险费。

调查事实如下：（1）《直接业务员聘任合同》约定：乙方（王先生）代表甲方与最终顾客洽谈销售业务，销售甲方产品；乙方的工作报酬为销售价与产品出厂价的差额，每笔业务结清后即可领取差价。（2）甲方不承担为乙方办理社会保险的责任。（3）上岗资格证是履行《直接业务员聘任合同》的资格条件证明，并要求直销人员负有保守 A 电器公司商业秘密、维护公司形象等义务。

思考题：请结合本案例论述劳动争议仲裁的受理过程、结果及其具体理由。

解析：根据《劳动争议调解仲裁法》《劳动人事争议仲裁办案规则》的有关规定，本案不属于劳动争议，仲裁机构裁定不予受理。其理由如下：

第一，《直接业务员聘任合同》约定：乙方（王先生）代表甲方（A 电器公司）和最终顾客洽谈销售业务，销售甲方产品；乙方的工作报酬为销售价与产品出厂价的差额，每笔业务结清后即可领取差价，甲方不负担乙方销售活动的任何费用。上述事实表明甲方与乙方不存在劳动关系，甲方没有义务定期为乙方支付工资、奖金和其他劳动报酬，双方属于劳务关系。乙方向甲方（A 电器公司）提供劳动服务，甲方（A 电器公司）依照约定向乙方支付劳务报酬，这是一种比较典型的劳务关系，前述合同为劳务合同而非劳动合同。

第二，2022年4月17日，甲方（A电器公司）向乙方（王先生）发出通报是取消乙方销售甲方（A电器公司）产品的资格，而不是与其解除劳动关系，双方根本不存在劳动关系。

第三，当事人双方是平等关系，乙方只是按照约定提供劳务，甲方只是按照约定支付劳务价格即销售价与出厂价的差价，双方不存在隶属关系，没有管理与被管理的权利义务。

第四，上岗资格证只是表明甲方对乙方销售行为实施监督的一种形式，以维护企业的合法权益，是基于合同约定或商业惯例。

第五，申请人关于A电器公司按照签订的《直接业务员聘任合同》的规定给付其应得的提成款4 800元、退还风险抵押金3 000元等非劳动争议处理事项应另行处理。

第六，按照月工资5 000计算，支付2022年4月17日起至裁决之日止的工资及补偿金、补办劳动合同存续期间的社会保险手续并缴纳社会保险费等项请求，无法律依据和证据证明，不应支持。

参考文献

［1］杨娟.劳务派遣实操：全程实战指导手册.北京：化学工业出版社，2022.

［2］彭剑锋.人力资源管理概论.3版.上海：复旦大学出版社，2018.

［3］何立.培训管理实操：全程实战指导手册.北京：化学工业出版社，2022.

［4］马海刚.HR+数字化：人力资源管理认知升级与系统创新.北京：中国人民大学出版社，2022.

［5］杨娟，曹川.绩效管理实操：全程实战指导手册.北京：化学工业出版社，2022.

［6］岳文赫.人力资源管理实操：从入门到精通.南昌：江西人民出版社，2021.

［7］郭梅.人力资源成本管理：全程实战指导手册.北京：化学工业出版社，2022.

［8］刘昕.人力资源管理.4版.北京：中国人民大学出版社，2020.

［9］史蒂芬·柯维.高效能人士的七个习惯：20周年纪念版.北京：中国青年出版社，2010.

［10］人力资源和社会保障部人事考试中心.人力资源管理专业知识和实务（初级）.北京：中国人事出版社，2022.

［11］人力资源和社会保障部人事考试中心.人力资源管理专业知识和实务（中级）.北京：中国人事出版社，2022.

［12］黄维德，董临萍.人力资源管理.5版.北京：高等教育出版社，2023.

［13］陈维政，程文文，吴继红.人力资源管理.5版.北京：高等教育出版社，2020.

［14］刘善仕，王雁飞，等.人力资源管理.2版.北京：机械工业出版社，2021.

［15］闫飞龙.管理学.2版.北京：中国人民大学出版社，2019.

［16］雷蒙德·诺伊.雇员培训与开发：第6版.北京：中国人民大学出版社，2015.

［17］韦恩·蒙迪，朱迪·蒙迪.人力资源管理：第11版.北京：机械工业出版社，2011.

［18］程延园，王甫希.劳动关系.5版.北京：中国人民大学出版社，2021.

［19］董克用，李超平.人力资源管理概论.5版.北京：中国人民大学出版社，2019.

［20］加里·德斯勒.人力资源管理：第14版.北京：中国人民大学出版社，2017.

［21］赵曙明.人力资源战略与规划.5版.北京：中国人民大学出版社，2021.

中国人民大学出版社　管理分社

教师教学服务说明

　　中国人民大学出版社管理分社以出版工商管理和公共管理类精品图书为宗旨。为更好地服务一线教师，我们着力建设了一批数字化、立体化的网络教学资源。教师可以通过以下方式获得免费下载教学资源的权限：

★　在中国人民大学出版社网站 www.crup.com.cn 进行注册，注册后进入"会员中心"，在左侧点击"我的教师认证"，填写相关信息，提交后等待审核。我们将在一个工作日内为您开通相关资源的下载权限。

★　如您急需教学资源或需要其他帮助，请加入教师 QQ 群或在工作时间与我们联络。

中国人民大学出版社　管理分社

教师 QQ 群：648333426(工商管理)　114970332(财会)　648117133(公共管理)
　　　　　　　教师群仅限教师加入，入群请备注 (学校 + 姓名)

联系电话：010-62515735，62515987，62515782，82501048，62514760

电子邮箱：glcbfs@crup.com.cn

通讯地址：北京市海淀区中关村大街甲 59 号文化大厦 1501 室（100872）

管理书社

人大社财会

公共管理与政治学悦读坊